叢書ベリタス

世界史の地理的構造

上野　登 著

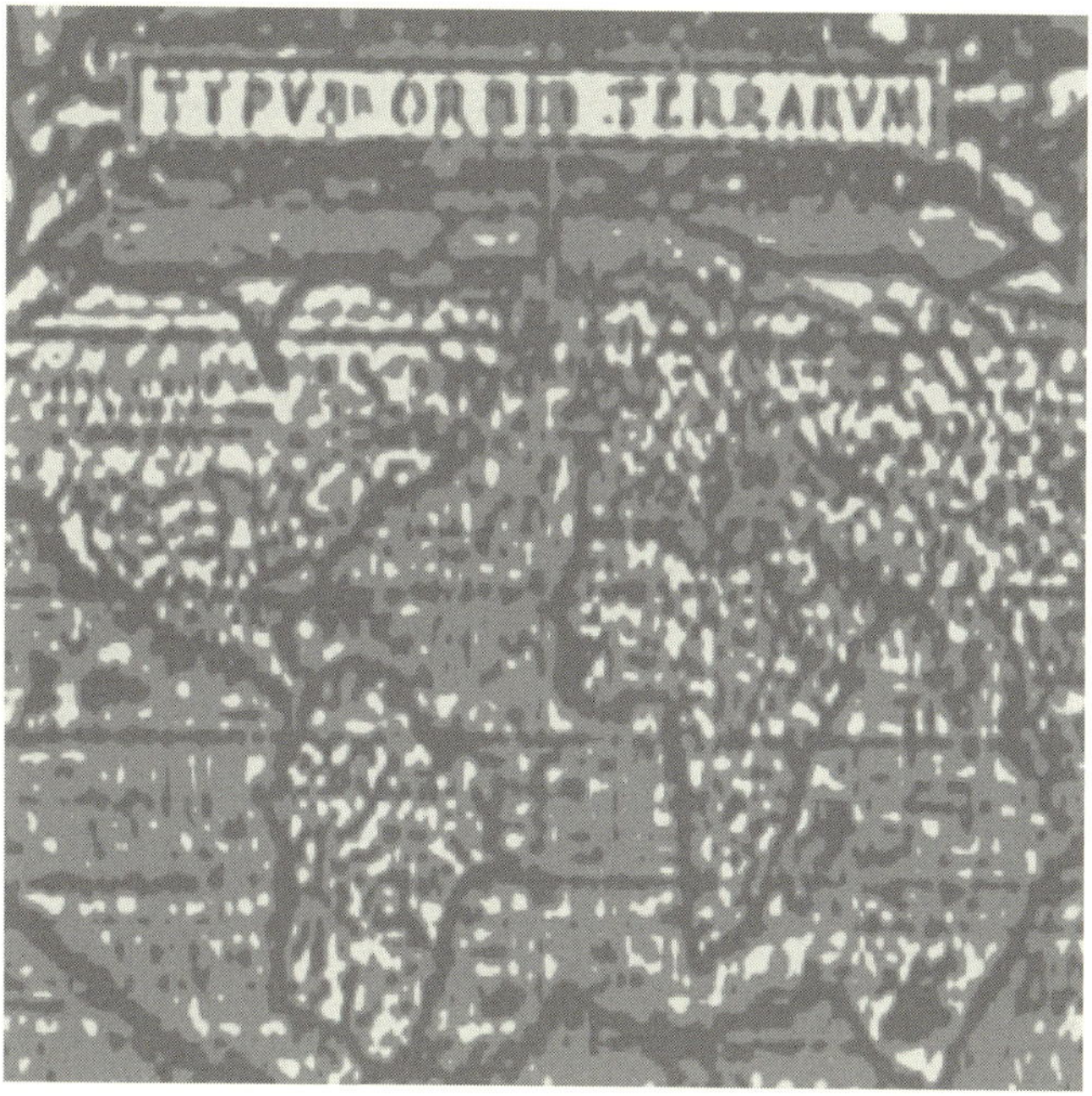

八朔社

はしがき

この書は、私の人生締めくくりの三部作の第三部として執筆された。三部作を考え出したのは、二〇〇六年二月、食道と胃の初期癌処置で、宮崎大学病院に入院している時であった。二〇〇三年に綾町の照葉樹林が、世界遺産候補地検討委員会で最終の七地区の中に残ったが、次に期待すると評価された。その後、宮崎海岸平野を取り巻く山域は、明治時代の官民有境界査定区分で国有林に大きく編入され、随所に照葉樹林を残している。それを国有林政策の「緑の回廊」計画に採択してもらいたいという、運動体の要求に沿い『再生・照葉樹林回廊』という書にまとめていた。これを第一部とし、第二部は『土呂久からアジアへ』を、二〇〇六年一一月開催の宮崎大学での国際枇素フォーラムに併せて、土呂久三五周年記念事業として出版出来ないかとの要求を受けて、書き下ろしていた。

二〇〇八年一〇月の定期検診の結果、胃に近い食道の異形成は高い処置技術が必要との見解がだされ、大学病院から民間病院に転出していた医師によって処置を受けた。この時、八〇歳を超えた年齢も考え、第三部として経済地理学徒としての研究人生の締めくくりを書くと覚悟を決め、二〇〇九年に執筆に入った。一一月の福島大学での地下水枇素フォーラムを機に、東京の出版社と出版相談をしたが、引き受ける出版社はなかった。失意していたところ、二〇一〇年二月、一橋大学の水岡不二雄氏から八朔社が引き受けるという推薦の便りをもらい、手書きの原稿をワード化する作業を、綾のボランティア仲間に協力してもらい、ようやく出版の準備ができた。

私は、ヘーゲルの『歴史哲学』で展開されている「世界史の地理的基礎」による歴史、和辻哲郎の『倫理学』（下）で展開されている人倫組織の展開としての世界史の把握に対し、地理学的な世界史展開が必要ではないかと、考え続けてきていた。私を導いたのは、マルクスの『資本制生産に先行する諸形態』で、その中で生活様式↓生存様式↓労働様式↓交通形態↓生産様式という様式概念による社会発展の鍵があると直感し、労働様式をベースとした世界史の把握が「世界史の地理的構造」ではないかと考えた。この視点に沿い、古代から現代に至るまでの展開を四冊の本にまとめてきていた。この四冊を通史的に一冊にまとめることが必要と考え、これを第三部と位置づけたのである。

四冊を一冊にまとめる、それも三〇〇頁くらいにまとめるのであるから、説明不十分という御批判を受けることを覚悟して、要点重視の通史になったことをお詫びしたい。しかしフーコーが言いだした空間視点からの世界史がないという問いかけに対し、私なりに応え得たものと思っている。私の欠陥をこの書で見出し、さらなる地理的構造史が発展することを期待している。この書は、そのための捨て石である。

二〇一一年一〇月　　アジア枇素ネットワークの部屋にて

著　者

目次

装幀・高須賀優

序章　労働様式概念の視点に立つ

私が敗戦を迎えたのは、旧制高校二年生時の学徒動員の工場の中であった。一九五〇年に九州大学（＝九大）を卒業するまでの間、戦後の日本は思想的に波乱の時代であった。「近代文学」誌が発行され、主体性論争が私たちの魂を揺さぶった。その背後には、マルクスの『経済学・哲学草稿』の受けとめ方の論争があった。フランスのサルトルは、マルクスの疎外論を受けとめて実存主義を提起していた。またアジア社会の停滞構造にかかわって、「アジア的生産様式」論争があった。ウィットフォーゲルの治水社会をベースにした東洋的専制体制の受けとめが問題となり、マルクスの『資本制生産に先行する諸形態』が、マルクスの全体から切り離されて翻訳されていた。また「価値論争」が、経済学の方法論にかかわって、私たちの主体を揺さぶった。戦時下の経済学界での生産力のとらえ方が論争になり、生産力を重視する経済学を生産力説と批判し、転向経済学と評価され、マルクス経済学から批判、排除された。これと同時に地理的決定論という方法論批判があり、経済学の本流は価値論的研究にあるという主張があった。これは社会発展の契機を生産力においてとらえるか、生産関係においてとらえるかという方法論争に発展し、生産関係を重視した経済学が正統的であると主張されていた。そうした論争を受けとめる立場として、講座派の経済学に立つか、労農派の経済学の立場に立つかという立場の選択が要請されていた。そうした日本国内の論争を外から規制する形で、ソビエトのスターリンに要請されたロシア哲学が影響を与えていた。スターリンは、人類史をみると地球の自然は変化していないのに生産様式は歴史的に変化発展してきているという、生産関係説をオーソドックス化していた。これが一元的発展史観を正統化することになり、ヨーロッパ中心主義の世界史観が形成されていたのである。まさに「論争の渦」の時代であった。

私は「論争の渦」の中を二つの柱で生きてきたと思っている。第一は主体性論争を受けて、主体性にこだわったことである。『経哲草稿』の訳者田中吉六の『主体的唯物論』に身を寄せて思索してきた。第二の柱は、大学の演習で正田誠一教授から「二重的性格、二者闘争的論理が理解できない限り、マルクスの本質は分からない」という命題である。この命題に立つ限り「生産関係の学としての○○学」というスターリン的立場に立つことができず、己の立場を模索していかなければならなかった。

私が経済地理学を専攻するようになったのは、一九五二年に宮崎大学学芸学部の地理学科に助手として採用されるようになってからであった。九大の吉村正晴先生から将来重要な学問になるから、九大からその専門家を育てねばならぬ、ということで私に白羽の矢があてられたのである。当時の旧制国立大学の経済学部には経済地理学の講座はなく、九大では選択科目として経済地理学があり、広島大学の先生の集中講義でまかなわれていた。戦前の教育制度では、高等商業専門学校の商業地理、高等師範学校の地歴専攻で地理は修められていた。それらを統合した新制大学には地理学科が設置されていた。旧帝大には経済地理学の講座は認められなかった。

私の地理学徒としての出発は、宮崎大学に旅立つ時、九大の産業労働研究所（産労研）の中楯興先生が飯塚浩二著の『地理学批判』を渡され、これから始めよと言われたことにあった。その中で、ビダル・ド・ラ・ブラーシュの『人文地理学原理』が地理学説史の最高説として位置づけられ、生活様式概念をベースにしたブラーシュの地理学を、生産関係の地理学に発展させることが現在の課題であると説かれていた。ここで「生産関係の学としての地理学」という当時のマルクス主義の一般的傾向に突き当たったのである。私は、ブラーシュの『原理』を演習のテキストにし、毎年ブラーシュ地理の研究を進めていった。そして、ブラーシュの「完成への自然的傾向」という地域のとらえ方に注目し、これを追究すべきだと考え始めた。その中心は、地域の小集団は、共質的な発展の芽をもち、地域によって与えられる自然環境の素材を使って、その完成形態に向かって集中していくということにあった。これは、当時の一元的発展論に対し多元的発展論の模索の可能性を私に与えた。しかもブラーシュは、その展開の側面に即してさまざまな様式概念を提起し、完成への傾向を述べている。飯塚浩二が生活様式に限定したブラーシュの受けとめ方にも疑問を感じた。

この様式概念の把握を考えあぐねていた時、アジア的生産様式論争の時の『資本制生産に先行する諸形態』を読み直して、マルクスが生活様式→生存様式→労働様式→交通形態→生産様式という様式展開で生産様式を把握していたことを発見した。その当時、私たちはマルクスの『経済学批判』の「序説」の生産様式論を正統と受けとめていた。マルクスはこの出版の前に、『経済学批判要綱』をノート化し、その中の「原始的蓄積過程」論の中で「諸形態」を述べていたのである。ソビエト哲学は、『経済学批判』以降がマルクス主義で、それ以前のマルクスは左翼ヘーゲリアン学派の青年マルクスで継承すべきでないと『要綱』を研究所の書庫に閉まっていたのである。私は、「非有機的自然との一定の能動的関係としての労働様式」というとらえ方が、『批判・序説』の生産力という概念に抽象化され、その後、生産力の三要素説の展開になっていった傾向と決別することにした。その立場に立っていた時、O・ランゲの『政治経済学』のなかの人為的環境のとらえ方に共感し、「三圃式農業の世界史的意義」を把握することができ、私なりの史的唯物論の研究視点が浮かび上がってきた。そして『経済地理学への道標』の書を上梓したのである。

地理学は、一般地理と地誌学の両側のうえに成立している。『道標』は一般地理学の側面と考えていた私は、地誌学の側面の視点を確立しなければならなかった。しかも私は、それを推進する責任を帯びていた。教育界は勤務評定制度の導入で、学校の管理社会化に傾斜していきつつあった。日本教職員組合は、いわゆる「勤評闘争」を展開し、真の教育のあり方を求める「国民教育研究所」を設立し、上原専禄先生を所長に迎えていた。宮崎県教組も県民教育研究所を設置し、研究集団を組織した。私は大学側の協力者としてこの運動に参加し、国民研の八県共同研究会に出席し、教育のあり方の討議に巻きこまれていた。この時の命題は、上原先生によって日本は「地域の地方化」の時代にあり、地域の個性が失われ、画一的人間教育に流れていっていると捉えられ、「抵抗の拠点としての地域」から地域教育を創造し、下から国民教育を構造化していこうということであった。

私はこの共同研究の中で、宮崎の「抵抗の拠点としての地域」は土呂久の鉱害になるのではと提起していた。しかし、組合内部の抗争のためか、上原先生が突如所長を辞退され、宮崎の県民教育研究所も廃止された。しかし私には、「抵抗の拠点としての地域」は何かという思索の課題が残ってしまった。この課題に応えて『地誌学の原点』を上梓したのである。この中で三人の思想と対応した。一人はルフェーヴルの『都市への権利』で、都市を使用価値と価値の二重的性格の産物としてとらえ、価値操作によって失われていくユーザーとしての都市を、「我有化」の権利によって取り戻すという言説であった。第二はヘーゲルの『歴史哲学』で、人類の歴史は理性が絶対理性の確立に向かって展開するものだが、それには「地理的基礎」があり、高原型→大河川型→沿海型→混合型へと展開し、ゲルマン的最高形態に達するというのである。第三は和辻哲郎の『倫理学』である。和辻はハイデッガーが『存在と時間』の中で、人間存在の環境性と時間性への認識があるにもかかわらず、時間性の追究に終わっていると批判する。そして彼がドイツ留学への船の旅路でとらえたモンスーン的、砂漠的、牧草的風土で営まれている人間存在を、『風土』という一冊の本としてまとめる。そのうえに立って『人間の学としての倫理学』を発表し、人間存在のとらえ方をギリシャ哲学の哲人以降の流れで追究し、フォイエルバッハに至る。そこでマルクスの『フォイエルバッハに関するテーゼ』に注目し、人と人との関係を基礎とする人間存在に共感する。そして和辻は、マルクスは人と人との関係をベースに経済の論理を展開したが、私は倫理の展開としての人倫組織の展開史を考えると言って、『倫理学』（下巻）でブラーシュの地理学に共感を示しつつ、共存としての人倫的組織論にまで高めていったのである。

『原点』で達した私の視点は、労働様式の展開として地球空間が充足され、その上に生産様式の展開史として人類の歴史があるのではないかということであった。この人類史の構築に向かっての出発は、一九七四年末のネパールのヒマラヤ偵察からであった。この旅で得た「二期社会から四季社会へ」という人類史の発端の仮設をベースに、次のように展開史を綴っていった。

一　『人類史の原風土』（一九八五年）
二　『続・人類史の原風土』（一九九二年）
三　『世界システムの経済地理』（一九九六年）
四　『変貌する世界像』（二〇〇〇年）

三の『世界システム』は、宮崎大学定年退職後にアジア研究の目的で職を得ていた九州共立大学の最終年の講義のテキストとして、三月の休暇の時、扁桃腺ガンの処置で産業医科大学に入院し、個室で書き上げたものである。そのベッドの上で、ボブズボームの『二〇世紀の歴史』を読み、私も『二〇世紀の地理』として、戦後の空間編成論を執筆するという課題を抱えて、宮崎に戻ったのである。九七年からアジア砒素ネットワークの代表に選ばれ、バングラデシュの地下水砒素汚染問題にとりくみながら、四の『変貌する世界像』を二〇世紀の末月に刊行することができた。これで私の労働様式をベースとした世界史は書き終えたと思い、地理学徒としての現役的活動も終了かと考えたりしていた。

ところが二〇〇一年九月一一日、ニューヨークの貿易センタービルへの自爆テロがあり、「ブッシュの戦争」が始まり、世界の空間編成の変動が始動しだした。私は「二〇世紀」はまだ終わっていないと考え、その把握に頭を向けはじめた。この時、地理学界は新しい局面を創造しだしていた。ルフェーヴルの『空間の生産』、ハーヴェイの『ポストモダニティの条件』、ソジャの『ポストモダン地理学』『第三空間』の翻訳書の発刊である。これが短日月の間に次々と登場し、私の足場をゆさぶった。七〇年代から始まったポストモダニティ運動は、モダニズムの「大きな物語」を否定し、フレキシブルな物語に集中していく説を提起していた。それを全く気にもかけず、私は「大きな物語」としての世界史を追究してきていた。しかし、ハーヴェイもソジャも地理的史的唯物論の確立を最終課題にしていることを確認して、私との共通の場があると考えて安心した。私は、この著の最終章をルフェーヴルの空間の三要素を視点に、九・一一以後の世界を綴ることにした。「思考される空間」としてのIT革命、「知覚される空間」としてのグローバル化への再編成、「生きられる空間」としての環境問題や世界の多極化、そして私たちの日常生活という、地球市民＝ユーザーの立場を書き綴ってみた。私の「二〇世紀の地理」は、この「日常生活批判」をルフェーヴルとともにすることで終わる。私もルフェーヴルがオクシタン人として世界を見たように、辺境の日向人として世界を見ていく。

第Ⅰ部　世界の地理的歴史的構造の形成

第一章　地理的史的構造の視点の登場

一　H・ルフェーヴルの復活

ルフェーヴルの研究歴を短くかたるほどの紙数はここにないが、ソジャのルフェーヴル回転の転機をみてみよう。

「ルフェーヴルの社会学的接近は一時的であった。すでに日常生活批判の第二巻で、ついで一九六八年の『近代世界の日常生活』ではより強力に、ルフェーヴルは科学主義の意図で満たされた〈社会学主義〉に関心を抱くようになっていた。そして、自らの日常生活と疎外に対する批判を、彼が都市的状況と呼ぶものとモダニティに関する随伴する言説のなかで再度基礎づけようとしはじめた。一九六五年にパリのナンテール大学に移ってからは、とくに一九六八年の五月革命以降、社会学から都市的なるものの包括的な種別性へと自らを連れ出す新たな旅へと踏みだしたのである。[1]」

その旅の記録を斎藤日出治は『空間の生産』解説の中で次のように述べている。

「このような日常生活批判の問題圏が、ルフェーヴルの一連の都市論の展開をもたらす。ルフェーヴルは農村社会学の研究から出発し、一九五〇年代末に……都市の新しい現象に気づいて、都市論への関心を高めていく。したがってルフェーヴルが都市について執筆するのは、彼がナンテール大学の社会学教授に就任した六五年からそこを退職する七三年までの時期にほぼ限定される。このわずか八年ほどの間に、かれは都市に関する七冊の著書を執筆する。『都市への権利』（六八年）、『農村から都市へ』（七〇年）、『都市革命』（七〇年）、『マルクス主義思想と都市』（七二年）、『空間と政治』（七二年）、『都市への権利・第二版』（七三年）、そして『空間の生産』（七四年）がそれである。わが国でも、この時期は大学闘争と都市反乱の時期と重なり、ルフェーヴルの都市論関係の著書の多くが邦訳されて、読者の共感を呼んだ。[2]」

私がルフェーヴルの『都市への権利』に注目し、彼の考え方を取り入れたのは七二年刊の『地誌学の原点』であった。彼は都市を使用価値と価値の二重的性格としてとらえ、価値的側面が優先していく都市の変容に対し、生きられる側面としての都市の使用価値を、我有化していくべきであると訴えていた。彼の三元弁証法を学び、「第四章　地誌論体系化への基本視点」の第四節に「地誌学と二重性格論理」として『都市への権利』を入れたのであった。しかしその後、ルフェーヴルの姿は私の前に見えなかった。ソジャはその間の事情を次のようにとらえている。

「ルフェーヴルがパリの知的生活の影へと遠のくかに見えた長い期間がはじまった。一九六八年五月の叛乱の失敗ゆえに左派の多くから非難を浴びた。彼を日陰へと追いやった者たちの批判的まなざしを通じて以外、英語圏でルフェーヴルについて聞くことはほとんどなかった。一九七〇年から九〇年の間に彼が出版した著作はおよそ二〇冊に及んだが、このうち英訳されたのはわずか二冊であった。[3]」

これに対し、ルフェーヴル再評価の時代の到来を斎藤は次のようにとらえる。

「その後、ルフェーヴルの翻訳も途絶え、かれの思想に言及する研究者も少なくなる。構造主義からポスト構造主義へ、モダニズムからポストモダニズムへの思想動向の変化とともに、かれの思想も過去のものであるかのような扱いを受ける。

これに対して欧米では、とりわけ九〇年代に入って、ルフェーヴルの再評価の動きが顕著となる。九一年にはイギリスで『日常生活批判』と『空間の生産』が英訳される。九六年にはルフェーヴルの都市論に関する論稿を集めた英文の論文集が刊行される。……都市社会学や地理学において空間論への関心が高まるとともに、社会空間について包括的に論じたルフェーヴルの先駆的な研究が注目を浴び、またポストモダン論やカルチュラル・スタディーズを先取りした思想家という新しいルフェーヴル評価が登場する。[4]」

『空間の生産』は二〇〇〇年九月に日本訳で出版された。一二月に私は『変貌する世界像』を刊行し、ネパールの砒素汚染問題調査でガンジス川上流域の研究に出発しようとしていた時と、その刊行は重なる。そして二〇〇一年九・一一後の「ブッシュの戦争」が開始される。ここでまた新しい世界局面が展開しだし、さいど地理学の現役活動に戻る契機をこの本は与えてしまった。

ルフェーヴルが対象とする空間は、物理的空間や心的空間と違って社会空間である。この空間は、経済学が注目している生産によって生産される生産物である。その内実を彼は次のように展開する。

「先資本主義社会では、生物学的再生産の水準と社会・経済的生産の水準という二つの水準が重なり合っていた。この両者はともに社会的再生産をなし、世代交代を通じて維持されたのである。この連続性において、空間は決定的な役割を果たす。

資本主義の到来によって、事態はさらに複雑になる。そこでは三つのレベルが説明されねばならない。第一は生物学的再生産（家族）であり、第二は労働力の再生産であり、第三は社会的生産諸関係の再生産、すなわち資本主義社会を構成する諸関係の再生産である。

空間は（生産と再生産の）社会諸関係のこの二重、三重の相互作用についての特定の表象をふくみこむ。空間は諸種の象徴的な表象を通して、これらの社会諸関係を共存と統合の状態に維持する。[5]」

この議論から、ルフェーヴルは三重の概念を提起する。すなわち、①空間的実践、②空間の表象、③表象の空間という概念である。この概念の内容を簡単にみてみよう。

「1　空間的実践。社会の空間的実践は、社会の空間を分泌する。それは弁証法的相互作用において、社会の空間を提起し、その空間を前提とする。空間的実践は、空間を支配し領有するにつれて、ゆっくりと、確実に、空間を生産する。

空間的実践は、日常の現実（時間の利用）と、都市の現実（労働の場と私生活の場と余暇の場を結びつける経路およびネットワーク）とを、知覚された空間の内部において密接に結びつける。

2　空間の表象。つまり思考される空間。科学者の空間、社会・経済計画の立案者の空間、技術官僚の空間、社会工学者の空間、ある種の科学的性癖をもった芸術家の空間。これが社会における支配的な空間である。空間の諸概念は、言葉による記号の体系へと向かう傾向にある。

3　表象の空間。これは、映像や象徴の連合を通して直接に生きられる空間であり、それゆえ『住民』の、『ユーザー』の空間である。これは支配された、それゆえ受動的に経験された空間であり、想像力はこの空間を変革し、領有しようとする。

こうして空間の（相対的な）自律化が、資本主義における長期の過程から生ずる『現実』としてたちあらわれたが、この自律化は新しい矛盾をもたらす。[6]」

ルフェーヴルは、この三重の概念の相互作用の相を細かく追求していったが、私は「矛盾した空間」の章の一例だけをあげたい。

「空間は巨大な規模で印づけられ、探究され、発見され、再発見される。空間を占拠し、空間を満たし、空間に住み着き、空間を根底から変容させる可能性は、たえず高まりつつある。[7]」

「このような状況において進展する経済過程は、もはや伝統的な政治経済学が解決しえないものであり、経済学者の予測を完全に裏切るものである。『不動産』産業は、『建築』産業とともに、もはや産業循環の副次的な要因ではなくなる。この産業部門は、かつては長い間、産業資本主義と金融資本主義の背後にあって補完的な役割を果たしてきたが、この産業部門が前面に躍り出る。[8]」

「マルクスが古典派経済学に倣って示したように、交換価値は貨幣で表現される。かつては土地が売られ、貸し付けられた。今日では、空間の量が売買される。マンション、住宅、部屋等が売買される。それぞれの場が交換可能なものとなり、商品取引の連鎖の中に入っていく。さらに価格と〝生産費〟との結びつき、つまり価格と社会的・平均的に必要とされる労働時間との結びつきは、しだいに弾力に富んだものとなる。この関係も、多様な原因によって、とりわけ投機によって、妨げられ複雑なものにされる。価格は、価値から、生産費から遠ざかる。法則の諸種の作用が変更させられる。価値法則しかり、需要と供給の法則しかりである。詐欺が法則となり、ゲームのルールとなり、戦術となる。[9]」

私がここで引用した問題域は、現在の金融危機、世界同時不況の局面を表現していると考えたからである。こうした「矛盾した空間」を克服する展望を、ルフェーヴルは与えることができたであろうか。彼は「空間の理論は今日存在する革命運動とどのような関係があるのか」という問いを「開口部と結論」でだし、次のように考えていく。

「ブルジョアジーは空間の諸矛盾を解決することはできまい。……空間への対処という視点からすると、ソビエト・モデルと中国の道は対立しており、たがいに矛盾するまでにいたっている。

日常生活を変容させるための社会的な支持基盤として地球的規模の空間を創出すること、それは無数の可能性を切り開くことになる。近い将来において可能性を切り開くのは東洋である。[10]」

これが『空間の生産』の最終結論の条である。その東洋は、毛沢東の文化革命を踏まえた東洋ではなかっただろうか。三〇数年前の空間論で、三重の概念で社会空間の生産を論述した彼の結論は、現代の中国の改革・開放政策後にも当てはまるものか、我々の重要課題である。

二　ハーヴェイの道を辿る

ハーヴェイは、一九六一年にケンブリッジ大学で計量地理学に関して博士の学位をとった後、一九七〇年にアメリカのジョンズ・ホプキンス大学地理学・環境工学科にうつり、計量地理学を脱し、彼の地理学体系の模索の旅に移っていく。アメリカは、ベトナム戦争の泥沼に足をとられ、七一年にはニクソンショックを惹き起こしていた時代であった。これを受けて、"*Antipode*"が発刊されていて、筆者陣に加わった。これが契機で七三年に邦訳『社会的正義と都市』を刊行し、都市問題を自己の課題として設定した。私はその後の足どりをどう捉えるかを考えていた。一九八五年刊の『都市の資本論』は、彼のそれまでの論文を、彼の構想でまとめられたものである。その論文を年次別に読み分けて味わってみると、彼の論理が積み上がっていく過程が理解された。彼の邦訳『空間編成の経済理論――資本の限界』は、七四年以降の小論の上に構築されていることが分かった。

第三章の「階級独占地代、金融資本および都市革命」は七四年の論文である。私が関心をもったのは、その書きだしが「ルフェーヴルは、その刺激的で挑発的な書物のなかで、一九世紀の産業革命は二〇世紀の『都市革命』の先駆者と解釈すべきである、と論じている」[11]と、ルフェーヴルから出発していることである。しかし彼は、ルフェーヴルはその都市の内部的構造を明らかにしていないとの批判の上で、「階級独占地代、都市空間形成、および階級独占力」の構造を究明し、居住空間を問題にして、次のような結論を提起する。

「こうして、ルフェーヴルの基本テーゼに立ち帰ることになる。都市社会が産業社会にとってかわる、というルフェーヴルの『諸変化の総体』に対して、われわれは包括的な内的論理をあたえることができる。

ルフェーヴルが説く諸変化の総体は、彼が想像する以上に複雑である。[12]」

この命題に応えて七五年の論文が提起されてくる。第五章で「階級構造という一般と居住空間という特殊との間に避けがたく存在する諸関係を特定するところに問題が横たわっている」[13]と考え、「居住分化と社会秩序」の中に解を求めていく。彼は次のように述べて、建造環境の概念を生みだす。

「資本蓄積規模の一層の拡大は、都市空間の、急激に速度を増してゆく形成過程の動力となってきた。……一世紀ないしそれ以上の間、社会分化の一次的諸力・派生的諸力・残滓の諸力がおたがいに作用しあって、社会構造の細分化が生じてきた。そこで、この累進的な集中と社会的細分との過程を、われわれが都市とよぶ建造環境のなかに位置づけ、社会構造と居住分化とを結びつけるべく、いくつかの仮設をつくってみることにしよう。[14]」

その仮設の第四番目に矛盾が指摘される。

「居住分化のパターンには資本主義にある多くの矛盾がはらまれ、またこうした矛盾が反映されている。したがって、居住分化のパターンを生みだし、それを維持する過程は、不安定と矛盾の軌跡なのである[15]。」

同じ七五年に執筆された第二章の「資本主義的蓄積の地理学」では、「時間による空間の絶滅」概念が登場してくる。資本主義的蓄積は、商品流通の拡大、商品市場の拡大による価値の実現を必要とする。『資本論』は一国経済学的性格を有しているので、ハーヴェイは『経済学批判要綱』に依拠しながら、この問題を考えていく。

「空間における購買と販売との分離についての分析から、商品・貨幣・そしてそれゆえに資本の流通における運輸と通信の役割についての考察が直接に導かれることになる[16]。」

「運輸の費用と時間の両者をともに切り下げようとする必要は、資本蓄積の至上命令から発生するのである。すなわち『資本は一方では、交易すなわち交換のあらゆる場所的制限をとりはらい、全地球を資本の市場として征服しようとつとめなければならないが、他方では、資本は時間によって空間を絶滅しようと……つとめる。資本が発達すればするほど……資本はますます市場を空間的に拡大しようとつとめ、またそれと同時に時間によって空間をさらに絶滅しようと努める。』（『要綱』四三七頁[17]）」

第一章は「資本主義のもとでの都市過程」で、一九七八年の所見である。この章で資本の循環が三次的段階でとらえられる。

第一次循環は、直接的生産過程に投下される生産手段と消費手段であり、この過程から剰余価値が生産され、再生産の基礎となるとともに過剰資本をも創出する。この固定資本は、生産過程に投下された固定

図１－１　資本の第一・第二・第三次循環の間の関係構造

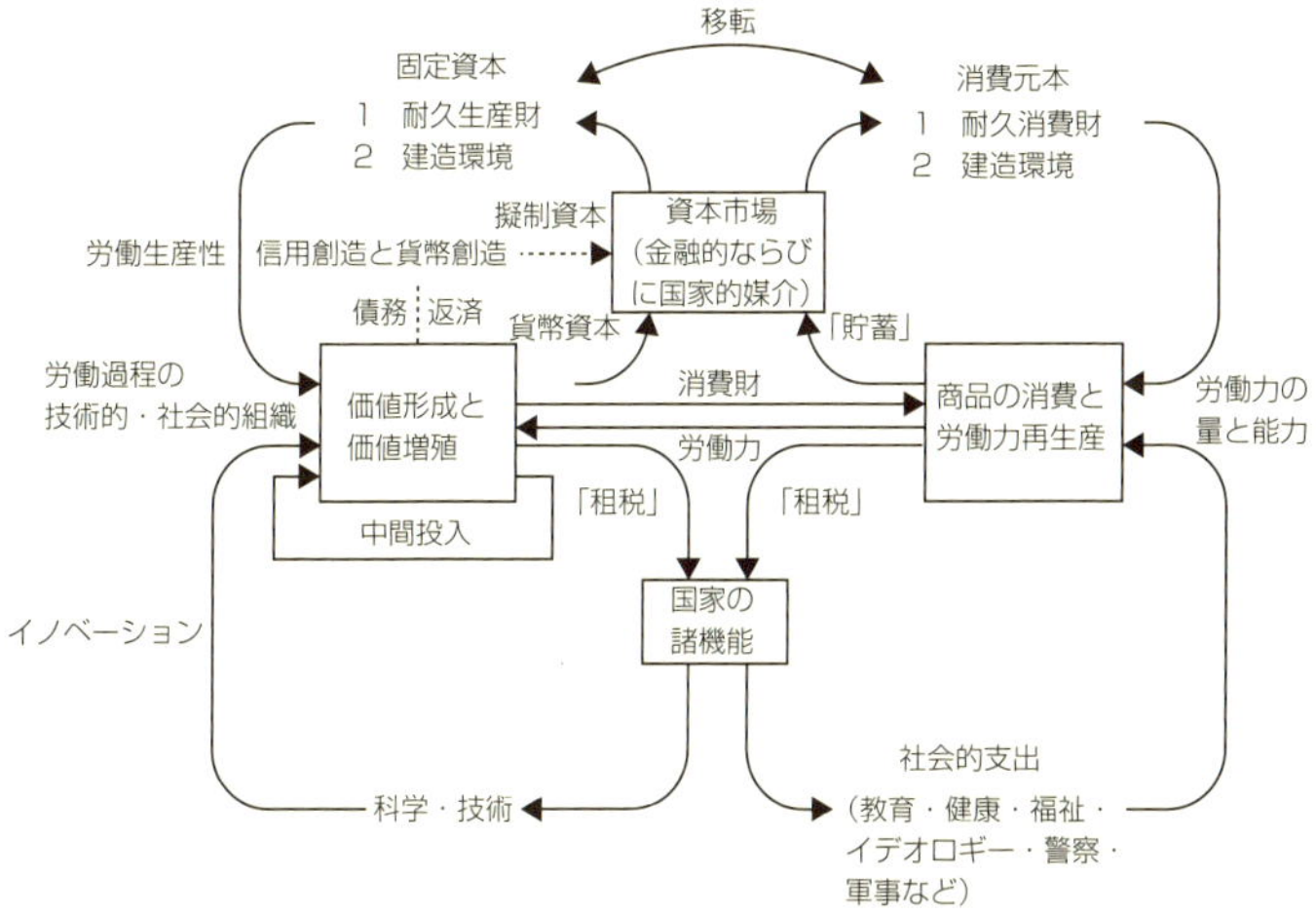

資本と生産の補助的役割を果たす固定資本に区別される。「後者を生産の建造環境と呼ぶことにする」[18]。消費の側にも同様の構造がみられ、消費元本は、消費への直接の投入でなく、消費過程を支える耐久消費財や家屋、道路などの姿をとり、これを彼は消費の建造環境と規定する。「固定資本と消費元本の形成への資本のフローを、資本の第二次循環とよぶことにする」[18]。この形成には国家や金融機関の介入が必要とされるだろう。資本流通を仕上げるためには、科学・技術への投資、労働力の再生産に必要な教育・健康への投資などが必要であり、これを資本の第三次循環と考えねばならない。この資本の循環過程に対応して資本主義の恐慌局面が展開するのである。この資本の循環図を彼は次のように提示した（図１－１）。

彼は「序論」の中で、「『空間編成の経済理論』で私は、マルクス主義理論における『空白』を埋めようとした。固定資本の流通と建造環境の形成、地代の領有、貨幣・金融・信用のはたらき、貨幣・金融恐慌の生産といったようなものがそれである[19]」と述べている。そのマルクスの空白を埋める資本主義の諸側面を、七四年以降の小論文で積み上げ、一九八五年に『都市の資本論』として上梓したのである。

一九八二年の『資本の限界』が七三年以降の歩みの集成であったとすれば、すでに時代は大きく変わり始めていた。一九八九年刊の『ポストモダニティの条件』の第二〇章の「トリックを用いた経済学」では、八〇年のレーガンの政策を検討し、次のように述べている。

「あらゆる金融上の投機と擬制資本形成をともなった、このようなカジノ経済の登場は、個人的権力が強くなる豊かな機会を提供した。カジノ資本主義が街に現れ、多くの大都市は突如、新しい強力なビジネスの指揮権を持っていることに気づいた。このようなビジネスと金融サービスのにわか景気を背景に、まったく新しいヤッピー文化が生まれ、それはジェントリフィケーションという装いと、象徴資本、流行、デザイン、そして都市生活の質への強い関心をともなうものであった。[20]」

このようなポストモダン経済学の前史としてハーヴェイは、まず一五章で「啓蒙のプロジェクトの時間と空間」の章を設けている。この中で彼は、ルフェーヴルの視点継承を次のように述べている。

「ルフェーヴルは、空間の均質化が成し遂げられる方法の一つは、空間を全面的に〝細分化〟し、断片化することによって自由に譲渡される個人の財産の一部にすることで、市場において自由に売買されるようにすることであると述べている。……ルフェーヴルによれば、個人にとっての空間の自由な領有と社会的目的との間……には永続的な緊張関係が存在している。ルフェーヴルの試みから五つの明確なジレンマを抽出することができる。（一から四までは省略）
五　このことによって最も重大なジレンマ、空間は空間の生産によってのみ征服されうる、というジレンマに連れもどされる。場所の安全性と社会の構成員へのアクセスを保証する、（身体、土地、家などの）空間の権利についての法システムにおいて正当化される、輸送と通信の時間、人間の居住と占有の空間などの特定の空間は固定化された枠組を形成する。……資本蓄積のコンテクストに位置づけられた場合、この空間的組織の固定性は絶対的な矛盾になる。このことは地理的な景観にたいする『創造的破壊』という資本主義の権力を解放するとともに、あらゆる地域での抵抗の暴力的な運動を生じさせる。

この最後の点はとても重要であり、一般化することが可能である。〝時間による空間の絶滅〟を追求するためには、特定の、固定化され動かすことのできない空間をつくりだすことが必要なだけでなく、資本の主要部の回転時間を加速化するためには、回転時間の遅いものへの長期的投資（自動化された工場、ロボットなど）が必要である。資本主義がこのような矛盾する関係にどのように立ち向かい、また周期的に屈しているのかは、資本主義の歴史地理において語られてこなかった主要な物語の一つである。[21]」

第一六章では「時間―空間の圧縮と文化的力としてのモダニズムの興隆」が説かれる。そして第一七章の「ポストモダンの条件」となるのである。このポストモダンの条件については、ポストモダンへの移行過程が述べられていた。まず第Ⅰ部の「現代文化のモダニティからポストモダニティへの移行」で、文化運動的移行が分析された。そして第Ⅱ部で、「二〇世紀晩期の資本主義の政治・経済的変容」が考察される。それはフォーディズムからフレキシブルな蓄積への転換を中心に分析される。時間による空間の圧縮のフォーディズムから、一九八四年のセーブルの『第二の産業分水嶺』への転換である。そして一九八六年には、ポラニーの『大転換』に対し、ボワイエの『第二の大転換』が登場する。そのような背景をもとにハーヴェイはモダニズム対ポストモダニズムの相互浸透表を提示する（同書、四三七頁の表4－1を参照[22])。

しかし、ハーヴェイは最終章の「ひび割れた鏡、周縁における融合」で、次への展望を語っている。「一九八七年一〇月一九日、アメリカの経済政策を映し出している鏡の裏をかいま見た人たちが、自分たちがそこに見たものに恐れを抱いたことで、世界の株式市場は、わずか数日の間に世界中の資産の名目上の価値の三分の一が無価値になってしまうという恐ろしいほどの崩壊状態に陥ってしまった[23]」。そのことは、鏡のひび割れは大きくなりすぎてはおらず、周縁における融合もそれほど著しいものではないが、ポストモダニティの状況が微妙な変化を遂げつつあり、おそらく、何らかの異なった状況へと自己―解体する点に達するであろうことを示しているのである。いったいそれは、どのようなものだろうか。

「このことへの答えは、現在、労働、金融、不均等な地理的発展などの世界を変容させつつある政治経済的諸力を抽象化することによって得られるものではない。緊張関係の輪郭は十分明確になっている。地政学と経済的ナショナリズム、ローカリズムと場所の政治、これらすべてのものはこの上なく矛盾した方法で新たなインターナショナリズムと闘い、決着をつけようとしている[24]。」

そうした姿は、ハーヴェイの『ニューインペリアリズム』（二〇〇三年）、『新自由主義』（二〇〇五年）で明らかにされるが、八九年当時の結論は次のような言明であった。

「これらを超えたところにおいて、史的唯物論と啓蒙のプロジェクトは再生されるのである。その史的唯物論によってわれわれは、歴史―地理的状況としてポストモダニズムを理解しはじめることができる。このような批判的基盤において……〈存在〉ではなく〈生成〉のプロジェクトの反撃が開始され、差異における統合が探究され得るようになる。……史的―地理的唯物論の再生は、実際に新しくなった啓蒙のプロジェクトへの支持を促しうるものである[25]」。第二六章の「史的唯物論の危機」はこの方向で超えられる。

三　ソジャの三元弁証法

ソジャの『ポストモダン地理学』（一九八九年）の第一章に、前注としてフーコーの言が引用されている。それは一九七六年に「ヘロドトス」誌に掲載された「地理学に関するミシェル・フーコーへの質問」の中の一条である。

「それはベルグソンとともにはじまったのか、あるいはその前にはじまったのか？　空間は死んだもの、硬直したもの、非—弁証法的なもの、じっと動かないものだったのです。その代りに時間が豊かなもの、肥沃なもの、生き生きとしたもの、弁証法的なものでした。[26]」

この言からソジャは、歴史主義支配の社会科学の傾向に対し、「空間論的転回」を提起していった。ソジャは「西欧マルクス主義の反—空間的伝統」として、次のような傾向を指摘する。

「マルクスの反ヘーゲル主義は、観念論に対する唯物論的批判にとどまるものではなかった。それはまた空間性の精神に対して歴史性——革命的な時間性——を優勢な地位に回復させようとする試みでもあったのである。このようなプロジェクトが、歴史的、社会的決定論の立場に、空間の主張に対する過剰な反応と抵抗を生じさせることになり、その反ヘーゲル的な反—空間主義は、実質的にマルクスの著作のすべてにわたり織りこまれたのである。……

また、教条主義的なマルクス主義のもつ反—空間的特質にも留意しなければならない。この教条主義は、第二インターナショナルから現れ、スターリン主義のもとで強化されたものである。……マルクス主義は、スターリンのもと、実証的科学主義に転向させられ、技術至上思想を信条とし、基盤と上部構造の間にある厳格な経済的因果性を強調したのである。……空間性は経済主義に吸収され、その物質的存在の他の諸要素との弁証法的関係は破壊されたのである。[27]」

ソジャの「空間論的転回」の視点は、ハーヴェイのマルクスの原典主義と異なり、人間・社会存在論に求められていった。第五章「再主張――空間化された存在論に向けて――」の探究がそれである。ここでソジャは、空間性の物質的性質を検討する視点を次のようにあげていく。

「わたしたちは自分たち自身の選んだ状況下で歴史や地理をつくるのではなく、過去に生産された歴史地理から伝えられ、与えられ、いきなり遭遇した状況下でつくるのである。

わたしが提示してきた一般論は、連関したいくつかの前提に簡潔に要約できる。

1　空間性は実体化された認識可能な社会的所産であり、それは物理的空間と心理的空間の両方を社会化し、改変するにつれて形をなしてくる第二の自然の一部となる。

2　社会的所産としての空間性は、社会的諸活動と関係性の媒介であると同時に結果であり、前提であると同時に具体化である。

3　社会生活の空間―時間的構造化は、社会的諸活動と関係性（階級関係を含む）がどのように物質的に構成されるのか、どのように具体化するのかを規定する。

4　構成／具体化の過程は、矛盾と闘争で満たされるため、問題構成的になる。

5　矛盾は主として、社会的活動の結果／具体化／所産かつ媒介／前提／生産者として生産された空間の二重性から生起する。

6　具体的な空間性――現実の人文地理――はそれゆえ、社会的生産・再生産をめぐる闘争のアリーナ、すなわち既存の空間性の維持と強化か、あるいは意義ある再編そして／あるいはラディカルな変革のどちらかを目的とした社会的実践のアリーナである。
7　日々の活動のルーティンや出来事から、より長期にわたる歴史の形成にいたるまで、社会生活の時間性は、社会生活の空間性が時間的／歴史的な偶有性に根ざしているのとまったく同じように、空間的偶有性に根ざしている。
8　歴史の唯物論的解釈と地理の唯物論的解釈は、不可分に編み合わされた理論的随伴物であり、本質的に一方が他方に優先することはない。
これらの前提を一まとめにして考えることで……空間性の唯物論的解釈に枠組が与えられる。それらの大部分はまだ明示的に語られておらず、それゆえ最近の研究の詳細な検討を通じてどうにか導き出されなければならない。[28]」

その研究課題に応えるべく、ソジャは『第三空間』（二〇〇六年）を刊行した。前著では、ルフェーヴルの空間概念そのものの展開は強くみられなかったが、本著はルフェーヴルを真正面に据えて論述されていく。第一章そのものが「アンリ・ルフェーヴル、驚異の旅」で、ルフェーヴル理論の跡づけがなされる。第二章は「空間性の三元弁証法」で、ルフェーヴルの『空間の生産』の三つの契機が提起され、生きられる空間の意義が強調されていく。三つの契機は次の空間である。
・空間的実践（知覚される空間）
・空間の表象（思考される空間）
・表象の空間（生きられる空間）
「表象の空間をルフェーヴルは、予備的な三項化における社会空間の戦略的な使用にもとづき、他の二つの空間とは異なるが、それらを包括するものとみなす。……

図１－２　存在の三元弁証法

図１－３　空間性の三元弁証法

ここにわたしたちが見いだすのは、単なる権力の空間的表象ではなく、空間的表象の堂々とした操作的権力である。現実的なものと想像上のもの、事物と思考を等しい条件で、……これらを結合することで、これらの生きられる表象の空間は〈対抗空間〉、すなわちまさしく従属的な、周辺的ないし周縁化された位置どりから生じる支配的な秩序に対する抵抗の空間が発生するための領域となる。(29)」

ソジャはルフェーヴルの空間性を規定する三元弁証法を示す図として、新しい科学の相互関係性を力説する。この図に対しソジャは、存在論的な三元弁証法図を次のように示す（図1－2、1－3）。この図に対し、ソジャは次のように説いていく。

「世界に関する知を手にするために、世界はどのように秩序づけられるべきかについての言明である。これは、社会的存在、人間存在、そして実践的な知と理解の探究それぞれの本質にかんするありのままの図である。

主として存在論的な主張であるが、《空間性》、《歴史性》、《社会性》（《空間》、《時間》、世界内《存在》の社会的生産を要約する言葉）の三元弁証法は、存在論から認識論、理論構築、経験的分析、社会的実践にいたる知のあらゆるレベルに適応する。しかしながら、……《歴史性》の形成と社会的実践ないし《社会性》の構成の間にあるダイナミックな関係を過度に優先する傾向が執拗につづいた。……この傾向に抗して《空間性》を再び主張することである。(30)」

第六章の「歴史主義に関する空間（論）的批評の再現＝表象」で、ソジャは空間性の立場を主張していく。一九世紀以前には、歴史学と地理学は分かちがたく結びついていた。しかし一九〇〇年以来、《歴史学》と《地理学》は見事に分割された。この分割の種子はカントによって植えつけられた。カント以後の歴史主義の優勢的流れの中で地理学は、「専門の地理学者の関心に合わせた内向的な制度的、空間的な歴史にすぎなかった」[31]。ソジャは「フェミニスト的ポストモダニズム、ポスト構造主義、そしてポストコロニアルの批評が、空間の根本的な重要性を含めた、……〈ヘゲモニックな歴史記述〉と闘った。だが、明確に空間論的な歴史主義批判は、さまざまなやり方で鈍らされてしまった」[32]と評価する。また「デレク・グレゴリーやアンソニー・ギデンズらは、『史的―地理的唯物論』、『新しい文化地理学』、あるいは『空間―時間的社会学』に傾倒した。なるほど、彼らは空間性と歴史性の均衡のとれた統合を提起しはするが、著作のなかで二つの均衡ないし弁証法を達成できないか、あるいはもっと深刻なことに、歴史的想像力と空間的想像力の結合に関係する根本的な存在論的・認識論的諸問題を見落とすかのどちらかであった」[33]。

ソジャが提起する視点は、フェルナン・ブローデルとアナール学派のきわめて地理学的な歴史記述をこえるものである。その視点をソジャは次のように述べる。

「さてここで、空間論化のもうひとつのレベルに到達したうえで、それを探究しなければならない。それは、空間性と歴史性の相互作用を批判的に問題化し、その問題点となっている地理歴史ないし空間時間性のなかで、歴史と地理を表象・経験的調査・(社会的)理論化のための同等の様式として統合的に再考する必要性を見出すことである。これはルフェーヴルとフーコーが一九六〇年代に着手した企図である。[34]」

ソジャは、存在論的空間性を理論的に追求するだけでなく、常に自己の場に立って考察している。『ポストモダン地理学』では第八章に「すべてがロサンゼルスに集まる」と題し、ロスの都市空間構造の変化(空間性)を歴史的に分析している。『第三空間』では第七章「追想《要塞都市LA》のヘテロトポロジー」、第八章「外心都市の内側……ポストモダン世界の日常生活……」でやはり都市空間を日常生活から分析している。先にソジャはルフェーヴルの生きられる空間を評して「支配的な秩序に対する抵抗の空間が発生する領域となる」と結論づけていた。私は『地誌学の原点』の「生きられる空間視点からの地域実践」という第Ⅲ部で、国民研の共同研究で上原先生が提起された「地域の地方化」に対する「抵抗の拠点としての地域」という命題を問題にしている。ソジャが提起した『第三空間』の地歴相即の理念は、生きられる空間視点の地歴学であると言えよう。

四　私がたどった空間論への道

一九五二年、経済地理学の門外漢であった私は、九州大学の教授のすすめで宮崎大学学芸学部の地理科に奉職した。九大の先生が推薦した飯塚浩二著『地理学批判』と、広島を去る時に古書店で購入したソビエト科学アカデミー版の『経済地理学の諸問題』など、少ない文献からの出発であった。飯塚教授の説によると、近代地理学はカール・リッターの環境論をベースに出発し、第二段階はラッツエルの生態学的方法、第三段階はヴィダル・ド・ラ・ブラーシュの『人文地理学原理』と続き、いまこのブラーシュ理論の完成段階にある、という位置づけであった。そのブラーシュの生活様式を生産関係に転換し、生産関係による地理学の確立が提唱されていた。一九五三年に結成された日本経済地理学会は、飯塚理論を受けてか、環境論、すなわち地理的、自然的決定論を放棄して、生産関係の地理学を目標にしているようであった。その流れの中に巻きこまれていったのである。

私は、古典として残っている著書は、著者がその時代の社会的課題に応えようと心血を注いだ著作であると考えていた。チューネンの『孤立国』は、師と仰ぐアルブレヒト・テアーの英国式高度輪栽式農業をドイツに一律的に導入すべきだという政策に対し、自分の農業経営の実態をふまえ、一律政策に反対した作品である。スミス、リカード、マルクスたちも、それぞれの課題から出発している。一九五二年以降の私の思索は、その課題を求めることに集中していた。戦後日本の復興政策の一面として、国土総合開発法に依拠した東北地方開発促進法が成立した。それを受けて、九州地方開発促進法への課題が提起され、私は工場誘致、工業立地の研究を担当した。その研究は、東大の飯塚先生のもとへの内地留学とかさなり、それを利用して北海道にまで脚を伸ばし、日本の工場誘致の現状を見て回り、日本産業の空間的構造の変動が起こっていると感じ、空間構造変動論という課題を直観的に受けとめた。

その課題意識に立ってマルクスらの古典を読み返すと、いくつもの箴言に出会う。『ドイツ・イデオロギー』のなかで、エンゲルスは次のような物質的土台を述べている。

「歴史のなかに、どんな段階にあっても見出されるのは、ある物質的成果、生産諸力の総和、歴史的につくりあげられた一定の対自然関係および諸個人相互の関係であり、各世代が、先行する世代からつたえられる生産諸力、諸資本、諸環境のある総量である。この総量は、たしかに一面ではあたらしい世代によって様相を変えられるけれども、他面また、この世代にそれ固有の生活諸条件を指定し、それに一定の発展を、ある特殊な性格を付与する。……したがって環境は、人間が環境をつくると同時に、人間をつくることになる。この生産諸力、諸資本、および社会的交通形態の総和が、哲学者たちによって《実態》だの《人間の本質》だのといわれてきたもの……の実在的根拠なのである。[36]」

この一条は、ハーヴェイが建造環境としてとらえた内容と一致するのではないか。後に和辻の風土概念を述べるが、風土的基盤とも考えられる。こうした環境は人間がつくるとともに、逆に人間がつくられるのである。こうした関係をマルクスは、『資本制生産に先行する諸形態』のなかで次のようにのべている。彼は物質の代謝過程など生態学的用語を使用し、生活様式、生存様式、労働様式、生産様式という様式概念で人間存在の根源的あり方を規定する。

「移動する遊牧種族のあいだでは、その共同体は、事実上つねに結集しており、……また上位下位の等級区分の諸形態は、これらの生活様式の諸条件から発展する。[37]」

「種族がある一定の場所に定住しないで、見つけしだいの場所で牧草を食わせるといった生存様式の最初の形態であると想定できるので、種族共同社会、自然的共同体は、……定住するようになると、この本源的共同社会がどの程度まで変形されるかは、さまざまな外的、気候的、地理的、物理的等の条件、人間の自然的要素等のいかんに依存するであろう。[37]」

「古い共同団体の維持は、それの基礎である諸条件の破壊をふくみ、その反対物に転回する。もし同一面積での生産性が生産力の発展等によって増大しうるとしても、それは労働の新しい様式、新しい結合、一日の大部分を農業についやすこと等をふくむであろう。……再生産の行為それ自体のなかでは、たとえば農村が都市となり、荒野が耕地となる等、客観的条件が変化するばかりでなく、生産者も、自分のなかから新しい資質を引きだし、生産によって自分自身を発展させ、改造し、新しい力や新しい観念を形成し、新しい交通様式、新しい欲望、また新しい言語をも形成して、みずからを変化させる。[38]」

以上をふまえて、生産様式の概念が次のようにとらえられている。

「共同団体の特殊な一形態と、それと関連する自然にたいする所有の特殊な一形態とのあいだの本源的統一は、一定の生産の様式自体のうちにその生きた現実性をもっている。この生産の様式とは、個人相互の関係行為として現れるとともに、非有機的自然にたいする個人の特定の能動的関係、特定の労働様式としても現れるものである。[39]」

私は、飯塚先生の生活様式から生産関係の地理学への転回に対し、疑問をいだいてきていたが、マルクスとエンゲルスの以上の引用文に学んで、一つの脱却の望みを見出した。空間的構造は、一定の生産力、非有機的自然に対する一定の能動的関係、労働様式の発展に対応して変容していくと考えるようになった。その際、生産力の三要素に対する技術論的統一でなく、労働様式を基礎に考えることの重要性を覚ったのである。その空間構造の変容論に対し、O・ランゲの提言は私を支えるとともに、転進を促すことになった。ランゲは一九五九年に『政治経済学』を刊行したが、圧力らしいものが介在し、日本語版は一九六四年であった。私は一九六五年の九州経済学会の「経済・経営研究」誌に、「経済地理学の課題」の一文を投稿したが、その中でランゲの説を引用したのである。彼は「生産力の進歩的発展の法則」について次のように述べる。

「人間の行動の変更を引きおこす新しい外部からの刺激がたえず現れるため、習慣と慣例が長期的なものでありえないような、人間活動の一つの領域が存在する。そのような領域とは、生産過程であり、社会的労働過程でおこなわれる、人間の自然にたいする働きかけ、および自然の人間にたいする働きかけである。この働きかけの性格を決定するのは、現存の生産力であり、したがって生産手段、とくに労働用具、ならびにそれを利用する人間の経験と能力である。社会的労働過程のなかで、人間はみずからの自然的環境を改造し、彼の労働の所産（住宅、都市と農村、運河、作業所と工場、運輸手段など）からなる新しい物質的環境をつくりだす。この新しい環境は、ときに、人為的環境あるいは歴史的社会の物質的資産と定義される。[40]」

ランゲは、この人為的環境を研究対象とする経済学の領域を経済学体系の中に位置づけなかった。彼は「時間的な経済発展の研究は、経済史の対象である。これにたいして記述経済学は現在の経済過程の具体的経過を研究する。具体的な経済過程が数字的にとらえられるなら、それは経済統計学であり、地球上の配置という観点から研究されるなら、それは経済地理学である[41]」と、カント流の科学分類で経済地理学を記述経済学と位置づけた。

私は一九六八年に『経済地理学への道標』を世に問うた。その中で、第二部の「生産の地理的配置の実証的研究」を述べた後、第三部「地理学の社会科学性」の第一章「社会発展の弁証法としての地理学」の第一節に「生産力と人為的環境」を設定し、経済地理学の基本課題としたのである。ルフェーヴルが五月革命の影響を受けて、『都市への権利』を模索しはじめた頃、私はランゲとの対応で社会空間論を私なりに求めていたのであった。その過程で、和辻哲郎の述懐に遭遇した。それは『風土』の昭和一二年一二月づけの「あとがき」の所見である。彼は次のように述べている。

「自分は地理学のことにきわめて暗く、前文を草した当時、フランスの人文地理学がいかに躍進的な発展を遂げていたかを少しも知らなかった。一九二二年にヴィダル・ド・ラ・ブラーシュの『人文地理学原理』が出版されていた。また同じ年にはフェーブルの『大地と人類の進化』も刊行され、ラッツエルの方法に対する鋭利な批判とともに、人文地理学の向かうべき正しい道が指示されていた。もし当時自分がそれらの書に親しむことができたのであったら、風土学の歴史的考察はよほど違ったものになったであろうと思われる。

なおこの書以後に到達した風土学的な考えについては、近刊の『倫理学』下巻を参照されたい[42]。」

日本は、人間存在を空間的時間的構造として、更に歴史性、風土性の相即としてとらえる学説を保有している。和辻の『倫理学』がそうである。和辻は、一九二七年にヨーロッパ留学に行く船旅の中で、インド、アラビア半島、地中海、そしてヨーロッパ大陸の景観印象を直感的にとらえていた。ドイツでハイデッガーの『存在と時間』に出会った時、彼が人間を時間性と空間性でとらえていたにもかかわらず、最終的には時間的存在としての人間に終わっていることを批判した。そして船旅で得た印象を、モンスーン的、砂漠的、牧草的風土の人間存在として『風土』の一冊にまとめた。和辻は、『風土』を学問的に理論化するために、まず『人間の学としての倫理学』で視点を提起し、『倫理学』上、中、下巻で集大成させた。下巻が昭和二三年刊であるので、『風土』以来二〇年に及ぶ精力の集中で完成された大作である。和辻が人倫的組織体・内存在として、空間的・時間的構造、歴史的風土的存在としてとらえる視点は、地理学にとって貴重な遺産として受けとめねばならないであろう。私は、一九七二年刊の『地誌学の原点』の中で、第三章「和辻哲郎『風土論』の批判」の章を設け、六〇頁をさいて検討した。それ位の重みをもった論理であった。

和辻の倫理学としての出発は、『人間の学としての倫理学』であるが、彼は、アリストテレス、カント、コーヘン、ヘーゲル、フォイエルバッハの人間のとらえ方を検討した後、マルクスの「フォイエルバッハに関するテーゼ」の中のマルクスの人間存在の視点を最高の人間観として評価した。和辻は、マルクスは人と人の関係を社会構造の土台とした経済学を展開したが、私は倫理学の方向を求めていくと宣言して、『倫理学』の大成に向かったのである。

上巻では、人間存在の空間的時間的構造の究明が主題であったが、下巻は歴史性・風土性が主題になっている。中巻の人倫的組織論は空間的時間的構造をふまえた結論として、国家至上主義の皇国史観に結晶していた。戦後に完結する下巻の結論は、風土性・歴史性の相即としての国民的存在に至り、世界的な共存が謳われる。二〇年間におよぶ期間、日本社会は複雑な変容をとげていったが、和辻の道筋もそれを微妙に反映している。この中で、『風土』の「あとがき」のブラーシュ評価は、下巻ではどうなっているのかに注目したい。彼は次のように述べている。

「ブラーシュ及びその弟子たちが、フランスの諸地方の地域的な特殊研究をはじめた。……このような具体的研究の上に立ってかれは人間と環境との連関を精確に捉えようと試みた。……してみると、人間に影響されない土地や、土地に影響されない人間などは、到底捉えることができないのである。土地を把握しようとすればそこに積み重なった人間の営為を見いだすであろうし、人間を把握しようとすればそこに焼きつけられた土地の性格を見いだすであろう。

このような見地のもとに書かれたブラーシュの人間の地理学は、人間存在の風土的構造を捉えるという仕事に最も近づいているといってよい。彼の取り扱うのは人類の集団と環境との連関なのである。人間の地理学は歴史学よりも一歩遅れていたとはいえ、今はもう肩を並べて進んでいるといってよい。そこで歴史の認識論と同じく地理学の認識論が起こって来なくてはならない。

人間の地理学は、人倫的組織において具体化している人間存在の空間性に特に着目し、それを問題とするのである。……そこに具体化している人間存在の時間性の問題も連関しているが、ただ土地の個性に集中する。[43]」

和辻批判は『原点』にゆずり、私が問題にしたいのは、和辻とヘーゲルの世界史の捉え方である。ヘーゲルは、『歴史哲学』において世界史を理性観の展開と考え、「世界史の地理的基礎」の篇を設け、新世界と旧世界に区分し、更に旧世界の地理的区別を検討していった。それを要約するとつぎのようになる。

「もう一歩立ち入った地理的区別を立てておこうと思う。しかもそれは、雑然とした自然的・偶然的な要素から見られたそれではなくて、思想に基づく本質的区別でなければならない。そこで、この区別の性格からみると、次の三つがある。

1　広大な荒地と平野とからなる水のない高地。
2　大河川が貫流し、その灌漑の便にあずかる峡谷地帯、すなわち過渡の地帯。
3　海岸と直接の関係をもつ沿海地方。

この三つの契機が根本的な契機である。したがって、この点からして旧世界は三つの区分に分けられる。第一のものは、未開状態のままに自分に閉じ籠っているが、しかしそれでも他に対して刺激を与えるだけの素地はもっている。第二のものは、文化の中心地を形成するが、まだ封鎖的な独善性を帯びている。第三のものは、世界の連関をつけるとともに、これを維持するものである。……次に旧世界の三つの部分を考察しなければならない。ところが、ここでも上述の三つの契機が顔を出すが、しかしそれは時には顕著に、また時には余り目立たない形で出てくる。すなわち、アフリカでは高地がその主な原理をなし、アジアは河川地方と高地との対立を根本とし、ヨーロッパの性格はこれらの区別の混合である。[44]」

このような区別に立って、アフリカ、アジア、ヨーロッパの内実が検討され、世界史を東洋、ギリシャ、ローマ、ゲルマンの理性史としてとらえるのである。

和辻は、歴史性風土性の相即として国民的存在をとらえ、「世界史における諸国民の業績」として人倫的組織の歴史的展開をみていく。その視点は次のように要約される。

「今より六千年ほど前に、最初に歴史を作りはじめた一群の諸国民がある。それは時代的には世界史の第一期であり、風土的には沙漠的人間の業績といってよい。この時期の歴史が一通り展開をおえ、その創造的な活力を失った後に——時代的には二千年ほど遅れて——世界史の第二期がはじまる。この時期には牧場的地域やモンスーン的地域がそれぞれその独自の文化を展開してくる。われわれの文化にとって直接の教育者となったのは、この時期の文化である。そこでまた二千年ほど遅れて、世界史の第三期がはじまる。それがわれわれの生きている世界史的時代である。われわれ日本国民も、欧米の諸国民も、この時期に歴史的に生まれた。(45)」

私は、ヘーゲルと和辻の世界史をみて、マルクス主義の世界史が歴史主義的世界史に一元化されているのに不満を抱いていた。生産関係の歴史主義で、縁辺の生産関係の弱い地域から、支配的生産関係の社会を超える生産関係が誕生してくるという歴史観が支配していた。スターリンに至っては、地球上の自然はこの数千年変わっていないのに、生産様式は歴史的に変化してきたと言って、はばからなかった。そういう世界史観の中で、O・ランゲは社会発展における弁証法的過程を次のように三次元の矛盾でとらえていた。

「人間社会の発展は、三つの弁証法的過程からなる。第一は人間と自然との相互的な働きかけにおける、社会的労働過程でおこなわれるこの〝人間と自然との物質の交換〟における、矛盾の発生である。人間はみずからの人為的な物質的環境を形成しつつ、これまでの行動とこの環境を生むもろもろの刺激とのあいだに矛盾をつくりだす。第二の弁証法的過程は、新しい生産力と古い生産関係とのあいだの矛盾の発生である。第三の弁証法的過程は、新しい生産関係、すなわち新しい経済的土台と古い上部構造のあいだの矛盾の発生である。……これら三つの弁証法的過程がいっしょになって、人類の社会的発展過程をつくりだすのである。(46)」

一九七〇年当時、マルクス主義がとらえていた弁証法的過程は、第二と第三の矛盾とその解消による発展であった。第一の過程は、『経済学批判要綱』が公になるまでは、全く無視されていた。私が自然保護運動にかかわっていた大崩山のブナ林保護運動の時代、経済学は日光街道の杉並木の保護に対し、「たかが杉の二、三本」と言って保護運動を軽視していた。『要綱』が読解されるにつれて、経済学に姿勢の変化がみられはじめていた。そうした時代的背景の中で、私は第一の弁証法的過程をふまえた世界史を捉えねばならないと考えだしたのである。それまでは史的唯物論として捉えられていた世界史を、地理的史的唯物論に組み替えねばならないと考えだした。

私は、ランゲの第一の弁証法的過程を、先述した『諸形態』の中の労働様式、「非有機的自然にたいする一定の能動的関係」と内容を一にするものと捉え、労働様式の展開に対応する第二、第三の弁証法的過程の展開が、地理的史的唯物論への可能性を開口するのではないかと考えた。この例をすでに『道標』の中の「三圃式農業の意義」に見出していた。ローマ段階の地中海式農業に対し、ライン川下流域の森林帯の中から誕生した三圃式農業が、ヨーロッパ封建社会の発端を作ったと理解していた。この弁証法的過程による農耕文化の起源以降の世界史の理解が、地理的史的唯物論だと考えだしていた。ハーヴェイやソジャの地理的史的唯物論は、資本主義の弁証法的過程の理解以上には出ていない。私は、一九七四年のネパール訪問を契機に、世界史的な地理的史的唯物論の道を歩き始めた。

（1）エドワード・W・ソジャ、加藤政洋訳『第三空間』青土社、二〇〇五年、五三頁。
（2）アンリ・ルフェーヴル、斎藤日出治訳『空間の生産』青木書店、二〇〇〇年、六一二頁。
（3）ソジャ、前掲書、五四頁。
（4）ルフェーヴル、前掲書、六〇三頁。
（5）同上、七四頁。
（6）同上、八二頁。
（7）同上、四八一頁。

(8)同上、四八二頁。
(9)同上、四八五頁。
(10)同上、六〇二頁。
(11)D・ハーヴェイ、水岡不二雄監訳『都市の資本論』青木書店、一九九一年、九一頁。
(12)同上、一二二頁。
(13)同上、一四九頁。
(14)同上、一六〇頁。
(15)同上、一六〇頁。
(16)同上、五五頁。
(17)同上、五七頁。
(18)同上、二〇頁。
(19)同上、二一頁。
(20)同上、四頁。
(21)D・ハーヴェイ、吉原直樹監訳『ポストモダニティの条件』青木書店、一九九九年、四三〇頁。
(22)同上、三二六〜三三〇頁。
(23)同上、四六〇頁。
(24)同上、四六四頁。
(25)同上、四六五頁。
(26)ミシェル・フーコー、小林康夫他訳『フーコー・コレクション　権力・監禁』ちくま学芸文庫、二〇〇六年、二五六頁。
(27)エドワード・W・ソジャ、加藤政洋訳『ポストモダン地理学』青土社、二〇〇三年、一一四頁。
(28)同上、一七〇頁。
(29)ソジャ、加藤政洋訳『第三空間』青土社、二〇〇五年、八八頁。
(30)同上、九二頁。
(31)同上、二一六頁。

(32)同上、二一八頁。
(33)同上、二一八頁。
(34)同上、二二一頁。
(35)エンゲルス、花崎皋平訳『ドイツ・イデオロギー』合同出版社、一九六六年、八二頁。
(36)マルクス、高木幸二郎監訳『経済学批判要綱』Ⅲ、大月書店、一九六一年、四二五頁。
(37)同上、四〇八頁。
(38)同上、四二八頁。
(39)同上、四二九頁。
(40)O・ランゲ、竹浪祥一郎訳『政治経済学』合同出版社、一九六四年、三五頁。
(41)同上、九四頁。
(42)和辻哲郎『風土』岩波書店、一九三五年、二四〇頁。
(43)和辻哲郎『倫理学』下巻、岩波書店、一九七一年、一四三頁。
(44)ヘーゲル、武市健人訳『歴史哲学』上、岩波書店、一九五四年、一三五頁。
(45)和辻哲郎、前掲書、二〇三頁。
(46)O・ランゲ、前掲書、四一頁。

第二章　二期社会の展開

一　二期社会から四季社会への発展仮説

私は『原点』を書き終えた時、人為的環境の展開に対応する人類史のとらえ直しの必要性に迫られた。それへの飛躍を契機づけたのは、一九七四年末のヒマラヤ行であった。その実行を企画させたのは、宮崎県山岳連盟のヒマラヤ登山への足掛かりをつかむこと、中尾佐助の『栽培植物と農耕の起源』の中の世界の農業革命の段階説への疑問の解決口を探ること、今西先生と会い、先生のマナスル偵察行が四八歳であり、私の「四八歳の抵抗」としてネパール入りをすることの三点であった。目的の山は、ジュガール・ヒマールのプルビ・チャチュ（六六五八メートル）で、解禁が近いという情報をもとに決定した。四人のパーティーで、鹿児島県山岳連盟のアンナプルナ行と、一緒の日程で実行した。

カトマンズから、中国が建設したチベットへの街道をバレフイまで車で行き、バレフイ谷を遡行して、チベットとの国境線に聳える山の偵察であった。街道を走っている時、水田風景の中に関心を持たせる作業が目に入ってきた。乾期で水田には水はないが、耕地をはがして煉瓦を作っている。粘土土壌で、掘った後は、そのまま水田として利用している。したがって水落しの口がなく、水田は水盆になっている。この風景から、これは天水稲作農業だと直感した。中尾説への疑問もこれで解けると考えた。私は、ヨーロッパ世界と東アジア世界の誕生は共質的で共時的であると考えていた。ヨーロッパ世界がローマ帝国からの展開であるのに、東アジア世界は泰漢帝国からの展開ではないかと考えていたが、その展開の基礎に労働様式の展開が対応しているのではないかと考え始めていたのである。私は、バレフイ谷を遡行していたテントの中で、その日の日記を綴っていたが、その中に「二期社会から四季社会への展開」という仮説が提起され得ると書きとめたのである。

帰国してからは、二期社会の起源に関する検証の読書が続いた。その結果、一〇年たった一九八五年に、『人類史の原風土』と題する一冊に二期社会論としてまとめることができた。それは、農耕文明社会は大河川に沿って誕生すると一般に考えられている説に対し、むしろ内陸の雨季と乾季をもった傾斜地から発生してくるという論証をしたものである。

第四氷期から後氷期へ移行する過程で、中緯度地域では動植物の大変化が起きた。氷河期には大型動物（典型はマンモス）の水平的移動が定常化し、旧石器段階人はその動物の狩猟に依存する生業形態をとっていた。オールニャック文化のプセドモストの遺跡では一〇〇〇頭以上のマンモスの骨が発見され、チャイルドは「この肉こそは人間の有効な協力と野獣の習性に通じた知識によって入手できたのである」[1]と評価していた。その大型動物は、第四氷河期が終わると、この地球上から姿を消していった。これに替わって小型の動物が人類の食料になった。

ブレイドウッドは、農耕文化の起源を食料採集段階から食料収集段階へと発展し、収集の場所と収穫期の生態的知識の獲得が、栽培作物へと連なっていったと述べている。その核地域としての典型はパレスチナのナトウフ文化に見出されると考えた[2]。ここではダーマ（森林の鹿）からガゼル（草地型動物）への変化がみられ、環境が森林から草原へと変化したことが立証された。しかもカルメラ山の斜面に位置し、傾斜

図2－1　ナトゥーフ文化遺跡分布図

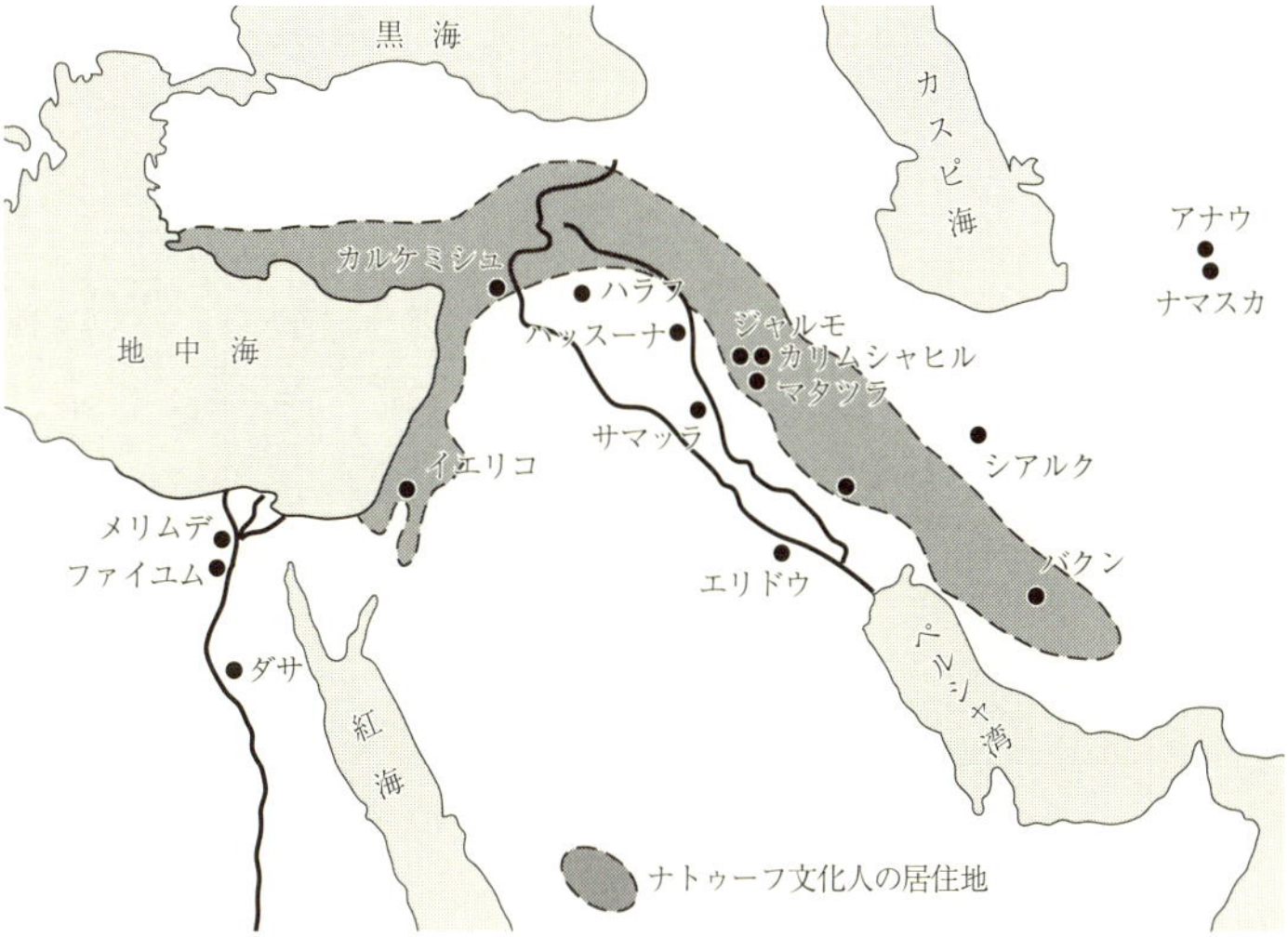

出所：ブレイドウッド『先史時代の人類』145頁より。

地であり、垂直的な生態系のリズムが誕生していた。雨期と乾期があり、草木類はこの変化に対応する進化を示した。動物は緑の草を求めてリズム的に移動した。この動植物の生態系は垂直的に構成されており、このリズムに適応した狩猟収集生業が行なわれだしたのである。この段階は、人類の生活は移動で支えられており、雨期には大きな共同体生活を行ない、乾期には小集団に分散して、少ない食料原からの効率的な生活様式を探求していった（図2－1参照）。

田中正武は原の意味はオリジナルの意で、源はソースであり種々の要素の複合であると説く。動植物の原種は、自然的過程の進化によって誕生し、農耕文化は社会的過程として動植物の要素を複合させて誕生する。その場合、主穀になる作物が基本複合の要素で、中尾は世界には四つの起源地があると結論した[3]。

(1)　根栽農耕文化　サトウキビ、タローイモ、ヤムイモ、バナナ

(2) サバンナ農耕文化　ササゲ、シコクビエ、ヒョウタン、ゴマ
(3) 西アジア農耕文化　オームギ、コムギ、エンドウ、ビート
(4) 新大陸農耕文化　ジャガイモ、菜豆、カボチャ、トウモロコシ

以上のような食料原を料理するのには、人類の知識の集結が必要であった。まず食べやすくするためには、粉にしたり、砕いたりすることが必要であった。そのために臼のような磨製石器が考案された。いわゆる新石器段階の登場である。それらを食べるためには、炒るか焼く必要があり、このために火の利用が行なわれた。食べ物を入れる容器も必要になり、石碗が考案された。この凹型の食器の製作にかかわって、粘土を火で固める技術が考案され、土器が出現してくる。チャイルドは、この土器の発明は、化学変化の知識を与え、その後の金属文明展開の基礎になったと評価している。更に土器は、各種の食料のゴッタ煮を可能にし、栄養のバランスをとることを可能にした。

私は、以上のような考えを、起源の条件と原因について詳しく分析した。その条件とは、①垂直経済の登場、②気候の変化と雨期、乾期リズム、③動植物の進化、④料理道具の進化の四条件であり、その初期の結合を「原アルプ経済」と規定した。その状況を次のように規定した。

「そこには遊牧する狩猟収集生活者の姿が明確に浮かび上がってくる。その姿を私は『原アルプ経済』としてとらえたい。それを定式化すれば遊牧する狩猟生活＋半定住収集生活ということになるだろう。いずれも農耕以前、家畜遊牧以前の姿のまま、両者が混合して作りだす労働様式である。[(4)]」

この半定住収集経済を定住収穫経済に変えていったのが、土器発明による料理革命であった。そのことを私は次のように結論づけた。

「土器の出現は、労働様式の変化に対し、他の契機にもまして飛躍的要因になっているように考えら

れる。他の古代文明の誕生に伴う突発性は、土器の伝播によって理解される。土器文化を導入し、その文化を社会の体質の中に埋めこみえなかった文化は、原アルプ経済段階のまま推移していっている。私は土器の出現を、人類の手のひらの技術の開花として評価したい。この手のひらの技術は、土地利用形態に対し能動的に作用し、それを飛躍的に展開させていく。人類の技術・技能の独自的展開の側面の発生は、人類の自然史的過程の側面と交渉し、文明の展開に対する加速度要因になっていったと考えられる。初期農耕文化から古代文明への飛躍の契機は土器の出現が作ったといっても過言ではないだろう。(5)」

私は、『原風土』の第二章の「二期社会の起源」の最後を次のような文面で閉じている。

「チャイルドは、第一革命を新石器革命、第二革命を都市革命とし、第二革命が結集してくるためにはその条件が必要と考え、『第二革命への序曲』の章をもうけている。そして人工かんがいを皮切りに新しく登場してくる技術的発展をとりあげている。私は、チャイルドが新石器革命の内容のなかに位置づけていた土器の出現、織物の出現、職業の伝達という文化要素のなかに、第二革命への序曲は準備され、その連続的発展としてチャイルドが章をあらためて検討した諸要素が開花していったと考えたい。

土器文化が含む社会的要素は社会史的過程に深くかかわるものであり、たとえ農耕文化が起源しても、土器文化的要素を次の段階で獲得しないと、その農耕文化は自己発展力をもつことは出来ない。世界の展開史のなかで、多くの未開発地域を残すことになったのは、土器文化的要素の浸透いかんにかかわっているように考えられる。(6)」

この最終部でチャイルドの第二革命が、人工かんがいを皮切りとする技術的発展によるものとの引用を行なっている。論は、一期社会の起源から二期社会の展開へと展開せざるを得なくなっている。農耕文化の四大起源地を起点に、農耕文化は各方面に伝播し、第二次農耕複合文化地を発生させていく。照葉樹林複合農耕文化は、その第二次農耕文化であった。これと同時に、古代文明の成立地点が新たな場所に登場してくる。

二　メソポタミア文明の展開

ザクロス山地型のナトウフ文化は、人口増加とともに耕地拡大の要請に迫られ、チグリス川とユーフラテス川の河岸段丘地に拡大していく。ハッスーナを先頭にサマッラ、ハラフ文化へと段丘利用が進展したが、一挙にエリドウに飛躍する。エリドウはアラビアの砂漠台地の末端で、ユーフラテス川の洪水沖積地を見渡す位置にあった。その湿地帯は、冬雨夏乾燥の気候地域で、山地の雪どけ水による増水で、春に洪水をもたらしていた。洪水の後の土地には、自然堤防型の微高地が形成され、エリドウ人は、夏作型の出作り農業から、定住農業へと進出していった。夏大麦の収穫による定住農耕は、山地型ナトウフ文化、河岸段丘型ハッスーナ文化から、沖積平野型農耕文化への転進であったのである（図２－２参照）。その後のユーフラテス川沿いのメソポタミア初期文化段階は、次のように把握されている。

エリドウ	紀元前五五〇〇～四三〇〇	農耕村落
ウバイド	紀元前四三〇〇～三五〇〇	神殿村落
初期ウルク	紀元前三五〇〇～三一〇〇	神殿町邑
ウルクⅢ・Ⅳ	紀元前三一〇〇～二九〇〇	神殿都市

初期王朝　紀元前二九〇〇～二三三四　都市国家

エリドウの農耕村落は、洪水後の溜り水を利用するベイスン農業であったと理解されている。それは天水型農業の不安定につきまとわれていた。その不安定性はユーフラテス川の治水による灌漑農業によって克服された。それを神殿村落段階の共同体が担い、村落毎に、川に沿い導水口を設け、配水溝で水を耕地に引き、排水口から川に戻す灌排水システムを作った。この農業を安定化させるために祈念儀式が行なわれ、治水事業は集団的労働組織で維持された。そういう灌漑治水共同体が、ユーフラテス川の旧河道に沿って遺跡を残していた。この状況をオアシス型治水共同体の連珠構造と考古学は規定してきた。神殿村落は、分散立地し、村落の間は、乾燥型サバンナが占め、オアシスのようにみえていたからである。[7]

図２－２　メソポタミア低地の地形と初期の定着

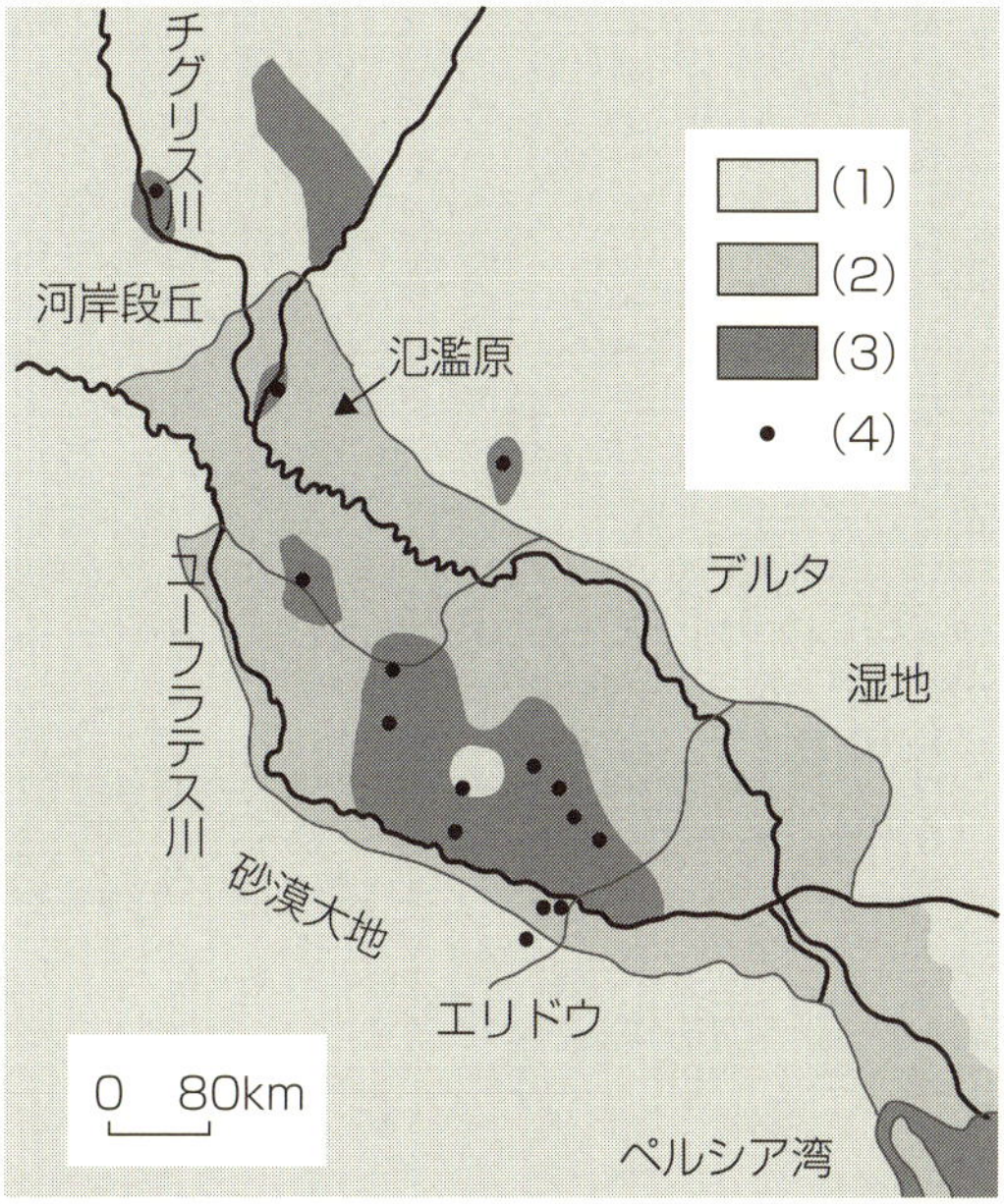

中島健一『古代オリエント文明の発展と衰退』58 頁より。⑴ 現在の氾濫原　⑵ 河岸段丘および高地　⑶ 前 3000 年ころの主要な農耕地帯　⑷前 3000 年ころの都市と集落（Butzer, K. W., *Physical Conditions*, 1965, supra, p.29）

神殿町邑への展開に当たっては、犂の出現が注目されている。根栽農業の棒耕（ハック耕）は、枝木を引けば鍬、押せば犂に発展し、日本やアフリカは鍬文化、インドは犂文化に展開していった。ヴェルトは、そのインドの掘棒犂が初期ウルク期に導入されたと主張している(8)。掘棒犂利用は、農業生産力を一層高め、人口扶養力を大きくし、町邑を都市へと発展させていく。この結果、ウルク期はシュメール文明の飛躍期といわれる。

神殿の規模は時代とともに大きくなり、都市規模への発展は後の王宮の建築様式へと神殿建築を技術的に高めていった。そのための石材や木材はユーフラテス川の舟運で運ばれ、専門の工芸家集団によって組み立てられていった。そのための対価物としては農産物が重視され、人口増加と相まって、農耕地の拡大が要請されてくる。考古学は、ウバイド期の古代水路跡の調査を行なったが、村落段階の村落毎の導入口灌漑ではなく、人工水路による本格的治水網の確立を立証している。それとともに、拡大する文明規模を統治するために、神殿システムが階層的に確立され、治水的集団労働組織も階層的ヒエラルキーを確立し、階級分解が起こってきた。しかも、建築様式の高度化とともに、交易が専門化しはじめ、北部ウバイド地域が勢力を得、西はシリア方面、東はイラン方面への交易ルートが開発されていった（図2－3a）。

北部ウバイドを代表するジュムデト・ナスルは、ユーフラテス川をはなれ、チグリス川の氾濫原地帯への伸展であった。更にカファジャの遺跡が発掘されたが、そこはディヤーラ河沿いに立地している。私は『原風土』でその展開を次のように述べていた（図2－3b）。

「いまや時代は、南部メソポタミア、中部メソポタミア、北部メソポタミアと地域区分を必要とする段階にまで達してきていた。氾濫原地帯への前進は、地形的に勾配を高め、ディヤーラ河沿いへの展開は、さらにその傾向を強めるはずである。ここでは人工水路の利点が明確に意識され、運河式灌漑の建設が必然化される。そして、その水路は南部メソポタミアの水路網に連結されていく(9)。」

この運河網の結節点としてのニップールが、新しい段階を形成した。空間的に拡大していく文明圏を統

図2－3a　ウバイド期，原文字期古代水路跡（イラク中央部）

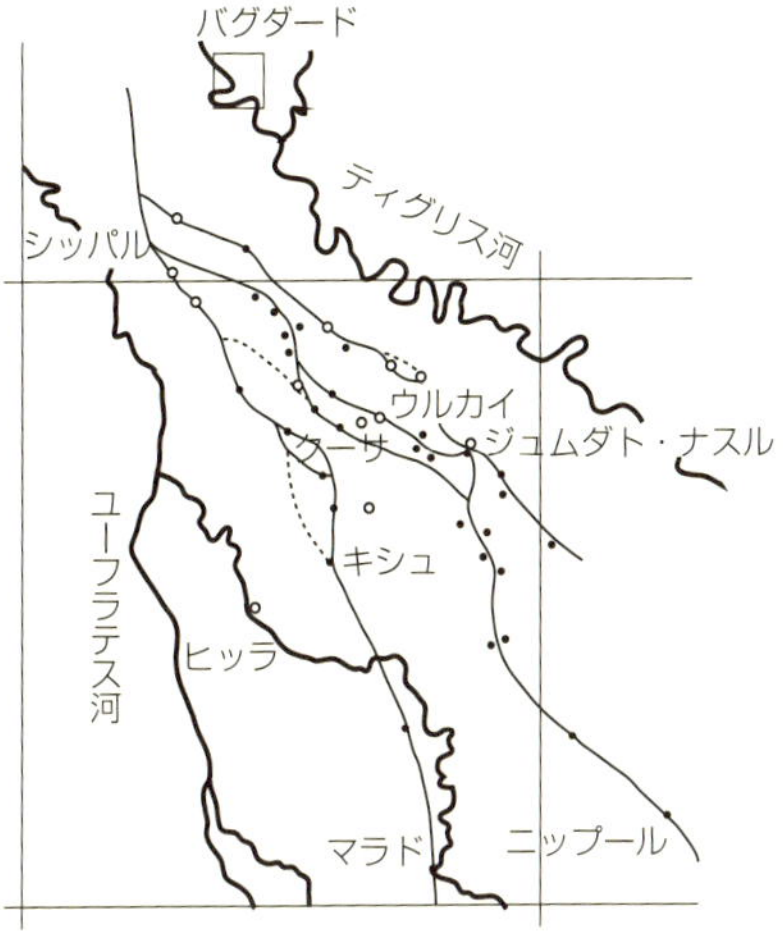

資料：Adams, R.Mc., *Survey of Ancient Watercourses and Settlements in Central Iraq*, Sumer XIV [1&2]. Baghdad, 1958.
出所：糸賀昌昭『メソポタミアの土』72 頁。

図2－3b　ウバイド期，原文字期古代水路跡（ディヤーラ河流域）

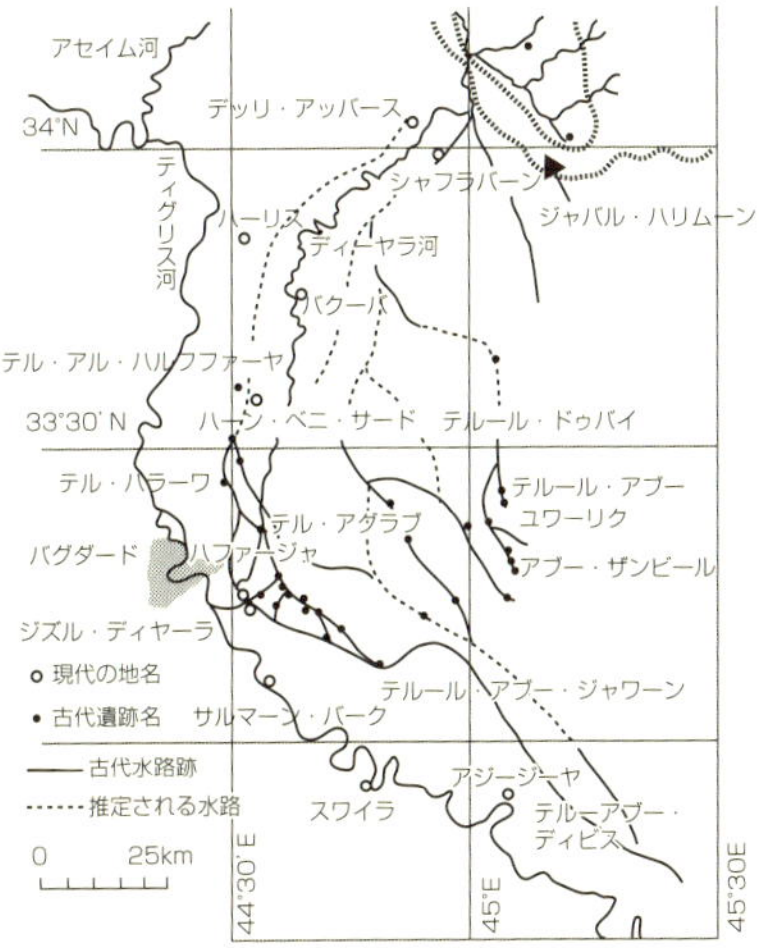

資料：Adams, R.Mc., *Land Behind Baghdad*, Chicago, London, 1965.

合する原理が求められるようになる。それを示すのが神の権威による統合であった。マッキーンは、「アッカド期までの間にアヌは、空気の神エンリルに優位を奪われた[10]」と述べている。従来は天の主神アヌで統一されていた体系の上に、エンリルが立ったのである。そのエンリルの神殿がニップールにあった。南部メソポタミア人は、諸都市国家のルーガルの中から王を選出し、ニップールを支配下におき、北部メソポタミアを支配下においたのである。それと同時に交易圏の拡大で、セム系人との交易を強め、人種的混合社会が形成されていった。

その人種的混合社会を示すのがアッカド王朝時代である。サルゴンが創始者といわれるアッカド王朝は、シュメール体制に対してセム族の政治体制による広大な地域の支配権を確立した。この王朝は紀元前二一一二年にザグロス山中の後進種族によって

図2－4　スメル時代の水路図

資料：Adams, R.Mc., *Land Behind Baghdad*, Chicago, 1965. Goetze, A., *Archaeological Survey of Ancient Canal*, Sumer, XI [2], Baghdad, 1955.
Adams. R. Mc., *Survey of Ancient Watercourses and Settlment in Central Iraq*, Sumer XIV [1&2] Baghdad, 1958より作成。
出所：糸賀昌昭，前掲書，88頁より。

倒され、ウル第三王朝期に入る。再びシュメール文明が復興した。わずか一〇〇年位の時代であったが、首都ウルと神都ニップールをベースに、集権的・官僚的支配体制の確立が図られた。しかし、空間統合の原理は、その基底から変質しはじめていた（図2－4）。

交易路の確立とその維持にふさわしい王朝の成立である。宮殿の建築には美学的追求が加わり、アマナス山脈のスギが要求され、アレッポ高原越しにユーフラテス河で、シュメールへ運送された。チグリス河の役割は、支流のザブ川とディヤーラ川がイラン方面への道を開いたことにあった。イランの広域には北方ルートと内方ルートが開かれ、辛島昇らは「原エラム文化圏」と命名しているが、インダス文明を創出するパルーチスターンとチグリス河を結ぶ公道を開いていた。そのインダス文明が登場しだすと、海上ルートが浮上してきたと考えられている。初期王朝期末のサルゴンの事蹟として、「彼はアッカドの波止場に着くメルーハからの船、マカンからの船、ディムルンからの船をより多くした」という記録が残っていた。ディムルンはバーレン島、マカンはオーマン領内、メルーハはインダスの港名であったと同定されている。またウルの港の近くには外人居留地があり、インド人が住んでいたという記録も残っている。交易活動の展開は、メソポタミアの特別の地理的条件から発するものであった。そしてメソポタミアの富の蓄積を増大させるとともに、交易相手側の富の蓄積をも促進した。私は、それを次のように記していた。

「交易の展開は、シュメール文明の復興期を彩る輝きをもっているが、同時にシュメール文明の没落を契機づけることになる。

その役割を担って登場してきたのが、西方セム系アムル人であった。イシン第一王朝のイシュビ・エラがウル第三王朝を征服し、『四界の王』と称した時、その時代が始まった。古バビロニアは、南部のラルサ、中部のイシン、北部のバビロンの三王朝の鼎立で分割され、アッカド的傾向を示していた。この三王朝をバビロニア第一王朝のハンムラビが再統一する事業をなしとげ、セム族の統一神のマルドウクをエンリルの上に位置づけた。シュメール文明は、神々の体系をセム系体系で否定された時、没落の運命をたどることになった。[11]」

ハンムラビ法典に示されるバビロンの社会規範は、シュメール社会と異なる社会規範であった。農業関係法、商業関係法によって、シュメール文明の中枢をなしていた王有地、神殿有地、交易権の役割は低下し、「私的企業の時代」に移ったと評価されるほどの変化を示した。私は、この時代転換を次のように性格づけて述べていた。

「このような変容過程をとらえ、ウェーバーは、『第一バビロン王朝からイスラムに帰着するまで、発展はほとんどすべての本質的な傾向において極度に類似的な性格をもちつづけ、さらに発展は基本的にはただ流通経済の滲透（さらには時々の再後退）度という点で変化をしめすに過ぎない[12]』という西アジア史の性格規定をしている。時代は新しい時代へ移行したのである。ウォーラースティンの帝国システムへの移行という考え方を導入すれば、その移行時点はここに設定されるのである。空間統合の論理は、帝国システムの論理へと移行していくのである[13]。」

シュメール文明が、両河の下流部に基盤があったとすれば、バビロン文明は中流域以北にあった。この文明の推移の過程に、気候の変動が並行した。紀元前三〇〇〇年頃から年降水量の減少が起こり、紀元前二七〇〇年頃に亜北風性気候に固まり、最適期の三分の一の降水量に低下し、紀元前五〇〇年ごろまで続く。この過程に対応して、運河式灌漑水路網が建設され、ウル第三王朝の繁栄期が形成された。乾燥化の始まりにより、導水口をより上流に求めていかざるを得なかったからである。

灌漑農業の問題は排水に焦点づけられる。降水量の減少の時代に、権力は南部のシュメール文明から北部のバビロン文明に移っていった。この結果、運河建設も北部に集中していく。ハンムラビは両河を結ぶ幹線運河を建造したりしている。そのことは上流部の灌漑用水量を増加させるとともに、下流部への給水量を減少させる。そのために灌漑用水の末端は排水路まで達しないで、地下に吸引されることになる。この結果、塩害が起こることになる。「シュメール文明の基盤は、灌漑水路網にある。その維持には集団的労働組織が必要である。それを統轄する権力が北方に移動し、メソポタミア文明を担っていた中南部の農耕地が砂漠化していく。文明の没落である[14]」。

三　エジプト文明の展開

エジプト文明の誕生以前は、サハラ砂漠の植生相は豊かで、狩猟収集経済の遊牧的生業が支配的であり、ナイル河谷は未利用自然状態であった。紀元前九〇〇〇年から紀元前五〇〇〇年の間に、牛の家畜化と粟粒性の雑穀類栽培経営がテーベ以南の地域に展開されていた。紀元前五〇〇〇年以降、冬雨穀物（エンマコムギと大麦）と群れの性質をもつ動物（羊、山羊、豚、牛）の経営がアジアから導入された。粟粒性の雑穀類はアフリカ起源であり、その他の作物、家畜はアジア起源である。この両系統の混合、融合化がエジプト文明の底流を形成していくのである。

中島健一は、この過程を亜降雨期の降水量の変化の過程から考えていた[15]。亜降雨期への移行は冬雨の増加を結集させ、冬雨穀物の定着の素地を作っていた。しかし問題の一つは粟粒性雑穀の起源地はエチオピア高原で、夏作物である。ブッツアーの調査によると、エチオピアのオモ河では、初秋の洪水の減少期に穀物は播種される冬作形態をとっていた。耕作は自然堤防や沖積平坦地で行なわれ、後背湿地は避けられていた[16]。ナイル河の流水量をみると、エチオピアの青ナイルの影響で、八月から一〇月の間が洪水期間で、その増水開始日はソテイス（暁の明星）と太陽が同時に地平線上に現れる日と一致することから、エジプト暦が作られたといわれる。一一月からは減水して平地が現れてくる。この減水期の河床の水溜りにオモ河の冬作雑穀農業が導入され、エジプトの原アルプ経済が誕生してくるのである。

紀元前四〇〇〇年代になると、亜降雨期は後退しはじめ、乾燥化が進行し、ナイル河の最高水位が低下し、氾濫原に自然堤防の島が出現してくる。ナイル河谷は、中新生下部時代の紅海丘陵地の上向褶曲と、コム・オンボの下降断層による五回に及ぶ地裂運動によって形成された谷である。その谷をナイル河流は両側から沖積し、現在の河流は東側に移動している。その河流に沿い自然堤防が形成され、凸型河谷床を作りだしていた。この減水期にあらわれる微高地は「亀の甲」と言われている。減水期に入り、サハラ遊牧民は河谷崖の河岸に水盤型の受水耕地を作り、オボ型雑穀と砂漠遊牧の結合社会を創出させた。この冬作農業の中に、メソポタミア系の冬作ムギ文化を受容していったのである。

減水が進むにつれ、自然堤防の列は、並行に走り、流路の変化に対応し、適当な間隔をもった島の並びの姿を明確に現してくる。河谷崖の下やワジの河口に陣取っていたサハラ遊牧民は、定住農耕民として微高地に集落を作り、水盆農業（ベイスン）を形成していった。それも個的ではなく、部族的共同体の協働移住の形で領有していった。ギリシャ人は、これをノモスと呼んだ。個々の亀の甲はノームだが、部族共同体としてはノモスで、その中心地は町邑的規模をもち、部族国家的形態を創出していった（図2－5）。

ウォーターバリーは、これをみて線形オアシスと命名した。[17] これがエジプト文明の基礎構造である。しかしオアシスといってもアジア型とは異なる。アジアのオアシスは、草原の遊牧的世界の中のオアシスで、後背地をもったオアシスである。これに対し、エジプトのオアシスは、東西は砂漠、南は熱帯性森林で囲いこまれた孤立的オアシスである。そこで私はサハラ的線形オアシスと規定した。

このベイスン農業の確立によって、古代エジプトの人口推移をブッツアーは、紀元前四〇〇〇年の三五万人、紀元前三〇〇〇年の八七万人、紀元前二五〇〇年の一六〇万人、紀元前一八〇〇年の二〇〇万人、紀元前一二五〇年の二九〇万人、紀元前一五〇年の四八〇万人へと増加したとみている。[18] この人口増加とともに、エジプトの王朝の歴史が展開するのである。そこにエジプト文明の二重的性格が刻印されてくるのである。私は『原風土』で、次のように国家の起源を述べていた。

「部族国家の成立後、統一王朝が誕生してくる。これについてヴェルクテールは、『初期王朝以来、唯一の王があること、国土が諸地方に分けられていて、その頭領には宮廷官僚が据えられている、ということなどは知っている。しかし、それがどうして得られたものかわからない』[19]」という疑問を投げかけている。

図2-5　ノーム分布図

出所：Butzer., *op. cit.* p.78.

「尾形禎亮は、部族国家の連合政権が形成され、その長が宗教的性格を強めつつ神王化し、ホルス信仰の勝利で上・下エジプトの統一が達成されたと説いている。オシリスの子ホルスになりかわって王となる権力者が統治し、死去するとオシリスとなって冥界の王となるという考え方から、ピラミッド造営が王の事業になる。このホルス信仰は、ナイルの豊饒性寄与への信仰であった。オシリスの妻、豊饒の女神イシスの流す涙でナイル河の洪水が起こるというのが、エジプト人の信仰である。……

以上の神王理念の結晶化に対応して専制的支配が確立され、『王の民』という生産関係が形成されていく。……ノモスの独自的性格は伝統的に残しながら、専制体制の末端に編成されていくという二重的性格は、エジプト文明の特徴となっていく。この二重的性格は、古王国中期ごろまでは矛盾として表面化しなかった。むしろピラミッド造営のエネルギー凝集にみられるように、神王権力への民の一体化があった。やがて二重的性格は矛盾を深め、下部構造の分権化が展開しはじめる。それは第一中間期から作りだされる。[20]」

第一中間期は、第七から第一〇王朝を含む、紀元前二七〇〇～二一一五年の期間である。第五王朝の石碑から野生のライオンやアカシヤの絵図が描かれなくなるのは、乾燥化が激しくなったことを示すといわれている。紀元前二四〇〇年ごろまでは辛うじて灌漑農業を維持するだけの洪水量をもっていたが、紀元前二〇〇〇年の最低水位に向かう洪水位の低下傾向があった。第一中間期は、この乾燥化への傾向の中で形成されていた王朝期である。

第一中間期は、ピラミッドを造営した古王国が衰退し、社会革命が相ついだ時代といわれる。乾燥化にともなう高水位の低下は、ベイスン農業への給水の枯渇をまねき、凶作の年を作っていく。下部構造としてのノモスは自衛的な対応を迫られる。王朝政治の末端機構としての州知事は、任命制から世襲制に転換し、ノモスの自立化、分権化を促進する。これに対応し神の体系も変化し、ギザのピラミッド以降、大規模なピラミッドの造営はなくなり、ヘリオポリスの神殿造営に中心が移行していく。ヘリオポリスの神官たちはラー神の威光を確立し、ホリス信仰を弱めていった。ファラオの唯一神的権威が崩壊し、権威が分散し、ノモスの長の墓の造営がピラミッド型の造営に変わっていった。エジプトの二重的性格が顕現してきたのである。ヴェレクテールは次のように述べている。

「エジプトの歴史は、その国家としての生存欲が助長する政治的集権化への傾向と、国土の異常な長さがたやすくする分権化への傾向との間に引裂かれている。同じようにまた、エジプト生活のなかでの、地方ノモスの重要性もそこから由来する。エジプトは、その自然の必須性が命ずるままに、政策として強力な集権化、と同時に、行政的には地方分権化を必要とする国家なのである。[21]」

第一中間期に続く中王国は、紀元前二〇四〇～一七一五の間の王朝時代である。中間期の乾燥化に替り、湿潤期が登場し、ナイルの洪水位が再上昇する変化に対応して集権化を果たしていったのが中王国である。中王国時代を特徴づけるのは、ノモス首長との集権化の戦いである。第一中間期の革命を収束させるためには、下層民の起用をとらざるを得なかったために、中王国を「庶民国家」とみる見方も出てくる。人口規模も二〇〇万人台に増加していく時代である。中王国の特徴の一つはファイユム開発である。ファイユムの盆地状の低平地に、湿潤化による洪水位の増加を誘水し、独自の王領地造成を行ない、分権的力に対応する経済基盤を作った。それ以後、ファイユムはエジプトの穀倉地となり、王権の強化に貢献することになった。中王国は、ノモス勢力に対しては灌漑水路統制法によって対抗し、自らの王領地造成で内力を高め、北はシリア、南はヌビアへの領土拡大によってエジプト文明の中間盛期を作りだしていった。しかし、この領土拡大は、他の文明の範域拡大との衝突をも意味していた。ここでエジプトのもう一つの二重性、孤立性・中心性と縁辺性・周辺性の矛盾がある。それは帝国システムの中で立証されるだろう。

エジプト文明を二期社会の展開として位置づけたのは次の理由からである。エジプト文明は、地球の気候変動に伴う周期性に規定されるとともに、ナイル河の流勢に影響されている。それも青ナイルの性格によるものである。青ナイルは雨期と乾期のリズムで水位が規定される。エチオピア高原の雨季の雨は、青ナイルの高水位を低水位の六〇倍に高め、一挙にナイル河に流下して洪水を惹起させる。エジプト自身の降雨量は、上エジプトで亜降雨期になっても五〇～一〇〇㎜である。降雨量による水位の変異は考えられない。青ナイルの増水が洪水の原因であるとすれば、ナイル河は二期型の流型をもつ河川といわざるを得ない。

その河谷の中に、年降雨量の変異による水位の変化が現れ、乾燥化の進行と共に「亀の甲」が現れるようになった。その景観の変化を見て取った遊牧民が、定住型のベイスン農業を確立していった。部族的集団労働でノモス社会を形成していった。冬作農業社会の誕生である。メソポタミア文明が、原アルプ農業の平坦地展開であったことを考えると、エジプト文明には傾斜地原アルプ経済を欠如している。しかし、私は河谷崖下のベイスンと砂漠地の遊牧の結びつきをサハラ的原アルプと考え、両文明を同位と考えたい。

四　インダス文明の展開

一九二一年の発掘で世界の注目を集めたインダス文明は、当初のハラッパーやモヘンジョ・ダロを中心とした文明論にくらべると、広いスケールの展開のなかで位置づけて考察されるようになった。ウィーラーは次のように述べている（図２－６）。

図2-6　インダス文明の編年と関連文化の年代

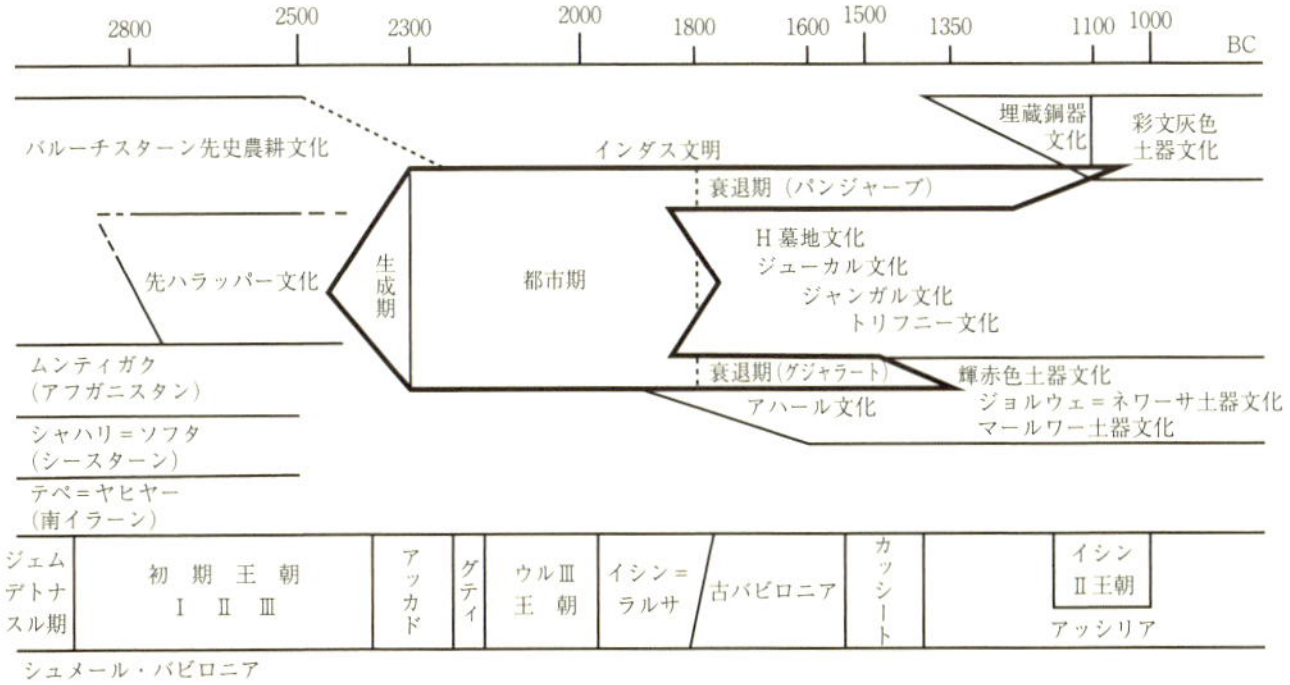

出所：辛島　昇共著『インダス文明』17 頁より。

「メソポタミア文明とインダス文明はともに、イラン、アフガン高原にあった共通の幹に関連をもち、しかも地理的に有利な好機を同じくするにもかかわらず、二つの地域にかくも複雑な文明のアイディアが別々に独立して発生したと考えることは困難である。

……紀元前二七〇〇以降、文明のアイディアが両河地方からインダス河流域地方に伝わったということは正しいであろう。(22)」

私は、ウィーラーがいう「イラン・アフガン高原の共通の幹」をどう理解するかが問題であると考えた。ウィーラーは理念の伝播説をとっているが、私はインダス文明の前提になるインダス河西方の山地、すなわちバルチスターン農耕文化の確立をどう理解するかに、「共通の幹」がかかわっていると考えた。私はイラン、アフガン高地を取り巻く遺跡文化を山脈の流れに位置づける地図を作ってみた（図2-7）。メソポタミア文明は、ザグロス山系のスーサから北周りにマルブ・ダシュト→テペ・ヒッサール→セイスタン、南回りのバクーン・ギャブ→バンプルの流れがあり、これがピシーン・クェッタを中核とするバルチスターン遺跡群に結実していっている。これらの遺跡は、共通して丘陵地性の山裾

図2－7　遺跡分布図

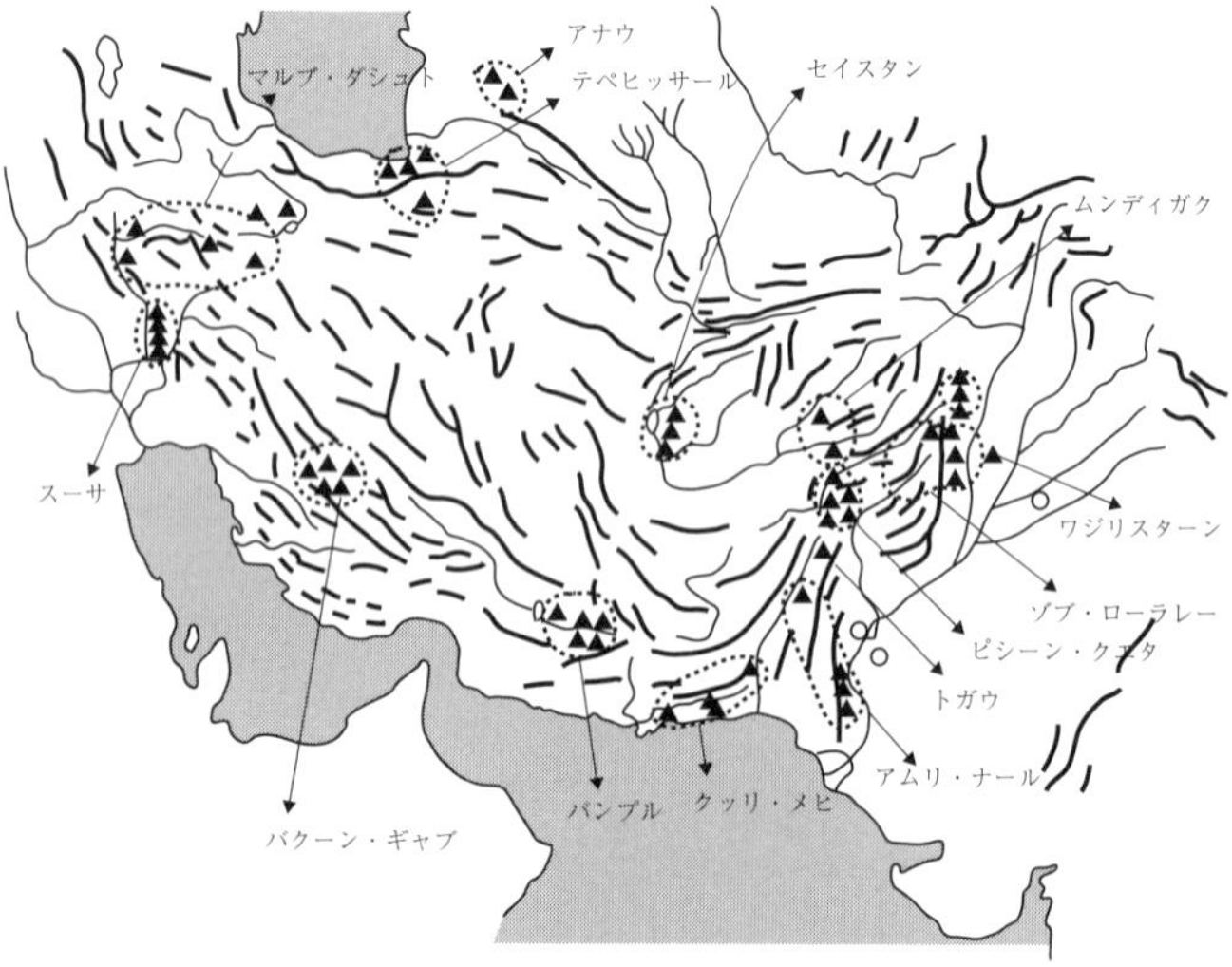

注：チグリス河よりインダス河流域までの先史時代の遺跡。

に居住し、眼前の小河川の耕地や段丘利用の農業を営んでいる。私は小西正捷の『水利科学』掲載論文に注目し、バルチスターン農業の立地条件を重視した。小西は、北部のピシーン・クエッタ、ゾブ・ローラレ、ワジリスタンの遺跡の検討の結果、立地条件の共通項を次のように見出した。①給水の便がよいこと、②しかも洪水の危険がないこと、③傾斜が急すぎない耕地部分をえられること、④背後もしくは遺跡の一方は、川ないし山の背による自然の砦をなしていること、以上の四点である。南部の遺跡については、立地条件は同じであるが、降雨量が少なくなるので洪水時の小規模氾濫原での貯水式灌漑農業が行なわれていた[23]。以上の条件から判断する限り、小規模の山村農業集落の印象という結果になるだろう。

　私は、小西の指摘する背後の急斜面を砦として、防御手段と考えられている点に問題を感じた。それは、一九七六年のツクチェ・ピーク偵察の時の経験によるものである。同山は、タウラギリI峰から北に伸びる稜線に位置する山である。カリガンダキ川を遡行し、ダウラギリ系とアンナプルナ系の山が狭いゴルジュを作るが、そこを抜けると想像以上の大モレーンの川床があり、ピークの北の河岸段丘上にツクチェ村が位置している。私はそこで民泊した。半日の日程でジョムソンに行くが、そこからムスタング王国への展望はチベット風の裸地形である。ゴルジュからジョムソンまでは、半乾燥的な風土で、マルファには農業試験場があった。ツクチェは、タカーリ族の中心地でラマ教寺院があり、段丘上の耕地と周囲の山の谷から出ている扇状地に出作り耕地を開いていた。村の西方の斜面は草原で、民家の屋上から眺めながら、その家の息子があそことあそこに自分の家のヤクが居ると指摘していた。その斜面は、村の共同放牧地、カルカ牧畜地である。ここからツクチェ・ピークやダウラギリ登山をする場合、フランス・コルと称される峠を通らねばならぬが、その峠は河口恵海がチベットに向かった道である。私は、ツクチェ村の労働様式を定住農耕＋カルカ農法として把握していた。これは原アルプ経済が、移住＋移牧形態であったのに、移住が定住に発展したもので、私はこれをアルプ経済と考えていた。小西の砦論を移牧地としてとらえなおしてみる時、バルチスターン農業はアルプ経済農法なのである。

ザクロス山系の原アルプ経済は、ユーフラテス河沿いの定住農業に展開していった時、シュメール文明が起源する基礎を作った。その同じザクロス山系の原アルプ経済は、イラン・アフガン高原への展開に当たっては、まずスーサで小規模川に沿う段丘と丘陵地をベースにするアルプ経済に転進し、この労働様式を拡大していった。辛島昇らは、このイラン・アフガン高原の共通する文化を「原エラム文化圏」と規定したが、(24)ウィーラーのいう「共通の幹」である。

インダス河流域に一寸した気候の変化が起きた。花粉分析を行なったセスは、基本的には乾燥気候地域の中で、紀元前三〇〇〇～一八〇〇年に「かやつりぐさや樹木や低木性植物の突然の増加」という「小変異」が起こったと述べている。約一二〇〇年間に及ぶ浸潤期が登場したのである。成瀬敏郎は、この期とインダス文明を結びつけて次のように述べている。

「モヘンジョダロやハラッパーに代表される約四〜五〇〇〇年前のインダス文明の諸都市は河岸に立地するものが多く、しかも豊かな農業地域の中心に立地した。インダス文明のさかえた四〜五〇〇〇年前における南西モンスーンの北上は夏雨の長期化をもたらし、農業生産の増大をもたらす結果となった。(25)」

この気候変化に対応し、インダス文明は、先ハラッパー文化からハラッパー文化へと展開していく。その過程を私は次のように述べていた。

「インダス文明も編年的に組織づけられている。まずはバルチスターン農耕文化が先行し、それとの関連で、先ハラッパー文化が形成されてくる。先ハラッパー文化遺跡は、インダス河から離れた丘陵地性の所に多くみられる。そのなかから河川沿いへの進出が展開しだした。その河川沿いの先ハラッパー文化の上に、文化的断層をもつようにして突如としてハラッパー文化が開花していくのである。(26)」

メソポタミア文明も丘陵地文化から河川文化への転換であったが、インダス文明も同様であった。また河川利用にもメソポタミア文明と同様、インダス文明も二段階があったようである。成瀬は、この湿潤期はヒマラヤ山麓扇状地の開析、パンジャブ平原の沖積台地堆積、タール砂漠洪水湖形成の時代で、洪水が現出した時代であり、先ハラッパー文化は自然堤防に依拠した自然灌漑農業であったと考えていた。そこで「冬作のなかった農業」を考えたのである。その灌漑農業がインダス的人工灌漑農業に発展し、ハラッパー文明の基礎になったという二段階論が提起されたのである。その提起者のレシュニークは、budhと

図2−8　バンジャブの灌漑型

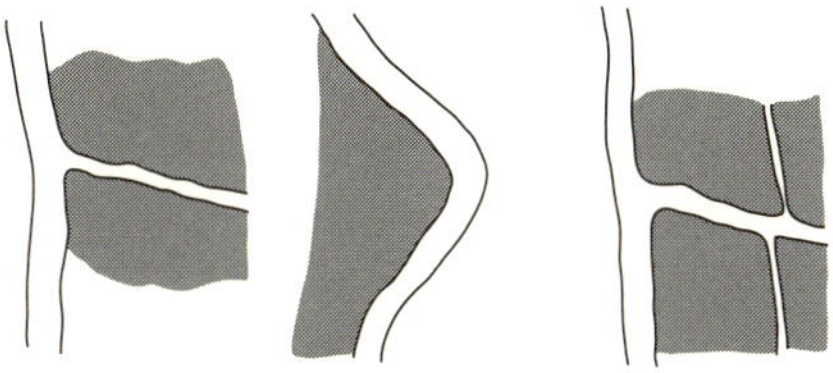

出所：L. S. Leshnic, *Land Use and ecological factors in Pre-historic North-West India*, Hammond: South Asian Archaelogy. p.73.

budh + chhar 灌漑技術を紹介している。それを私は次のように短くまとめた（図2−8）。

「今日の sailaba（洪水）灌漑技術から次のように考える。第一は budh で、主要な川から別れる水路ないし入江に沿うものである。乾季の水位よりも高い川沿いの耕地は、洪水の間（八〜九月）は冠水される。河水が低下するとき（九月から）、この短い入り込みは湖に、時にはダムでせきとめた湖になる。乾期には揚水が行なわれる。川の曲がり角では、何マイルにも及ぶ冠水耕地がうまれ、第二の様式となる。第三はバンジャブで多く見られるもので、budh の自然水路は人工水路 chhar を配し、灌漑面積も大きくなる。集落は chhar に沿う。[27]」

この第三の様式は、メソポタミア文明と海上交易が行なわれた時代に、インダス人がシュメールの天然水路沿い灌漑の連珠構造に学んで導入したのではないかと考えられている。インダス文明は、メソポタミア文明のウバイド期の灌漑技術水準に段階づけられるのではないかと考えられるのである。そのインダス文明は、ハラッパーを中核とするパンジャブ地域、モヘンジョダロを中心とするインダス本流地域、第三はロータルを中心としたグジャラート地域で構成され、これにバルチスターンの山地経済地域を加えることができよう（図2−9）。

図２－９　インダス文明遺跡分布図

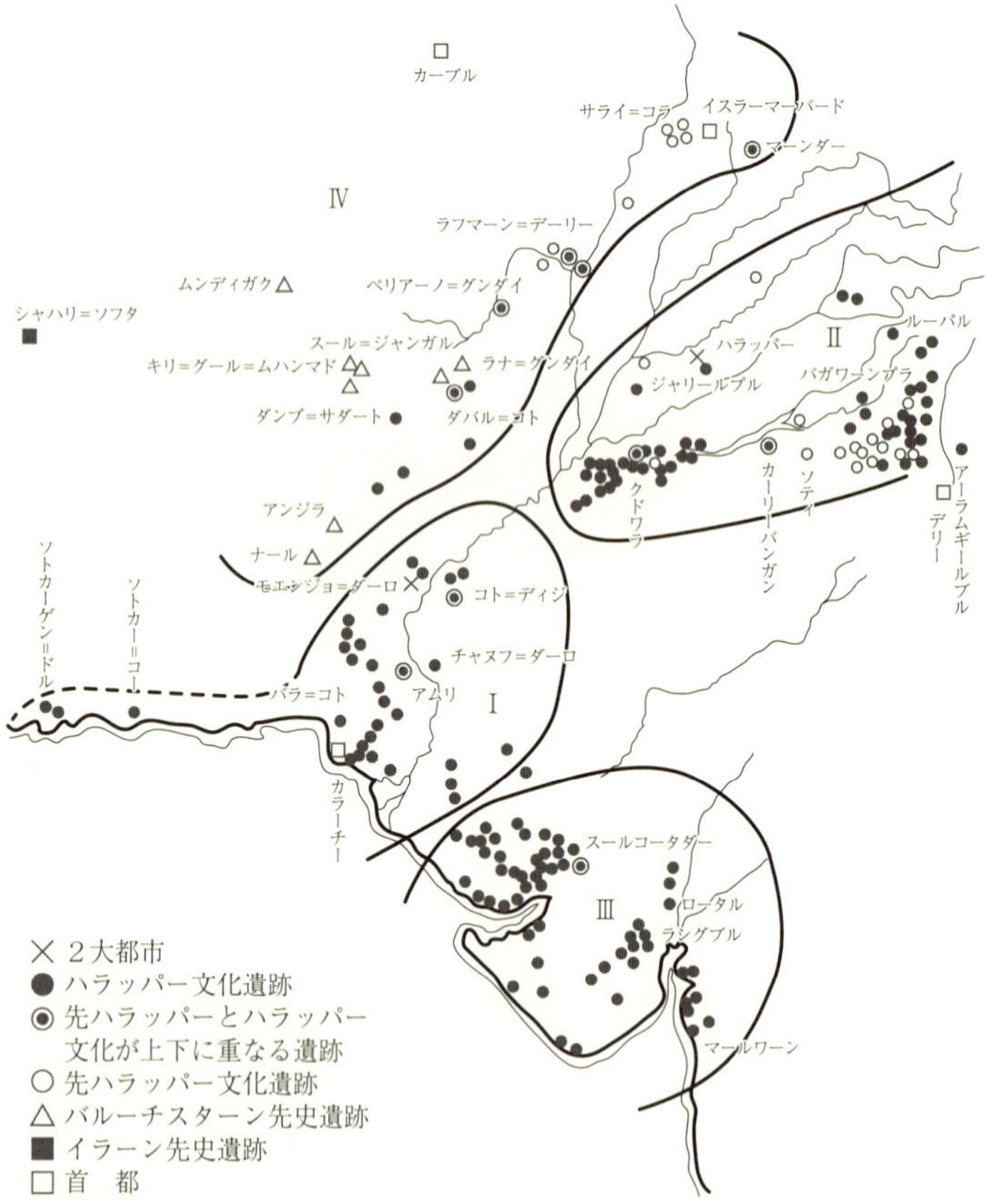

出所：辛島　昇共著『インダス文明』15頁より。

インダス文明の特徴は、中央集権的権力が確立されなかったことである。一応シュメール型の都市を中心地に形成しえたが、シュメールのウル王朝水準の規模に達することはなかった。さらにインダス文明は、中心都市から離れた河岸に、独立の倉庫や宗教的施設が整備された町を形成している。このことは、剰余生産物の分配機構が確立され、宗教儀式で豊凶を占ったことも考えられる。神権確立の段階にあり、王権確立までは到っていなかった。ハラッパー時代の人口密度は一平方マイル当たり一〇人と推計され、辛島らの調査によればハラッパー文化遺跡三〇〇のうち九〇％は村落に当たる小規模なものであった。それらの村落が、水利体系を異にする三地域に統括されていたのである。その三地域を空間的に統合する理念の発生にまでは到っていなかったのである。

そうしたウバイド期型生産力水準のインダス文明に紀元前一八〇〇～一五〇〇年の短い乾燥期が襲ってきた。端的な現象はかやつりぐさの減少、樹木の消滅である。その影響でインダス文明は衰退の局面に入ったと考えられている。そこには水文的特徴が二面でみられた。第一はアラバリ山地からデリーにかけて隆起軸が起こり、パンジャブ側の水源がガンジス川に移行したことである。第二の局面は下流域の塩水湖化に示される耕地の塩害化である。

私は『原風土』で次のように述べていた。「半乾燥地帯における突然の湿潤期の出現のなかでインダス文明の成立を考えてきた。その湿潤期の終焉と乾燥化への移行は、対自然関係の一大変革なしには、その社会を下降螺線状局面に導いていくはずである」[28]。メソポタミア文明は、上流域に導水口を求める人工灌漑水路網で乗り切った。エジプト文明は、湿潤期への反転に乗る中王国で乗り切った。インダス文明にはその乗り切る方向がなかった。しかし、インダス文明を担っていたドラヴィダ語族は東方へ移動し、インド史形成の役割を担っていくことになったのである。

五　中国文明の展開

中国文明の起源に関しては、一九二一年にアンダーソンによる仰韶文化の発見の刺激を受け、「黄河文明」という枠組が常識化されていた。その後、中国考古学の急速な発達によって、仰韶村よりも古い半坡村の彩文土器の発掘があり、時代は少し遡った。それに対抗するようにして浙江省の河姆渡の遺跡が発掘され、仰韶のアワ、キビ文化に対し、イネ文化が紀元前五〇〇〇年に誕生していることが判明し、中国史は南北系譜の重層化論に展開していった。その複雑な展開を大胆に図式化したケイトレーの図をみると、その展開がよく分かる（図2－10、2－11）。

仰韶文化と青蓮崗文化はほぼ同時期に違った文化として確立され、仰韶文化は廟底溝文化に、青蓮崗文化は江北青蓮崗文化、すなわち大汶口文化に展開していく。この段階から竜山文化が主軸になり、山東竜山文化を起源として西漸し、河南竜山文化、河西竜山文化が確立されてくる。この竜山文化の波及浸透のうえに、まず河南竜山文化を背景に夏が成立し、ついで山東竜山文化を背景とした殷の時代が訪れ、最後に河西竜山文化をふまえた周が覇権を確立する。その周の社会構造の矛盾から春秋戦国の時代が展開し、それを統一して秦の専制帝国が誕生してくる。このように記述すると、簡単な流れのようにみえるが、古代文明論、考古学会の並々ならぬ論争と発掘、新発見の歴史の背景があったのである。たとえばケイトレーは夏の成立を認めているが、『原風土』を執筆していた一九八五年ごろには、学界の大勢は夏の成立を疑問視していた。一九九五年、国家科学技術委員会主任の宗健が「夏・商・周三代を確定する」計画を立ち上げて以来、発掘、研究が相つぎ、二〇〇〇年一一月九日の成果発表会で、「夏氏の始まりを前二〇七〇年、夏と商の境界線を前一六〇〇年、商と周の境界線を前一〇四六年とした」[29]という年代確定が決定された。

鄭徳坤の説によれば、仰韶文化は三つの必要性から居住地を選んだことが明らかである。
「第一に水の供給が容易な河畔であること。第二に食料を栽培するために大きな農地が必要であった

図２－10　平行・相互連関的三代文明の発展モデル

	漢		
B.C. 200	秦		
周 1100			
殷 1750	周	夏	殷
夏 2200			
2500	山西竜山文化	河南竜山文化	山東竜山文化
3200	廟底溝文化		大汶口文化
5000	仰 韶 文 化		青蓮崗文化

出所：Keightley, *The Origins of Chinese Civilization*, p.513 より。

図２－11　仰韶，竜山，殷のテリトリー図

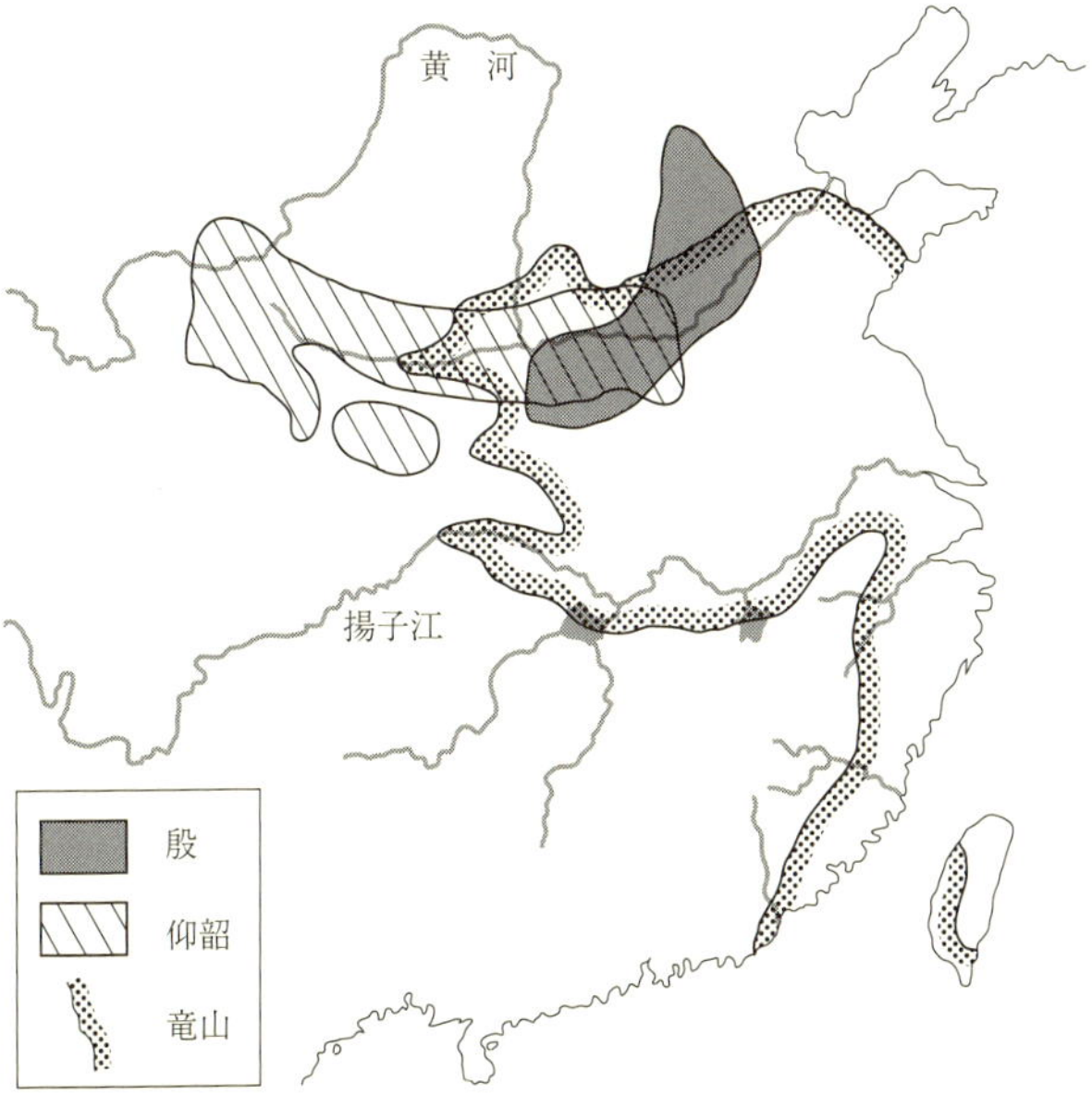

出所：Grahame Clark, *World Prehistory*, p.294.

し、第三に侵入者を防御できる場所を占拠しなければならなかった。このために、段丘、とくに三方に河流のある合流点や曲がりかど、そして背後に小さな河流がある段丘が選ばれた[30]」

この遺跡は、西昇東降の燕山運動の結果、現在の第二、第三段丘面に発見される。仰韶文化の利点は、黄土形成過程で造成された栄養分が毛細管上昇によって供給され、自己肥培能力をもっており、無肥料で営農できたことである。これに対し青蓮崗文化は、平坦地形の中の「台」として性格づけられるマウンド型の地形に遺跡を残している。台の周辺平坦地が洪水で浸されても、台は冠水しなかった。周辺平坦地は水稲作に利用されることができた。仰韶文化の土器は壷形式が主であるのに対し、大汶口文化では鼎が出現する。三本の足を持つ鼎は、炉を必要とせず、移動が可能で洪水の難を逃れることができた。

大汶口文化が北上すると、山東半島の丘陵地と黄河大扇状地の分水界伝いに走る状牛山脈山麓地帯に遭遇する。そこは華北の陸田地帯の南端で、稲作には向かず、アワ作への転換を余儀なくされる。『斉民要術』には「北土は高原でもともと、陂《ためいけ》や澤《ぬお》がないから河の隈《くま》曲を選んで稲をつくることになる[31]」と、淮河流域の陂澤農業からの脱却が説かれている。私はこの過程を「華北農業の主流はアワにあり、青蓮崗人は山東竜山文化を形成する過程でアワ作物を採用し、下田農業民から高田農業民へと転換し、中国古代社会の中枢的位置をしめていくことになったのである[32]」と締めくくっていた。

山東竜山文化は、黄河大扇状地の分水界を伝い、伏牛山脈南麓丘陵地に向かい河南竜山文化を形成する。この伏牛山脈は多面的な水系の源をなしている。東面は淮河への集排水域、南面は漢水の集排水域、北面は洛水を核とする黄河への集排水域となっている。山東竜山文化は漢水集排水域に波及し、南陽盆地を核とする河南竜山文化を形成したのである。黄河流域では、仰韶文化が洛陽盆地に浸透してきていた。この文化層の上に、河南竜山文化が重なり、夏王朝を築いたのである。それを証拠立てる二里頭遺跡は、洛陽の東に位置し、この河洛地域には夏、商、周三代の都があり、中国文明の発祥地である。

　しかし、中国古代文明の印象を強く与えたのは殷文明であった。青銅器具の華麗さ、王墓の埋葬様式の豪華さ、そして殉葬者をともなう専制などで、世界の注目を集めてきた。それはファラオの王朝に匹敵するものと認められ、古代五大文明のなかで遜色のない水準として評価されてきた。しかし意外と殷文明の生産力基盤は弱かったようである。生産手段としては木製耜《すき》が登場してくる位で、他は新石器段階の労働用具であった。殷文明を輝かせたのは、社会構成体の編成であった。先にものべたように、仰韶文化系は、黄河に沿う段丘面の畑地利用を基礎にしている。この集落は、河流によって寸断される孤立性をもっている。こうした集落を中国では邑と称していた。殷に向かって空間規模を拡大していく社会は、この邑共同体の連合という体制を形成していかざるを得なかった。その連合体は集会の場所を必要とすることになる。その場所は、河岸段丘型の孤立的場所でなく、盆地型の開けた段丘や山麓段丘であった。仰韶から廟底溝そして二里頭への展開は、その過程を示していた。その過程に従い、邑共同体の階層構造が形成されていった。松丸道雄はその構造を、属邑—族邑—大邑という重層をもつものとしてとらえた。邑は同族的連合として族長を選出し、その下に従属する。その族邑の集合体として大邑は選出されていく。その大邑を核としてピラミッド型の邑制国家が形成されていくことになった[33]。

　邑制国家の外延的拡大は、段丘型の高田を求めて展開される。地形的な下田型の低湿地は落葉森林空間として田猟地として残されていった。その田猟地で年一回の集会がもたれ、軍事的訓練が行なわれたといわれている。

　殷文明は、黄河の河谷的性格の地から、黄河が作りだした大扇状地を見おろす、三〇〇m位の山麓丘陵地に都を構えて展開していった。拡大していく国家領域を統合する理念として、メソポタミア型の水共同体の理念はなかった。これに替る理念として祖霊信仰の伝統がとられた。照葉樹林系の共同体は、祖霊による擬制的血縁関係で結ばれる伝統をもっていた。殷王朝は、その伝統を活かし、擬制的血縁集団の宗廟を核に統一を図った。土地の神としては社稷があったが、田猟の祭の日に呼び戻されるだけで、日常的には宗廟が中心であった。殷は都を三度変えている。第一は夏を倒し河西方面を統合し、第二は山東丘陵地を納め、第三に大行山脈麓の小屯に移り、殷虚を残した。

この殷を倒し、周が興った。そこには、農業基盤の飛躍が見られた。西山武一は、「殷の主穀は高田のアワ」、「周の標徴は下田の麦作」という対抗的農業様式を提起した。その麦作を井田制と呼び、儒学派の思想を生みだしたといわれる。西山は次のように述べる。

「井田制を具体的に記述したのは周礼である。そこでは一農家百畝の標準的な農業経営単位であって、この一団地を『夫』とよび、夫と夫の間には『遂』という水溝がある。各遂は合して漸々に『溝』、『洫』、『澮』という一層大きな水溝になり『川』に注ぐ。

他方夫は百枚の『畝』に区切られ、各畝は幅六尺、長六百尺の短冊形をなしていて、この畝と畝の間に幅一尺、深一尺の溝、いわゆる『☒《みぞ》』が通り、これが遂に繋がっている。耕種は☒と☒の間の幅五尺の壟《うね》上になされる。[34]」

私はこれを読んで畝間灌漑農業様式であると考えた。川から水を引く灌漑でなく、湧水を利用する灌漑様式で、イラン高原のオアシス農業に類似している。周はもともと黄河の上流域に起源し、オアシス農業を知っていたのかもしれない。この様式は、田猟地をも耕作圏に包含する農業展開を示し、生産関係を変革したのである。

周は殷文明の空間を継承する時、大邑に周王朝に関係する縁戚の者を封建した。殷の血縁的邑共同体連合の上に、周の宗法に沿った支配体制を築き、「天命」によって殷を継承したという思想を普及させた。この結果周社会は、「宗廟と社稷を中心とした都市国家」という体制をとった。社稷の神は各氏族共同体の土地の神であるが、その社稷の神を統一する共同祭祀で国の統一を図ろうとした。しかしこの統一は、大邑下の土着の邑共同体の変革を達成できなかった。周王朝は、華北大平原に向かう発展を余儀なくされていたが、畝間灌漑農業では達成できずに倒れ、春秋・戦国時代へと移っていった。伊藤道治は、その過程を次のように要約している。

「春秋期を通じて、諸国において、農民を把握し、軍備を充実させるために、諸種の改革がなされてきた。しかし、これは春秋時代になってはじめてあらわれたものではなく、西周時代の末期にその傾向があらわれていたのである。……この改革をもっとも徹底して行なったのが……秦の国であった。[35]」

その結果が郡県制的官僚組織機構であり、科挙の制であった。その基礎構造に「代田法」の農業様式の誕生があった。

代田法は、「一畝に三⊠をつくり、歳ごとに処を代える。故に代田法という。広さ一尺、深さ一尺の⊠をつくり、⊠の長さは畝の長さだけである。その⊠中に播種する[36]」農法である。これは灌漑農業ではなく保水農業である。湧水利用ではなく、地下に浸透している水分を大切に利用する下田型の新農法である。この農法が鉄の大衆化の中で中国犂の利用を加え、中国犂農耕段階を作りだし、帝国段階の中国を支えていくことになった。

六　新大陸文明の展開

中南米の人類の居住がヨーロッパ人に知られるようになったのは、マルコポーロの新大陸発見からであった。その後の歴史学、考古学、人類学等の発展によって、先住民の歴史的な姿が明らかになってきた。先住民の祖先は旧石器時代のモンゴロイド系人種で、二万年前頃にベーリング海峡が渡れる状態にあった時に、二波にわたって移動してきたと考えられている。そして北極圏の大型動物群を追って南下し、更に南北アメリカ大陸の太平洋岸に形成された山脈伝いに、南アメリカの南端までの移動を達成した。その後、後氷期以降の気候の乾燥化に伴い、北米南部の砂漠化が起こり、考古学で砂漠文化と呼ばれる生業形態によって維持される文化が誕生していた。

紀元前一五〇〇年頃、パナマ地峡からエクアドルまでの太平洋岸のどこかで、土器文化が漂着かあるいは発生し、それがメキシコ湾岸に伝えられ、湾岸文化が誕生し、メキシコ文化が展開しだしたと考えられている。中南米古代文明論は、メキシコの土器を起源とするメソアメリカ文明とチャビン土器を起源とするアンデス文明の二類型の展開史として理解されているように思われる。その二類型の展開略史を綴ることにする。

1　メソアメリカ文明

メキシコの地形は、太平洋岸沿いのシェラマドレ山脈、メキシコ湾に面する東シェラマドレ山脈、その両山脈に挟まれたメキシコ盆地といった大きな地形をベースにしている。太平洋岸の土器技術は、両山脈が合致して中米の陸橋的地峡帯を通ってアンデス山脈と連なっていくが、その合致帯の高原的地形の焼畑農耕住民伝いにメキシコ湾岸に伝えられたのではないかと推察されている。この湾岸文明をオルメカ文明と位置づけている。ここをベースに次のように展開していった。

テオティワカン文明　オルメカ文明は、メキシコ盆地の東側の傾斜面の谷地形のテオティワカン文明にその席を譲った。テオティワカンは、都市的形態をとり、オルメカ文明のジャガー神を受けつぐ神殿と広場をもち、交易によって中心地性を示していた。マイケル・コウは図2－12を示し、その文明圏を示している。そして都市規模にまで発展した神殿、交易都市を支えた基盤を次のように考えた。私は、それを次のように述べていた。

「われわれは、労働様式からみればメキシコは飛躍的な様式展開を示してきたと認めねばならぬ。砂漠文化のミゼラブルな植物栽培に対し、熱帯降雨林の焼畑農業の展開は飛躍的な収穫をオルメカ人に与えることができた。またテオティワカンの小盆地の統合的な水収支体系への対応は、河谷の低地では湧水灌漑、中位河谷では溢流農業、山麓丘陵地はテラス式灌漑農業を可能にし、都市文明の華を開花させた。[37]」

中心地の神殿都市を創出し、フラナリーが提示する図2－13のようにオアハカを中心とする交易ルートを展開させ、チアバス（マヤ文明圏）にまで及ぶ、影響力を示したのである。そのテオテイワカン文明圏は細い文明影響線が南方に延び、チアパ・デ・コルソの小センターに及んでいるが、そこはマヤ文明圏との接点である。

マヤ文明　チャパス地域の地形は、太平洋岸に急峻な山地が立ち、ユカタン半島に向けて、高原型丘陵地、平野部と高度を下げていく傾向を示している。マイケル・コウはマヤ形成期の図2－14・2－15を

図2－12　アステカ時代のメキシコ盆地

出所：マイケル・コウ，前掲書，189頁。

図2－13　交易ルート

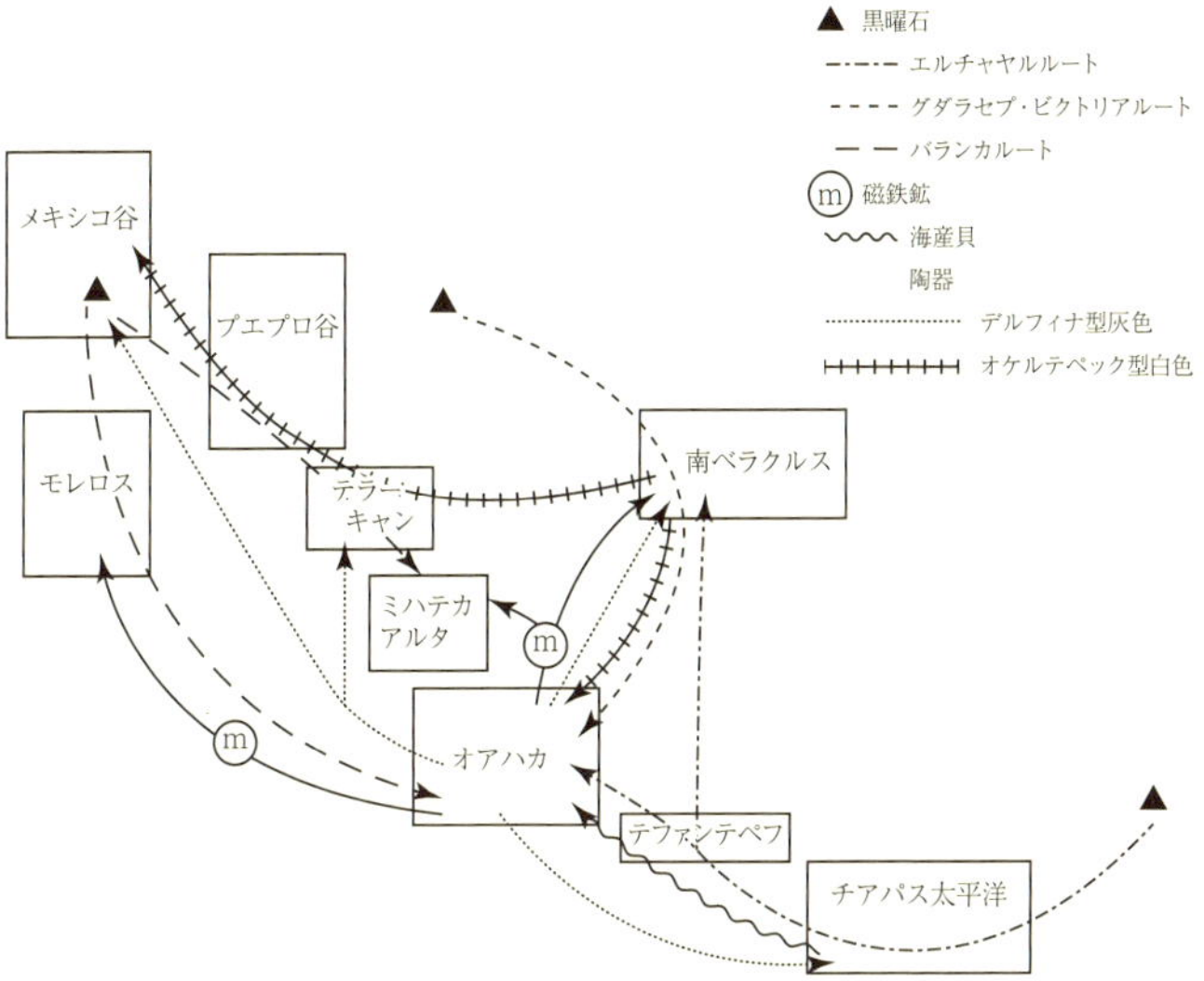

提示しているが、テオティワカン文明の受け皿としてチアバ・デ・コルソ、イサバ、カミナルフユーの古典期遺跡に注目している。この地域は太平洋岸のサバンナ気候、温暖夏雨気候、熱帯雨林気候、熱帯モンスーン気候と微妙に変化する環境で包まれている。イサバ系文化は、温暖夏雨気候の分水嶺地帯に発達した文化で、オルメカ文明と土器と焼畑農業で連なるとも考えられる原古典期文化である。その後、熱帯雨林気候のテイカルを中心とするマヤ文明に展開する。テイカル段階を示す石碑の年代は、チアバ・デ・コルソは紀元前三六年、エル・バラルは世紀三六年、テイカルは世紀二九二年となって、テイカル石碑からテオティワカン文化との接触が読みとられている。それを象徴的に示すのが階段状の神殿ピラミッドであった。そのテイカルの神殿後、図に示されるようにワシャクトゥンからコバンに至る遺跡群が展開し、マヤ文明の黄金時代といわれる地方発展期が登場するのである。テイカルに似た大神殿センターの確立の構造を増田義郎は図2－16のよう

図2－14　テオティワカン文明影響図

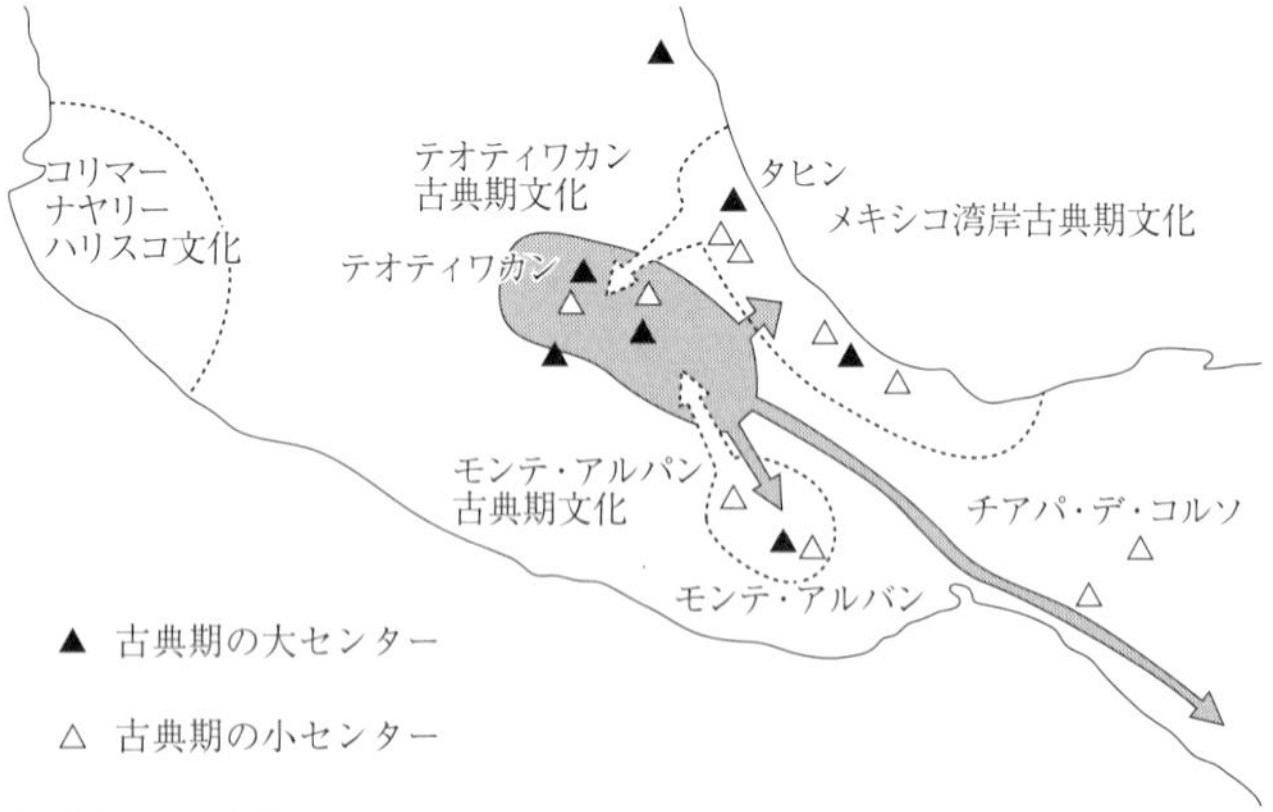

斜線部は古典期テオティワカン文明の影響を受けた地域とそのメキシコにおける拡大を示す。
出所：マイケル・コウ，前掲書，189頁。

に示していた。この黄金時代を支える農業基盤は何であったのか。吉野三郎は次のように述べていた。

「マヤ圏は、地勢風土からみて三つに区分される。第一は東部チアパス州からグアテマラ南部を経て、ホンジュラスの西部に及ぶ高原地帯で、紀元前二〇〇〇年代に、とうもろこしの原始的な栽培がはじまったところといわれている。……第二の地域はペテンとその周辺の盆地である。ここには、ティカル、ワシャクトゥーンなどの大古跡が見出される。……ここの気候は、南部の山地より暑く、北のユカタンより湿気が多く、乾季の二月から五月までの間にも雨が多い。……この地域は、石灰石の上層の肥沃な土壌に、ジャングルが生い繁っていて、とうもろこしはいうまでもなく、豆類、いも類もよく実ったし、とうがらし、ヴァニラのような香料、木棉もタバコもみごとに育った。

第三のユカタン地域に入ると、巨木が姿を消し、低木に取ってかわられ、下草が密生してくる。半島の北半分は平坦な低地となり、腐植土が六・七

図2－15　マヤ形成期原古典期の遺跡

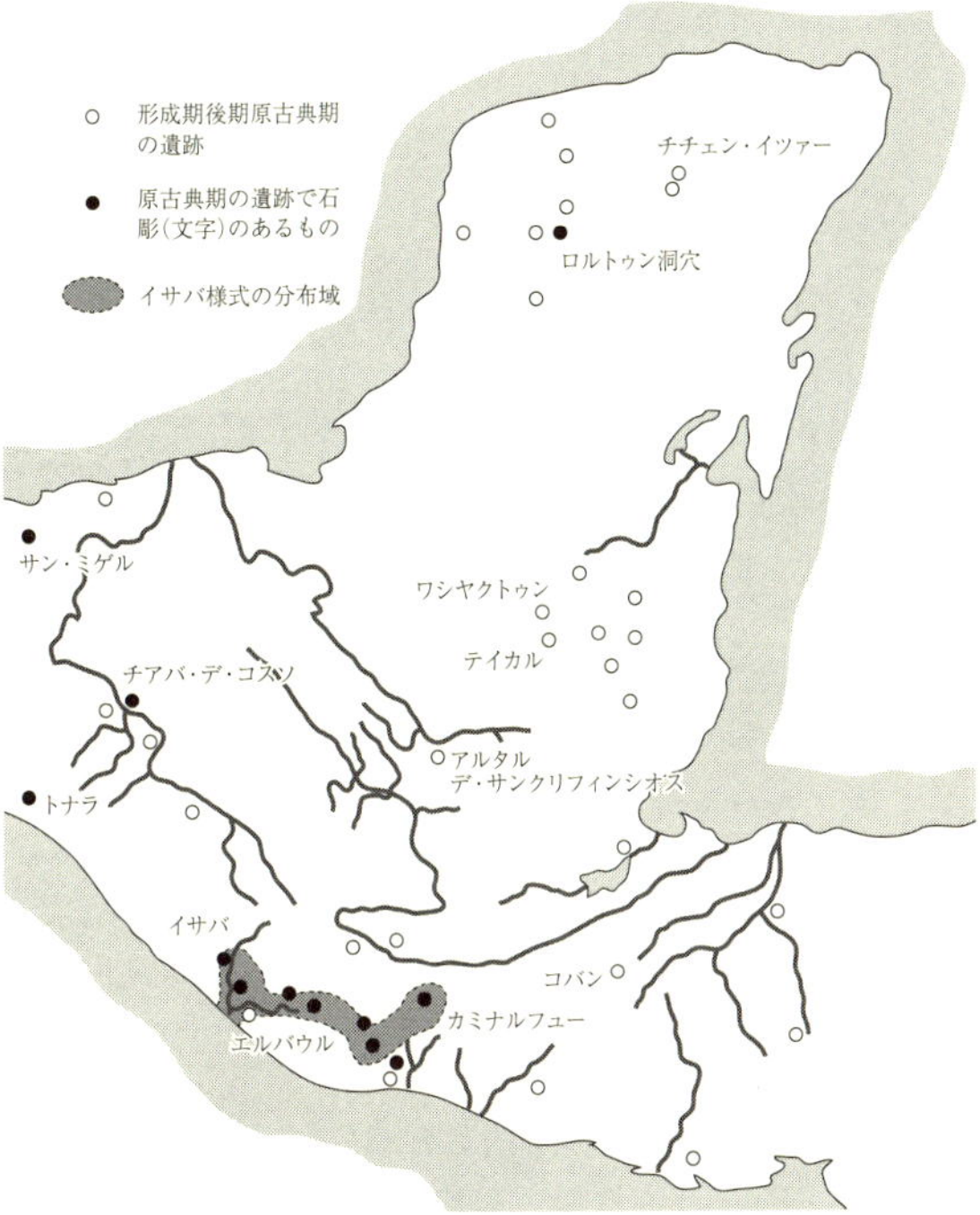

出所：マイケル・コウ，前掲書，60頁。

cmとなり、大部分が多孔性石灰岩の露出した地帯となる。

まことにマヤ人は〝乳と蜜の流れる〟国に、その居住地を見出したといえよう。おそらく古代文明の発祥地として、新大陸随一の食糧に恵まれたところであったろう[38]。」

吉野は、このマヤ黄金時代も、コパンの七八二号に捧げられた石碑を最後に、マヤ文明の石碑は見捨てられていくという。テイカルでは石碑三一号の王は異国王といわれ、これ以降混入期の時代に入ったと考えられている。その時期がテオティワカンの衰退と一致することから、交易体制の崩壊による下降スパイラル展開ではなかったという説もある。

アステカ文明　テオティワカン

図2－16　マヤ社会の空間的配置

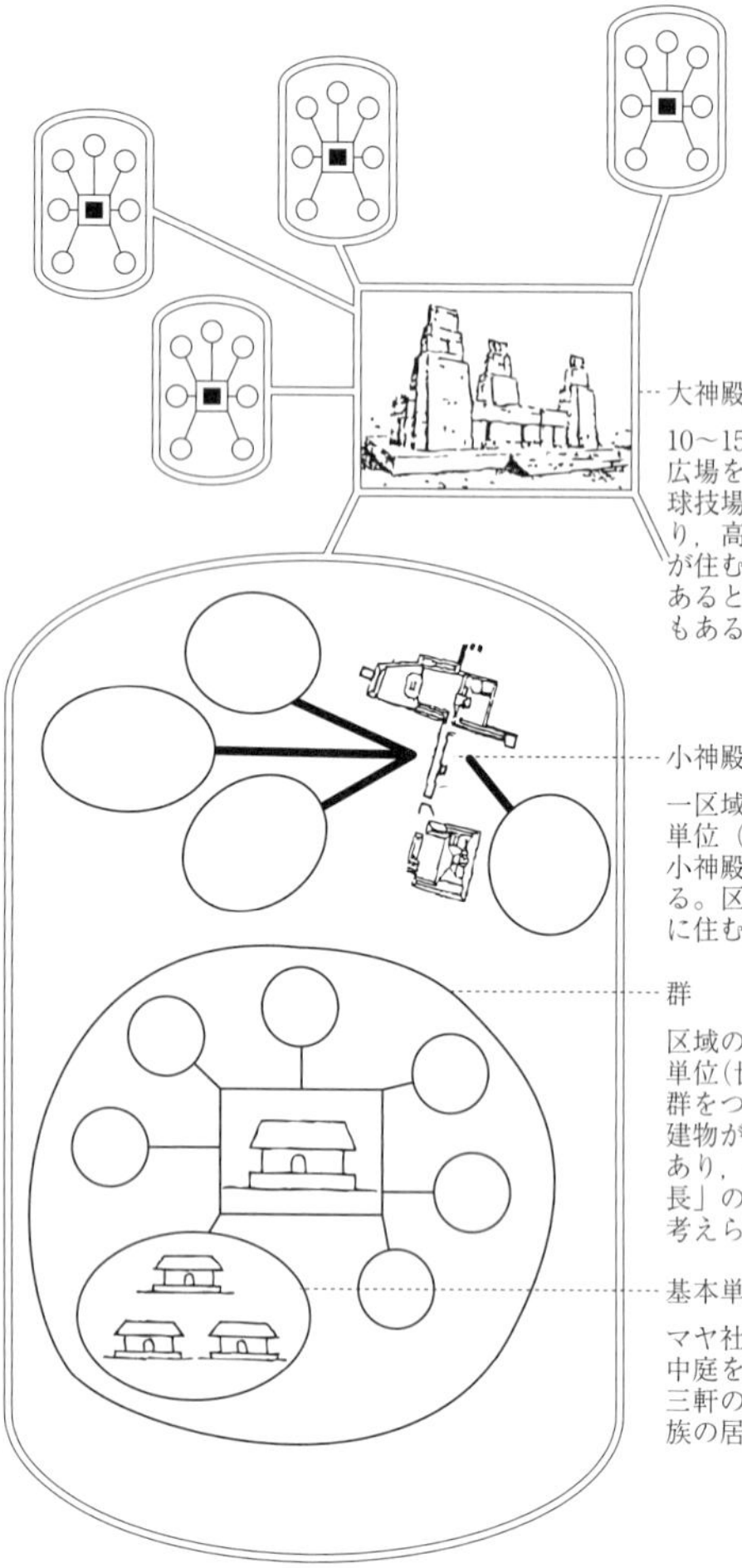
大神殿センター
10～15の区域より成る。広場をかこむ神殿，宮殿，球技場，石碑などより成り，高級神官や王，貴族が住む。広場は祭祀場であると同時に交易の場でもある。
小神殿センター
一区域は50～100の基本単位（世帯）より成り，小神殿を中心に統合される。区域の小首長がここに住む。
区域の中に含まれる基本単位(世帯)は5～12ずつ群をつくる。やや大きな建物が中心に立つときもあり，その場合には「村長」のような者がいたと考えられる。
基本単位
マヤ社会の基本単位は，中庭をかこんで立つ二，三軒の家であり，拡大家族の居住地であった。

は紀元七五〇年ごろ火災で衰退し、スユココ湖方面に逃れたといわれる。それはメキシコ高原のチチメカ族の南下が作用したからとも考えられる。チチメカ族の一部のトルテカ族がトゥーラに侵出してきて、トルテカ「帝国」を築いたことと関係している。この「帝国」は、領土拡大政策をとり、征服地支配の戦士団を構成し、軍国主義的性格を示し、生贄を捧げる宗教儀式をもち、マヤ文明までの平和的宗教に替る人身犠牲の宗教種族の帝国であった。しかしこの帝国は、人身犠牲をめぐる内紛で王が追放され、その後紛争がたえず、トゥーラは放棄され、テスココ湖方面にチチメカ系は移動し、アステカ時代を形成する。その過程を要約して私は次のように述べていた。

「トゥーラの崩壊後、チチメカ系の諸族は湖岸地域に独自性の強い都市を築いて覇を競いだした。この制覇競合のなかにアステカ族も登場し、かろうじて無人島に定着する契機をつかむことができた。最初二つの島であった沼地に近い湿地の凸地は、チナンバ耕地の形成で地つづきとなり、ここにテノチティトランとトラテルコの二都市が創りだされた。この都市の成長の歴史は、即アステカ社会の帝国的姿への発展の歴史でもあった。

しかし、そうした帝国的アステカ社会への飛躍に対し、日常的にテノチティトランを支えていたのは、チナンバ耕作であった。チナンバというのは、浅い沼や湖水の上に葦や藺草などをしき、その上に泥を盛り上げて人工の畑を作り、周囲に柳の木を植えて固定するものである。そして湖上の小型のカヌーが輸送手段となり、湖岸の農産物は市場に流通していくことができた(39)。」

突如として姿を現したアステカ社会は、その形成の過程から軍事力による覇権確立に貫かれており、中核の族内の共同体的民主運営で支配者を決定していたが、一三七六年にアカマピチトリが王を専称し、神政君主制へと飛躍していった。民主共同体のカルプーリを世襲的戦士団として特権階級化し、征服地種族の支配に当らせた。しかし、支配形態は統一国家形態ではなかった。吉野は次のように指摘している。

「征服して、統治しても領有はしない。年二回の貢ぎ物を要求し、アステカの神の神殿をその都市に建造し、時には軍隊を駐留させる。しかし、直接住民からは租税を取立てず、その種族の神々の礼拝は認め、政治体制もそのまま存続させておくのである。人種を異にするわけでもなく、言語もほぼ同系統でありながら、統一国家に発展せず、あるいはできなかったこの統治形態、すなわち一種の都市国家連合体であったことが、後にアステカの弱点となり、コルテスの前にあえなく壊滅し去る原因ともなった。(40)」

メソアメリカ文明の衰滅　一四九二年一〇月、クリストファー・コロンブスが西インド諸島を発見し、九八年には米州大陸が存在していることが確認されていた。コロンブスは一五〇二年、彼が本国へ帰る年、マヤ商人の船と遭遇し、ユカタン半島にマヤ文明社会があることを知った。その後、イスパニョーラ島とキューバー島に拠点港を構築したスペイン王は、コンキスドーレス（征服者軍団）を派遣し、メソアメリカ文明の支配にのりだす。ユカタン半島の先端社会からカンペチエ湾岸沿いの社会を伝っていき、ベラクルス（聖なる十字架）を拠点化する。コルテスは一五一九年二月にハバナ港を出港し、アステカ征服に向かった。そして、八月一五日に旅立った。その前進は、戦争というよりもモクテスーマ王の改宗交渉の旅で、途中アステカに離反する種族がコルテス軍に加わる状況で、テスココ湖の東岸のテスココに本陣を構えた。アステカ側は王の柔軟な姿勢が原因で王が殺生され、弟軍との決戦でテノチティトランは壊滅したのである。統一国家体制でなかった弱点が最終的に現れたといえよう。

テノチティトランをはじめ、戦後の復興を終えたコルテスは、一五二五年にマヤ圏に入ったが、失敗して引き返した。本格的なマヤ征服は、一五二七年に総司令官モンテーホによって始められた。しかし、マヤ文明の特性は、個々の神殿社会が分散して展開し、中心的権力を征服すれば済むという征服戦術を許さなかった。この結果、征服が完了するのは、テイカルの南に位置するタヤサルのペテーン・イッサ族が降服した一五六七年三月であった。こうしてメソアメリカ文明はスペインの支配下に入り、後の国際商品出現時代に移行していく。

2 アンデス文明

アンデス文明展開の段階　アンデス文明の展開の軌跡を概略的につかむと、次のような流れとしてとらえられる。

①チャビン文化段階

エクアドルとの国境に近いビウラ川とアマゾン川源流のアラニヨン川の上流は、アンデス山脈の始発山嶺で連接し、エクアドルの太平洋岸で発祥したとされる土器文化が、石器文化の水準をこえるチャビン文化を誕生させ、初期農耕文化を咲かせた。この文化では、内陸のチャビン・デ・ワンタルの神殿ピラミッドが成立し、出土した土器にメソアメリカのオルメカ文化の共通性が確認され、メソアメリカとの交流の可能性が考察されている。

②地方発展期（紀元前?〜紀元七〇〇）

チャビン文化を継承する文化が、海岸沿いと山脈沿いに展開し、地方発展期として段階規定されている。その展開は、図2－17のような遺跡を中心に繰りひろげられていった。後述するように、流域ごとに栄える文化圏の中に中心地が形成され、地方的に統一される時代とされている。その典型は、海岸地方に誕生したモチエ文化といわれている。

図２－17　地方国家の遺跡（▲考古遺跡　●現在の町）

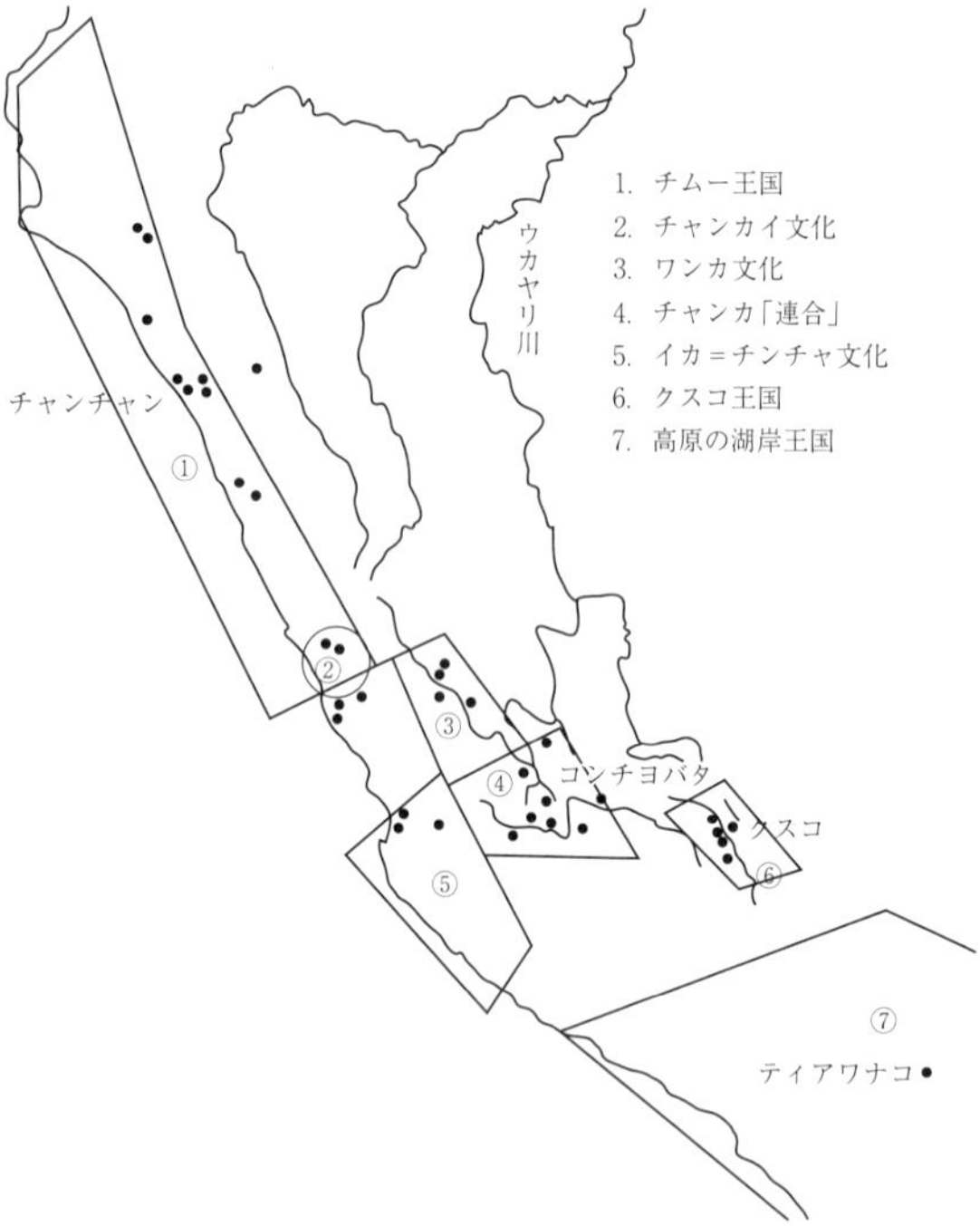

③ワリ帝国期（紀元七〇〇～一〇〇〇年）

中央高地のワリに強力な統合勢力が結成された。この統合は海岸文化のナスカ、リマ、モチエとの交流を基盤に、海岸文化と高地文化の複合文化が誕生し、ディアナコイデ様式という名称が与えられている。

④地方国家段階（紀元一一〇〇～一四七〇年）

ワリ帝国の衰退は、再び地方的政治、文化の発展を促す。しかし、そこには地方文化圏にとどまらず地方国家への質的飛躍が指摘されている。その国家形成にかかわっては地方文化の連合がみられ、海岸地方のチムー王国は帝国的規模に匹敵する空間統合を達成していた。このチムー王国については論争があり、私は次のように増田説を基礎に理解している。

「しかし、その国家構造は必ずしも強力なものではなく、分節的社会であったとすらいわれている。……チムー王国については、スペイン植民地時代の文書から、各地方に小首長がおかれ、その地方首長が土地を所有し、臣民に貸与し、臣民は首長に貢物していた。また首長は臣下の労働奉仕も受けていた、といわれる。この領有形態をみて、首長のなかにアジア的専制君主をみるか、アフリカの首長制をみるか、人によって論が分かれるかもしれないが、増田はアフリカ的性格を読みとっている。この結果、『階層化はしているが、ヒエラルキー型の統一的支配はみられず、むしろ、いくつものピラミッド型の支配体系を積み重ねてでき上がった、分節的な支配構造をもっている』と増田は規定している。これは一種の水平的連合社会である。アンデス文明は、海岸地帯では水平的連合としてのチムー王国を展開させたのである。[41]」

アンデス文明は、海岸地帯の展開型に対し高原型の展開も創出していった。その典型として図2－18の「高原の湖岸王国」があげられている。私はその性格を次のように述べていた。

「海岸型に対し、高原型の垂直的連合の傾向が指摘される。その典型として湖岸王国があげられる。この王国は、権力の双分組織に基礎をおいた都市によって構成されていた。種族の集団は半族として、上、下の双分組織に分団されていた。この双分組織を海岸の植民地形成に適合させていき、高原の上半族と海岸の下半族の垂直的結合を作りだしていた。ルンブレラスは次のように述べている。『《垂直性》の原理にしたがって、ことなった環境圏の資源を開発しようと』したのである。これは、高原の環境の弱さを補強する垂直的連合国家形成である。少なくとも湖岸王国は、それを実現する後背地海岸をもっていたのだ。[42]」

図2－18　行政宗教組織図

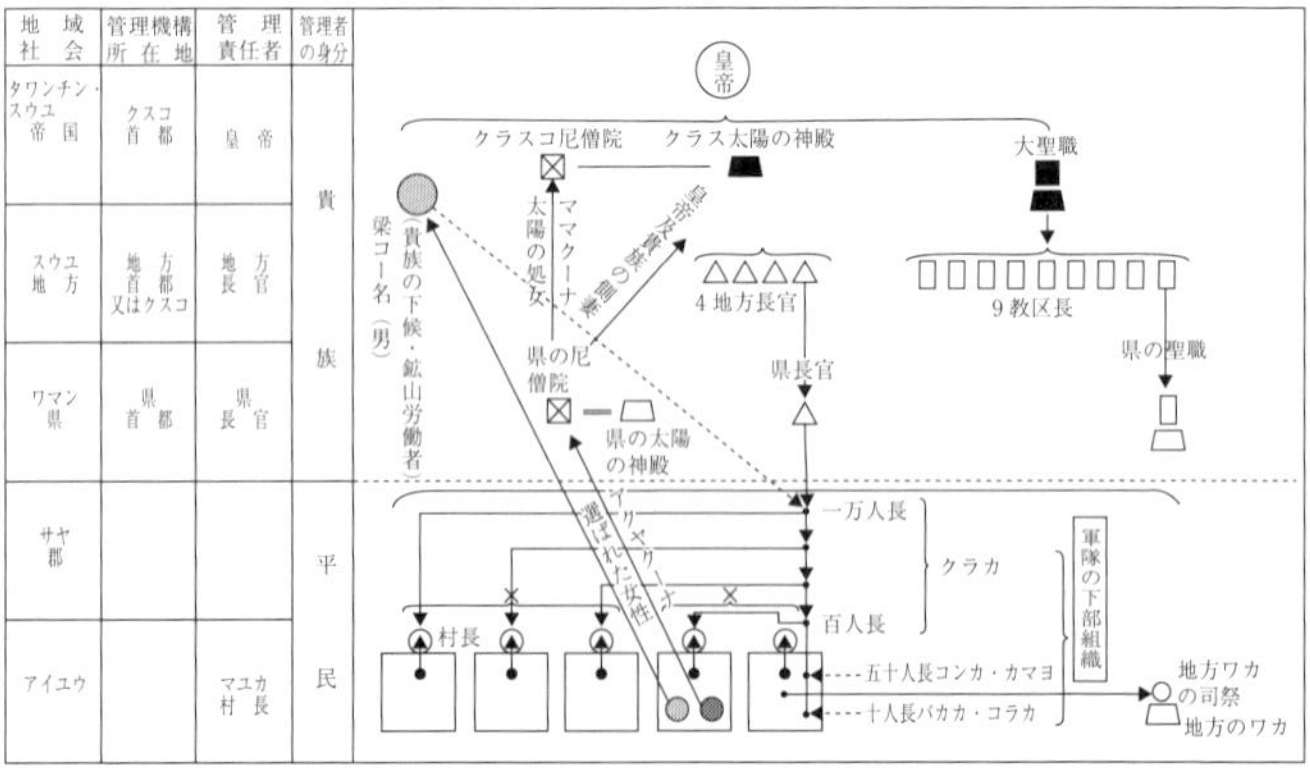

⑤インカ帝国（紀元一四三〇～一五三二年）

ワリ帝国段階のクスコ王国は、海岸平野の文化との垂直的複合性をもたない孤立王国であった。アンデス文明は、このクスコ盆地に突如として登場してきたインカ族の帝国的制覇の時代を出現させる。泉靖一の説によると、インカ族の始祖はマンコ・パカックで、チチカカ湖で生誕し、クスコ谷に移動してきて、拠点を構築したと伝えられている。そしてインカ帝国皇帝在位年表を示している。インカ族はクスコを中心に周辺諸族を制覇するが、第九代パチャクチから帝国的領土拡大戦争を展開し、ワイナ・カパック王までに版図を確定していった。この広汎な領域をインカ帝国は、村落段階のアイユウをベースに階層的に管理統合していくシステムとして構成されていた。泉は、行政、宗教組織図2－18を示し、奴隷制帝国の姿は示していなかったことを明らかにしている。泉はヤナコーナに目をつけて、次のように述べていた。

「インカ帝国の農民は、農民として生まれ、農民として死ぬべき人生が定められていた。……ところが一〇歳前後の少年少女には、帝国のヤナコーナに選ばれる運命があった。選ばれた若者は、自分のアイユウからは、終生関係をたって、他の地方で働かなければならなかった。ヤナコーナは皇帝の所有物で、ときには、功績のある貴族や武将に、褒美としてヤナコーナが与えられた。彼らの地位は完全な奴隷とはいえないが、奴隷に近いものであった[43]」

私はインカ社会を次のように結論づけていた。

「人類史的に段階づけてみると、インカ社会はヤナコーナの浸透による奴隷制社会への方向を示しはじめていたとはいえ、いまだアイユウ共同体を基礎とするアジア的生産様式の段階にあった。インカ社会はその統合空間の大きさから帝国といわれている。しかし、ペルシャ文明で明らかになる帝国システムと比較すると、ペルシャ型は遊牧文化と農耕・都市文化のシステム化であったのに対し、インカはせいぜい海岸と高原の生態的システム化にすぎなかった[44]」

アンデス文明の不連続的連続性　中央アンデスの地形を大区分すると、図2-19のように区分けされる。海岸線に沿っては、北、中部、南海岸に区分され、北はローマス（フンボルト海流による霧）による湿潤から、南下するにつれて乾燥性が強まり、南部は砂漠化していく。この海岸に対応して北高地、中部高地、南高地、チチカカ地域に区分される。ここで注意すべきは、海岸地域の河川は、西コルディエラ山脈型の稜線を源流域とする小規模で、急流の河川である。これに対し、高地はアマゾン川の原流域の地形に属している。たとえばクスコはウカヤリ川の源流の盆地状に位置し、有名なマチャピチュ遺跡は、ウカヤリ川右岸の稜線に構築されている。地方国家のワンカ文化、チャンカ連合、クスコ王国は、すべてウカヤリ河谷の文化である。アンデス山脈の稜線で分けられる海岸部と高地部は、連続性がないようにみえるが、微妙な連続性をもっている。その構造を、私は中部地域の横断線に沿って次のように述べていた。

「太平洋岸に沿っては狭小な平野地帯が南北に展開しているが、その平野はアンデスの山麓にすぐ吸収される。そこはケプラータといわれ、樹木を交えた熱帯的植生があらわれてくる。さらに東し、高

図２－19　中央アンデスの地形と環境区分

出所：ルンブレラス，前掲書，２頁。

度が二、〇〇〇mを越えるようになると、階段状の耕地があらわれ、稜線にまで展開している。ユンガないしシェーラといわれるアンデス文明の耕作地の主力をなす所である。このシェーラは、西コルディエラ山脈の稜線で終わる。その稜線を越えると、高原プーナが展開している。盆地状地形もあらわれ、放牧場としての適地である。プーナの向こうには氷冠を頂いた白コルディエラ山脈の峰がみえる。氷の世界を越えて東に下っていくとアマゾン源流域に入る。アマゾン川支流の源流地域で、シェーラ地形で植生も豊富であり、豊かな耕地をもっている。さらに高度を下げて行くと、アマゾン低地の熱帯降雨林に変わっていく。[45]」

この地形の上で灌漑技術が確立されていった。当初、海岸の小規模河川に沿い、上流域からの水路建造に支えられて灌漑が始まった。この技術はシェーラにも及んでいった。ルンブレラスのワルパの例を参考に私は次のように述べていた。

「ワルパの高原地帯では雨は三ヶ月しか降らず、有刺植物で覆われた半砂漠の山肌をもっている。この山肌を階段状の水平な耕地に彫み、耕地を支える石壁を築き、そこに谷の水を配水していった。この階段畑をワルパでは〝アンデネス〟と称している。アンデスの垂直構造にユンガないしシェーラとよばれる土地利用が登場してくるのは、地方発展期の時代からである。(46)」

インカ帝国は、農耕文化、その他の文化に対し、なんらかの進歩的技術を加えることはなかった。唯一築いたのは道路であったといわれる。ローマ帝国も、ギリシア文明以上の文明を築かなかったが、ローマへの街道を築いた。これに対しインカ帝国はアンデス山脈に沿う文明であり、山脈に連続する道路は不可能と考えられるかもしれない。しかし、第三紀造山活動による山域には、〝肩〟と呼ばれるシェーラ地形がある。この地形は「等高線道路」による連結を可能にする。ネパールのランタン・ヒマールにあるチルマンが推奨した等高線ルートを歩けばよく分かる。九州山地の縄文時代の焼畑跡をたどってみても分かり、稜線の下に集落が点在し、等高線で隣の集落と連なっている。アンデス文明の連続性は、意外と第三紀造山運動後の文明の展開と共通性をもった連続性と考えられる。しかし、そこには不連続性が背後にある。ピサロは、その不連続性からインカを攻めた。

インカ帝国の滅亡　一五二四年、パナマ地峡の太平洋側にパナマ町が作られた。ここがアンデス文明支配の根拠地になった。そこでフランシスコ・ピサロとディエゴ・アルマグロという一旗組（アベンツレーロス）とフェルナンド・デ・ルウケというパナマ代行司祭の三人組が、南方探検にのりだした。一五二五年の第一回探検、二七年の第二回探検で、インカの内情を得た。その後帰国して、スペイン王からピサロはペルーの総督兼司令長官に任ぜられ、コルテスにも会い、「王をつかまえれば勝ち」という戦略を教わった。一五三二年一月、ピサロは本格的な侵略に乗りだした。そうした侵略の進行過程は、泉の『インカ帝国』に詳しく述べられているので、ここでは譲る。

インカには、肌の色が白い創造神（ピラコチャ）信仰があり、最高神として祈念していた。インカのアタワルパ皇帝は、ピサロ軍を「ビラコチャ軍」として迎える姿勢を示した。ピサロは、キリスト教の布教として来ていることを告げ、カハマルタ城に平和的に入城した。アタワルパは、ピサロ軍の王への引見の答礼として、ピサロの陣営を訪問することを約束した。訪問してきた皇帝をピサロは、カハマルタの暗い石の部屋に幽閉した。アタワルパは、部屋一杯に金銀を提供することで、釈放される約束を結び、その約束が達成された後、絞首刑で殺害された。一五三三年、王は火あぶりの刑を言い渡されたが、インカでは火あぶりは天の神に召されないという信仰があり、改宗して天に召されたことになっている。インカ帝国は、すべての命令は皇帝から出ており、横の連携が組織的に弱かったので大混乱が起こった。ピサロは、クスコにマンコ傀儡皇帝を立てたが、マンコは反乱を起こし、それに失敗して密林の奥深く逃れた。アルマグロは、疲れきって帰ってきたピサロを攻撃したが、敗れて処刑され、その息子によってピサロも暗殺された。なんとも暗い終末であったが、スペインの植民地支配は着実に進行していった。

メソアメリカ文明もアンデス文明も、スペインの侵略によって消滅していった。旧大陸の文明が帝国システムに移行していった展開とくらべ、新大陸文明はその移行が制限されていた。新大陸文明は、焼畑農耕とシェーラ耕地を基本労働様式として成立した文明であった。気候的には、ＣＷ気候（温暖夏雨気候）を中核に、東方に向かっては熱帯雨林気候、サバンナ気候（南米）、ステップ気候、砂漠気候、温暖湿潤気候（北米）が広大に展開している。新大陸には五畜の野生種もなく、その空間を人為的環境に変化させる労働手段を欠如していた。要するに、新大陸は鉄文明に発展する要因を内包していなかった。丘陵地性の二期型農耕文明のまま、旧大陸の地理的発見の時代の中に植民地政策の対象地として包摂されてしまったのである。

(1) チャイルド、ねずまさし訳『文明の起源』岩波書店、一九五一年、九七頁。
(2) ブレイドウッド、泉靖一監訳『先史時代の人類』新潮社、一九六九年、一二〇頁。
(3) 田中正武『栽培植物の起源』NHKブックス、一九七五年、一四頁。
(4) 上野登『人類史の原風土』大明堂、一九八五年、三五頁。
(5) 同上、四二頁。
(6) 同上、四五頁。
(7) E.L.Farmer, *Comparative History of Civilization*,Vol.1, p.50.
(8) エミール・ヴェルト、藪内芳彦他訳『農業文化の起源』岩波書店、一九六八年、二四一頁。
(9) 上野登、前褐書、六六頁。
(10) J・G・マッキーン、吉永博訳『バビロン』法政大学出版局、一九七六年、二六五頁。
(11) 上野登、前掲書、七二頁。
(12) M・ウェーバー『古代社会経済史』東洋経済新報社、一九五九年、八九頁。
(13) 上野登、前掲書、七三頁。
(14) 同上、七七頁。
(15) 中島健一「エジプトにおける農耕、家畜の起源」『人文地理』一三巻第一号、二四頁。
(16) K.W.Butzer, *Early Hydraulic Civilization in Egypt*, p.19.
(17) John.Waterbary, *Hydropolitics of the Nile Valley*, p.23.
(18) Butzer, *op. cit.*, p.83.
(19) ヴェルクテール『古代エジプト』白水社、一九六〇年、六九頁。

(20)上野登、前掲書、九七頁。
(21)ヴェルクテール、前掲書、二九頁。
(22)辛島昇共著『インダス文明』ＮＨＫブックス、一九八〇年、三六頁。
(23)小西正捷「インダス文明の興亡に関する気候学的水利学的知見」『水利科学』一九七〇年、七二号、八二頁。
(24)辛島昇共著、前掲書、一五頁。
(25)成瀬敏郎「インドタール砂漠・パンジャーブ平原における過去一万年の気候変化」石田寛編『インド・パンジャーブの動態地誌的研究』広島大学文学部総合地誌研究資料室、一九七五年、三〇二頁。
(26)上野登、前掲書、一〇八頁。
(27)同上、一二六頁。
(28)同上、一三五頁。
(29)岳南、朱建栄・加藤優子訳『夏王朝は幻ではなかった』柏書房、二〇〇五年、二六六頁。
(30)鄭徳坤『先史時代の中国』(中国考古学大系Ⅰ)雄山閣、一九七四年、九五頁。
(31)西山武一訳『斎民要術』農林省農業総合研究所、一九五七年、一〇二頁。
(32)上野登、前掲書、一五四頁。
(33)松丸道雄「殷周国家の構造」『岩波講座世界歴史4』岩波書店、一九七〇年。
(34)西山武一『アジア的農法と農業社会』東京大学出版会、一九六九年、一一頁。
(35)伊藤道治「原始から春秋戦国」『中国の歴史Ⅰ』講談社、一九七四年、三〇三頁。
(36)西山武一、前掲書、一二頁。
(37)上野登、前掲書、一八二頁。
(38)吉野三郎『マヤとアステカ』社会思想社、一九六三年、六五頁。
(39)上野登、前掲書、一八一頁。
(40)吉野三郎、前掲書、五九頁。
(41)上野登、前掲書、二〇九頁。
(42)同上、二一〇頁。

(43) 泉靖一『インカ帝国』岩波新書、一九五九年、一七一頁。
(44) 上野登、前掲書、二一三頁。
(45) 同上、二〇二頁。
(46) 同上、二〇六頁。

第三章　帝国システムの形成

一　世界把握の新しい視点

私は「二期社会から四季社会へ」の発展仮説は、ヨーロッパ封建社会と東アジア律令体制確立までの歴史と考え、『原風土』（正・続）という二冊にそれをまとめた。『続』の出版は一九九一年で、一九七四年の仮説提起以来一七年間をかけた執着の結果だった。そこでは、まだ帝国システムという概念意識が弱く、ペルシャもローマも二期社会の最高形態と位置づけた考察をしていた。私は、シェイファーの展開模式をベースに次のような展開図を構想し、『続』の論をすすめていった。シェイファーの模式は次の通りである。

hunting and gathering → domestical of plant and animal → mixed farming → { pastoral nomad / sedentary farm }

シェイファーは、植物栽培化と家畜化の次に混合農業の展開を考え、それから直接的に遊牧文化と定住農耕文化への分解を構想している。私は、以上の単純な展開でなく、各風土に適合した展開があったのではないかと構想した。その模式は次のようであった。

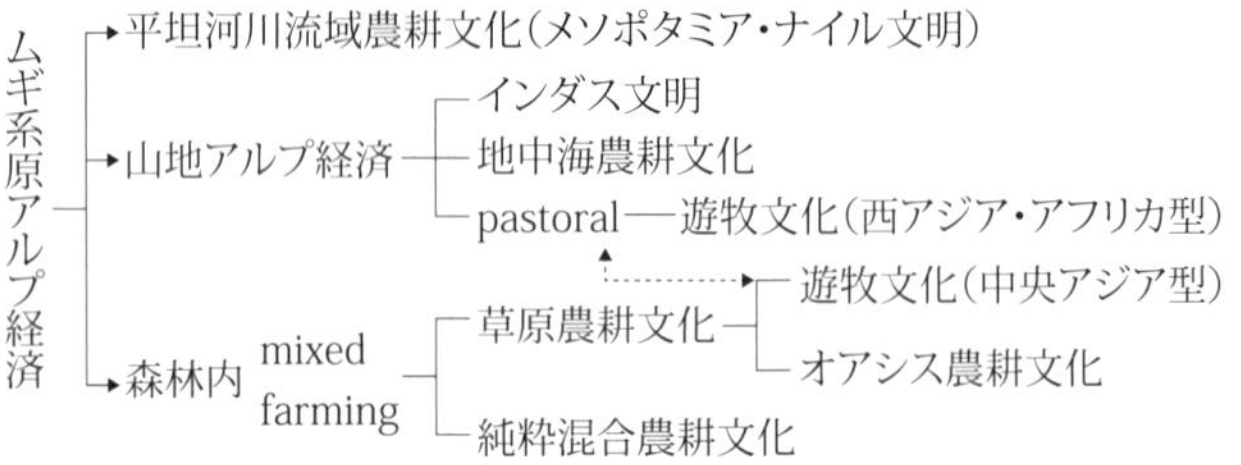

以上の系譜の中で、下段の純粋混合農耕文化が四季社会への展開で、それより上段の文化は二期社会の文化だと構想し、『原風土』（続）を執筆したのであった。ウォーラースティンが『世界システム』を刊行した時、私の規定した純粋混合農耕文化を農業資本主義と規定し、そこから世界システムが展開したという新しい史的唯物論を提起してきた。これは一九八一年に訳出されていた。しかし、私は私の構想を変える必要を感じないまま『続』を一九九二年に出版していた。ウォーラースティンは、一九九一年に一冊を刊行し、九三年に『脱・社会科学』と題して訳出された。この中で「時間と空間の諸概念」を検討し、「V　ブローデルに立ちもどる」という項で、変動局面に対応する空間的展開を説いていた。その論理を受けて私は、私なりの模式図を一九九六年版の『世界システムの経済地理』で提起し、この構想での新しい取り組みに転換していった。その図は後述の、第五章の第二節に掲示している。

　広義の一六世紀論に立つと、長期的構造局面の史的システム空間は、帝国システムから世界システムに転換する。私が『原風土』論で展開してきたのは初期農耕文明、古代文明局面で、本章は帝国システム局面としてとらえられる。この帝国システム内の移行過程段階として、ヨーロッパ世界と東アジア世界が位置づけられることになる。労働様式をベースにした考察では、非有機的自然と一定の人間の能動的対応という人間と自然の関係は、人間による自然征服の関係論へと転換していく。本章は、二期社会の草原的社会文明から森林開発の社会文明への展開として考察される。こうした転換理念を余儀なくされたのはアナール学派、とくにブローデルの歴史地理学によるのである。地理学がブラーシュの『人文地理学原理』を基礎に、フェーブルとブロックが雑誌「アナール」を発刊し、アナール学派という理論家集団を形成し、新しい歴史地理学を誕生させていったことを考えると、ウォーラースティンはニューヨーク州立大学の「ブローデル研究所」所長を兼ねた学者で、私もここで、ブラーシュに立ちかえることにしたい。

二　遊牧文化の登場と展開

1　パストールとしての牧羊文化の登場

私は、旧約聖書のヤコブとエサウの兄弟争いに注目した。ヤコブがエサウに差し出した家畜の構成は、「牝山羊二百、牡山羊二十、牝羊二百、牡羊二十、乳駱駝とその子三十、牝牛四十、牡牛十、牝驢馬二十、驢馬の子十(2)」である。松原正毅がトルコ系遊牧民の実態調査で明らかにしたチャドルの家畜所有規模と比べても遜色のない五畜構成となっている。R・ドウ・ヴォーは、この物語から、「ヤコブは平和的な家畜飼育者（パストーラル）であり、力に頼ることによってではなく、その巧妙さのおかげで成功する。エサウは放浪生活者（ノーマッド）で、狩猟と略奪によって生活している。そして狩猟放浪者が最初の占有者であったけれども、前者は家畜飼育者に場所を譲らねばならない(3)」と解釈し、ヤコブはパストール＝牧羊者で、エサウはトランスヨルダンの荒地のノマッドとして棲み分けをしていったのである。

牧羊文化の登場はシリアの地で、前三千年紀ごろ、非セム系のザクロス山脈沿いの移動、南方からセム系民族の大移動、北方からはアーリア系の集団の南下が開始され、民族交流の交差点になっていた。ここで敵対的関係をこえた労働様式の授受、融合が形成され、牧羊文化が誕生した。この融合のベースは、ヤギとヒツジの同時飼養であったと考えられる。ヤギとヒツジは偶蹄目、ウシ科のヤギ亜科属に分類される動物である。ヤギとヒツジの相違は、生態学的な側面から生まれてくる。ヒツジは草食動物で、疎林に安住することを好む。ヤギは芽食動物で、草よりも低木を好み、灌木が豊富な高木限界線をこえた高山地帯や乾燥地帯に適した動物である。人類にとっては、ヒツジは肉の美味と脂肪と羊毛が魅力的であり、ヤギは酪農用動物として尊重される。私は、加茂儀一、並木浩一、それとゾイナーの説を参考に家畜化を考えた。

「ヤギとヒツジは、その飼料の種類で全く異なる環境に適応しており、これはヤギ亜科属の動物が棲みわけ的に進化していった結果であろう。同一地域内を標高的に、また餌の種類別に棲み分けていった結果なのであろう。そうした空間的な棲み分けの結果の種を、異なった地域で家畜化し、それを同一空間内に同時飼として統一化していく。そういう方向性がイラン高原から登場してきたのではないか。その担い手を加茂はウラル・アルタイ人種と考えているが、並木のひかえめな推察に従い非セム系住民と考えるべきであろう。

加茂はもう一点、紀元前三千年紀に始まる乾燥化が与えた影響も考えるべきだと主張している。この乾燥化で森林がサバンナに、サバンナがステップにという変化をひきおこし、ヤギの性格が再評価されるとともに、ヒツジの飼養の西漸が進行した。ゾイナーは前二千年ごろにメソポタミアに五品種のヒツジが到着したと指摘したが、それはトルキスタン系のユーリアル種である。飼養基盤の生態環境等の変動に対応し、ヤギとヒツジの同時飼いが確立されていったのである。(4)」

松原のトルコ系遊牧文化の調査によると、ヤギは姉妹二人が潅木地域を回遊するべく、朝出発し、夜帰着する形で飼育する。ヒツジは頂上の下の草原に夕方群れを導き、狼害を防ぐために銃を持ち、寒さ対策としてケベネックを持参する屈強の牧夫が管理する。二畜同時飼いは、家族内の性別、年齢別分業によって可能なのである。

この牧羊文化の系譜的位置づけを考え、私はソビエト科学アカデミー版『世界古代史』の前三千年紀の文化分布図と、前二千年紀の文化分布図（図3－1）の比較検討から次のような推論を得ていた。

「遊牧文化の展開は、このヤギとヒツジの牧羊を中核とし、これにウシ、ウマとラクダの三畜を加え、五畜構成で行なわれていく。そのなかで、草場を中心とした言葉の意味のとおりのパストールとしての牧羊から、群れを管理することを中心とした牧羊、すなわちシェパードとしての牧羊への展開が行なわれるようになり、その行動範囲の拡大とともにウマとラクダの役割が高まり、遊牧文化へと発展していくのではないだろうか。しかし、パストールとしての牧羊と、シェパードとしての牧羊についての理解は、草原農法の理解をふまえないと得られない。今、ここで言いたいのは、中央アジアを視野に入れたとき、狩猟文化との接点はないということである。私は、ベドウィン型遊牧民は、ヤコブ型牧羊文化が、エサウ型狩猟・放浪生活の中にラクダと結合して昇華していくときに歴史的に誕生してくると考えたい。また中央アジアでは、アラル海のケルテミナル狩猟・漁撈文化がアンドロノヴォ草原農耕文化で排除された後、その草原農耕文化の分解の中からスキタイ系遊牧文化を誕生させてくる。その際、ゴビ・オルドス砂漠からのカラスク文化の影響が考慮されねばならない⑸。」

2　草原農業様式の展開

サウアーが主催した「地球表面の変化における人類の役割」という国際シンポジウムで、ウィズマンが

図3－1　前2千年紀の文化の分布図

1. 殷国家　2. 竜山文化　3. 貝塚狩猟漁撈諸族　4. グラズコヴォ狩猟漁撈諸族　5. アンドロノヴォ農耕諸族　6. 木郭墳農耕文化　7. シギル文化狩猟・牧畜諸族　8. アバシェヴォ狩猟・農耕諸族　9. ファティヤノヴォ牧畜諸族　10. ドニエプル河牧畜諸族　11. 後期トリポリエ文化　12. マコロヴォ文化農耕諸族　13. ラウジッツ牧畜農耕諸族　14. スイス杭上集落　15. ドナウ杭上集落　16. ポー河杭上集落　17. 東ピレネー諸族　18. 南バルト牧畜農耕諸族　19. 東バルト牧畜農耕諸族　20. 南ギリシャ初期国家　21. トロイ　22. 前方アジアの諸国家　23. 古代エジプト　24. カザフカス牧畜農耕諸族　25. アナウⅡⅢ型　26. タザバグヤブ農耕牧畜種族　27. ハラッパ文化

出所：ソビエト科学アカデミー版『世界史古代2』612頁より作成。

注目すべき報告をしていた。彼もサウアーの『農耕の起源』の影響を受け、ベンガル湾岸の森林農業からの農業の展開を報告しているが、東イランの山麓丘陵地にヤギ、ヒツジとムギのステップ農業の成立をみている。その様式を次のようにみている。

「家畜を飼養することは、穀物生産と同じ位重要性をもつものである。軽森とステップの間の疎林ステップでは、飼養する農民 herding farmer、あるいは農耕する飼育者 farming herdsman という生活様式が、“乾燥地帯”の大部分と軽森林の周辺部にひろがっていった。そして植生環境の状況にしたがって、ここで

図3－1　前3千年紀の文化の分布図

1. 仰韶文化　2. 熱河文化　3. 竜山文化　4. ロブノルタリム盆地文化　5. アファナシェヴォ狩猟漁撈諸族　6. キトイ狩猟漁撈諸族　7. ケルテミナル文化狩猟漁撈諸族　8. アナウ第1文化　9. 北西インド農耕集落　10. エラム農耕諸族　11. シエンガヴィト型農耕集落　12. 原ヒッタイト諸族　13. トロイ第1文化　14. ドナウ下流農耕集落　15. トリポリエ農耕諸族　16. 横穴→竪穴墳文化　17. ボルタフカ農耕諸族　18. 北カフカズ農耕諸族　19. マイコブ農耕・牧畜諸族　20. テイサイ農耕・牧畜諸族　21. モラヴィア農耕民　22. マケドニア農耕集落　23. ギリシャ農耕諸族　24. 南イタリア農耕諸族　25. 古代エジプト　26. シュメールアッカド文化

出所：ソビエト科学アカデミー版『世界史古代1』320頁より作成。

は牧羊的 pastoral に、あそこでは農業的 agricultural になっていった。多くの場合、農業者と家畜飼養者の間に、鋭い部族的分離ということはなかった。農業のこの二つの分枝のかたわらで、ヒツジやヤギをもった群れ飼養遊牧 herding nomadism が草原農耕から枝別れしただけでなく、その最初の様式から独自に広がったとも考えられる(6)。」

フィリップスは、黒海北部のトリポリエ文化（混合農耕文化）からの東漸運動のなかで、草原農業が確立されたと主張していた。私はそれを次のように要約していた。

「先に私はフィリップスが、トリポリエ文化と遊牧文化の系譜的な非連続性を指摘したことを注目すべきだと述べた。そして横穴墳ないし竪穴墳文化が、ブタから離れ、牧畜民化していくことに注目した。その文化に接してアンドロノヴォ文化が誕生してきたのであるが、まさにアンドロノヴォ文化は草原農耕文化なのである。ユーロポイドは、混合農耕文化から草原農耕文化へと農業様式を変容させていくことによって、東方への移動、拡散をすることができたのである。この展開も、ステップの風土的条件に合わせて、パストールからシェパードへと牧羊形態を変容させて行なわれるとウィズマンは考えた。(7)」

ここで語義を少し述べておきたい。Pasture の本来の意味は牧草地である。その牧草地でヒツジの番をする牧夫をも意味するようになった。Shepherd は、語源的には sheep と herd で、ヒツジの群れのことである。そのヒツジの群れを見張ることから、牧畜者をも意味するようになった。pasture の第一義は牧草地の豊かさに求められ、移動の範囲は狭小である。砂漠ステップへと変化するにつれて、草原密度が低下するために、移動空間を広げねばならない。このために shepherd が誕生し、群れの管理が必然化する。ヒツジは、集団で移動する本能に欠けるので管理が必要になる。その管理の補助役として牧羊犬が訓練された。牧羊犬はインドオオカミを祖として家畜化されたといわれている。

私は、ウィズマンとフィリップスの説を尊重しつつ、殷文化の影響を受けたカラスク文化との融合をも考慮して、次のような視点を提示していた。

「草原的風土への展開は、全く新しい牧羊文化を誕生させていった。これは二重の展開であった。第一段階は前四千年紀に、コペトダーク山麓型の農耕文化が天山山麓伝いにオルドス方向に向かって浸透していった展開である。これはアルプ経済を基礎にした農耕文化の系譜である。第二段階としてトリポリエ文化の東漸がはじまった。これは、混合農耕文化から草原農耕文化へと農耕文化を風土的に馴化させつつ行なわれていった。この展開は短頭型ユーロポイド亜人種によって担われていた。これまた〝草原の道〟を伝って、オルドス方向に浸透していった。これはジュンガル盆地では先の農耕文化の系譜と交錯する。このアルプ農耕文化とステップ農耕文化の融和・混合した様式は、アルタイ山脈をこえてモンゴル高原にまで浸透していく。本格的な砂漠ステップへの草原農耕文化の展開である。その展開の過程でシェパード型牧羊文化が誕生してきた。ウィズマンが北東チベット文化の初期段階にはこの型の牧羊形態が確認されるというのは、この文脈においてではないだろうか。そうした新しい類型の牧羊文化を基礎に、オルドス地方からカラスク文化の奔流が形成されたものと考えられる。

前一千年紀初めのアンドロノヴォ文化Ⅲは、カラスク文化と合流する。カラスク文化の浸透はシェパード型牧羊文化の発芽でもあった。シェパード型牧羊文化には解決すべき問題が出てくる。第一は群れの掌握力の昂揚であり、第二は機動力の拡大である。シェパード型牧羊文化が拡大すればするだけ、この課題の解決に迫られてくる。この課題解決のなかから騎馬遊牧文化が登場してくるのではないだろうか。(8)」

古代文明世界の空間規模は、草原農耕文化を基礎とする遊牧文化の登場で、連携しつつ拡大し、空間統合の原理をも変容させていく。

3　騎馬遊牧文化の誕生と軍事集団

ここではラクダ遊牧文化ではなく騎馬遊牧文化を問題にする。そこで問題になるのは、騎馬技術の登場である。その導入によって、前一千年紀の初頭に位置づけられるサカ文化や、スキタイ文化が騎馬遊牧文化の初発と考えられ、騎馬遊牧文化は西方からもたされたという通説が成立している。その馬はターパン馬を基礎に組み立てられている。この説は次のような筋道で登場してきた。
シュメール人による重戦車の採用は、軍事力を高めたが、輻のない車輪とロバ使用の車は機動力に欠けていた。これに対し北部シリアに侵入してきたアーリア系人種が、輻のついた軽戦車をウマで引かせる戦術を考案した。北西イラン高原にいた「牧主好戦の山の民族」が、森林の多い傾斜地での戦闘に適した騎馬戦法を編みだした。この「山の民族」は騎馬遊牧民にはならなかった。これが西方起源の騎馬技術である。

馬の原馬についてブルジェワルスキーが蒙古馬の原生種を発見したことで、東方起源説が登場してきた。これはトナカイ馴化の歴史に依拠して出てくる。前一万年頃の遺跡からトナカイ橇《そり》の利用の図が発見され、トナカイ・スキーによる狩猟が行なわれていた。そして山岳地方では肩橇として、トナカイにまたがって誘導する騎乗技術がうみだされていた。その騎乗技術を馬に移したというのである。ターパン馬を基本とするスキタイ系騎馬遊牧文化の誕生と、蒙古馬を基本とするアンドロノヴォⅢ・カラスク系騎馬遊牧文化が、前一千年紀から大草原地帯に展開しだしたのであろう。

岡崎敬は、ヨーロッパ人の立場から東方からの歴史をみると、「中央アジアから打出の小槌のように、たえず新たな遊牧民がのりだしてくるのであった」(9)と評している。グルセは、スキタイ系遊牧文化は、東トルキスタンへの移動とともに東進し、中国文献で月氏と称される一大勢力を甘粛の地に確立したが、匈奴の出現によって駆逐された事件に、重大な意味を読みとり、「騎馬遊牧民の逆流化」現象と定義している。具体的には、追われた月氏はフェルガーナに進入してくる。するとフェルガーナを支配していたサカ族はバクトリアに侵入せざるをえなくなり、他方ではイラン方向に進入し、クシャーナ王朝としてインド史に登場してくる。匈奴の加えた圧力は、遠くまで影響を及ぼすことになった。これ以降、蒙古起源の騎馬軍事集団は、四方に影響を与え、世界史の数頁を彩ることになったのである。

この騎馬軍事集団は、独特の牧馬文化によって支えられていた。スキタイ系遊牧文化は遊牧民国家とは言い難いが、匈奴は最初の騎馬遊牧民国家であったと評価されている。その物質的基礎は、遊牧経済だけでなく、牧馬文化であった。ウマの大量飼育の技術による軍事集団の形成であった。私は次のようにその考え方を述べていた。

「ウマを群れごと管理するためには、牝と牡の頭数比の安定化が必要である。このために牡の屠殺が行なわれ、食肉供給の役目を果たしていた。そのうち去勢による牡の抑制が行なわれ、飼養頭数の増大に寄与するようになった。この去勢された闓蓄《うんちく》の使用が考案され、騎乗用に位置づけられた。これが騸馬騎乗である。この騸馬騎乗によるウマの群れ管理は牧馬、すなわちウマの放牧をうみだした。このウマ放牧による騸馬生産の飛躍的発展は、騎馬集団の規模を大きくする。すなわち、騎馬軍事力の拡大は騸馬生産能力によって支持されるのである。

このウマ放牧は、草原ステップではなく、天山、アルタイ山脈からモンゴル高原にかけての重草原を本場としている。騸馬供給に支えられたモンゴロイド系騎馬集団は打ち出の小槌のように飛び出してくる。匈奴をトルコ系人種であるという説を受けいれると、最初にトルコ系人種の騎馬遊牧民が飛び出してくる。その西遷の後には、次のモンゴル系が優勢を占めてくるようになる。西遷していく騎馬遊牧民は騸馬供給を絶たれていくので、騎馬遊牧民的性格を薄め定住民化していかざるをえなくなる。これが中央アジア史のなかのトルコ化の基本要因であろう。したがってグルセのいう民族の逆流は、トルコ系遊牧民の逆流であったのである。(10)」

前三千年紀には、アファナシェヴォ狩猟漁撈民諸族、キトイ狩猟漁撈民諸族、ケルテミナル狩猟漁撈民諸族として空間的に分離していた大草原・砂漠の広域空間は、草原農耕文化の確立によって大きく包摂されていった。人類は、地球上の異なる環境に対し、それに対応する労働様式を生みだして、人為的環境として包含していく。この草原農耕様式は、シェパード型牧羊文化の上に遊牧文化を誕生させていっただけでなく、次のオアシス農耕文化をも分出させていくのである。

三　ペルシャ帝国システムの形成

1　オアシス農耕文化の基礎

西アジア及び中央アジアの地理的性格を問題にする時、必ずといってよいほど砂漠とオアシス都市が出てくる。そして砂との戦いに負けたというオアシス都市の滅亡論に落ちつく。私はそのロマンチックなオアシス論に違和感を持ち、私自身をその中に置いてみなければならないと考え、次のような旅をした。北から順に並べてみる。

①アルマアタ、②フェルガーナ・コーカンド遺跡、③タシケント地震碑、④サマルカンド・ペンジケント遺跡、⑤ブハラ・イスマイル・サマニ廟、⑥ウルゲンチ・ヒバ遺跡、⑦ドシャンベ、⑧アシハバード・ニサ遺跡。

この過程でいろいろの感懐を得たが、ブハラのサマニ廟での直感を述べたい。私は松田寿男がこの廟を中心に、ブハラが砂漠の中の孤立したオアシスであることを記述していたので、松田が立ったと思われる場所で周囲を観察した。その時の強い印象は、コチンコチンの粘土の上に立っていることであった。その他のオアシス都市をみても共通にみられたのは、粘土の上の都市、建築物一切が粘土、都市を取り巻くチ

図３－２　チュラン平原のタキール分布

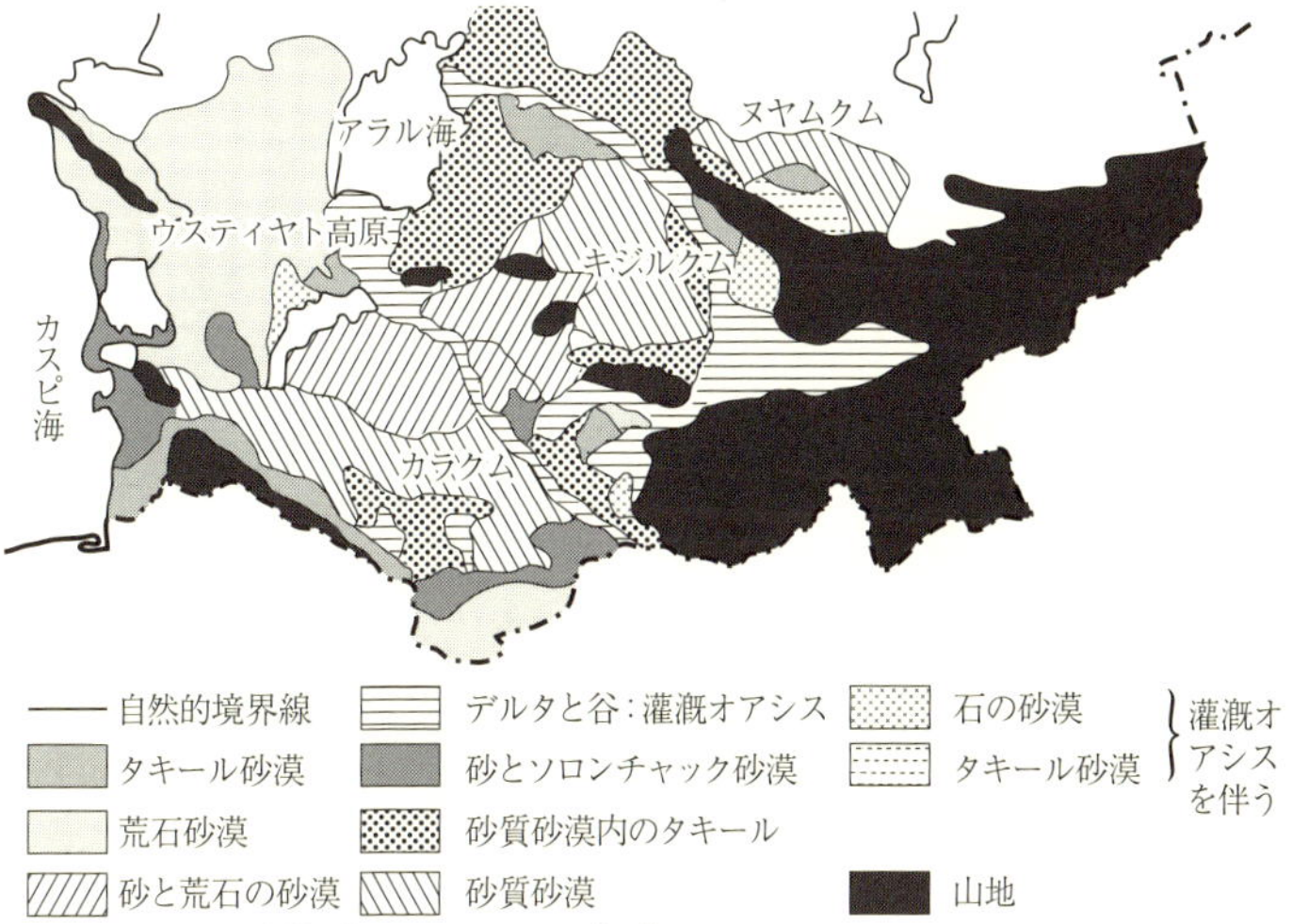

出所：BRICE，前掲書，p.321 より作成。

ユーネン圏様の近郊農業もすべて粘土の上にあった。そして日本での読書中に理解しがたかったタキール砂漠という砂漠は、薄い粘土層が亀の甲のようにヒビ割れている砂漠であることが分かった（図３－２）。ここでゲラシーモフの説(11)を要約して紹介しよう。

「最も新しい地質年代に湿潤な時代から高温乾燥時代への転換があり、湿潤時代に形成された大山脈中の豊富な氷河が、一挙に融解する時代へ移行した。この結果、山脈の山麓の河川の出口には、一列に並ぶ扇状地列が形成され、その扇状地先の平坦砂漠地にまで沖積化が押し出していくことになった。その氷河からの押し出しの流れは、アラル海だけでなく、アム川がカスピ海に注いでいた時代には、ウズボイ川に流れだし、サリーカミッシュ低地のタキール形成を行なうほどの力をもっていた。またシル川とアム川の河間地のタキールを作りだしたのである。シル川は天山山脈の氷河と関係し、大粘土沖積層を形成したのである。

これに対し、ザラフシャン川は、アム川に注ぎこむ前の砂漠地で内陸デルタを形成した。すなわち地殻平衡運動による地盤沈降地へ流れ込んだ川は、本流に達する以前に、その凹地で沖積デルタを形成したのである。ムルガブ川もテジュラン川も同様で、このような内陸デルタにブハラ、メルヴといったオアシス都市が成立するのである[12]。」

私はネパールのヒマラヤ偵察トレッキングの時、インド平原からゴルカ族がヒマラヤ地域に侵攻してきた時、彼らは粘土傾斜地の水田稲作、粘土壁家屋をベースとして進んでいることを感じ、インドアーリヤンの粘土文化に驚いた経験をもっていた。中央アジアのオアシス都市文化に接したとき、ヒマラヤまで連なる粘土文化と判断したのである。また後氷期の氷河融解の大洪水説は、今ガンジス河流域の砒素汚染調査をしているが、砒素を含む沖積粘土層の溶出を検討し、同じ年代の地層であることと関連していると感じている。

このオアシス農耕は種々の形態をもっている。その説を参考にしつつ前に進んでいこう。さしあたって二人の研究者の分類視点をみてみよう。第一は先述の松田の分類である。氏は中央アジアのオアシスをステップのオアシスと砂漠のオアシスに分類される。ステップのオアシスの典型としては山脈の山麓に存在するもので、コペトダーク山麓のアシハバート、天山山脈のアルマアタがあげられる。砂漠のなかのオアシスは、サマルカンド、ブハラ、ヒヴア、メルヴなどが典型的な例としてあげられている。タリム盆地のオアシスをはじめ、オルドスに連なるオアシスも砂漠のなかのオアシスと考えられている[13]。

第二の分類者は間野英二で、水の供給形態からオアシスを分類される。それには三つの分類があった。第一は河川の水を利用したオアシスである。中央アジアには高山の雪どけ水を集めている河川があり、それを利用するオアシスである。サマルカンド、ブハラ、タシケントなどで、灌漑水路を設け、貯水池を作って最大限の土地利用を計っている。第二は泉水を利用したオアシスで、アレクサンダー山脈北麓の〝千泉〟がその典型である。第三はカレーズと呼ばれる人工地下水路を利用するオアシスである。間野氏のオアシス観は次の通りである。

「オアシス社会の発展は、この貴重な財産（水）を、人間がいかに有効に活用するかという、人間の自然に対する努力に負っている。オアシスが時に砂漠につくられた人工の島と呼ばれるのは、その故であり、現在も中央アジアの砂漠に残る廃墟は、人間と自然との戦いにおいて、人間が敗れた戦いの記録であるといえるであろう。[14]」

2　オアシス農耕文化の東進

中央アジアで発展しだしたオアシス農耕文化は、ステップ農耕文化にくらべ格段に高い生産力水準をもち、自給自足的経済圏をもつ都市を形成していった。その発展は、人口増加と地域の扶養力の矛盾をもたらしたが、その解決としては分封の形をとらざるを得なかった。粘土沖積地への分封である。その粘土沖積地は、天山山脈などの盆地状の山麓にみられた。パミール高原を含む山脈列は、人間の交流を遮断する壁ではなかった。フェルナガとカシュガル、サマルカンドとヤルカンドやカシュガルを結ぶ古道は、牧馬文化人のルートであったにちがいない。中央アジアのオアシス農耕民は天山山脈やパミール高原の稜線からタリム盆地を眺望した時、分封の可能性を感じたにちがいない。漢書『西域伝』ではこの地域に、三六国のオアシス都市国家が成立していたことを伝えている。私は、その背景の地質を次のようにとらえていた。

「パミールをこえてタリム盆地に入ってきた人は、そこに一つの特徴ある地形を見出す。崑崙の北側山麓には、その全長にわたって礫石の緩斜面が四〇マイルの幅をもって連続し、全くの荒地を作っている。その礫石帯の中をケリヤ川やチェルチェン川などの大小の河川が流れ、礫石帯下の砂漠へと流出している。そこにオアシス都市やその遺跡が見出される。天山山脈の南麓にも、崑崙ほどの模式的規模ではないが、同様の景観が展開している。[15]」

問題は礫石帯下へ流出してきた川にオアシス都市が立地しているその要因である。保柳睦美は「ケリア・ニヤのオアシスとテラス斜面」の地図を提示し、次のように述べていた。

「万年雪にその水源をもっていても、山地内の流域面積が小さいものは、山麓で伏流となる。この種の川でも、山地から出たばかりのところにはオアシスをもち、したがって小オアシスがいくつも横に並んでいるところがある。……下部には幅広い緩斜面が付属し、この表面の傾斜および構成物質からみて、近頃は山麓礫石帯と呼ばれるものに当たる。

このように平地の大オアシスとテラス頂部の小オアシスとは性質が違っていて、前者は扇状地というよりも、むしろデルタの性質をもつ堆積地である。そして主な道路は、このデルタ・オアシスを連ねている。[16]」

保柳はもう一図、「タリム盆地周辺山地の雪原と山麓オアシス」図（図3－3）を提示している。その図を見ると、雪原の大きさの関係からオアシスの規模は西の方が大きく、東に行くに従い小さくなる傾向が示されている。逆にいえば、東の方がオアシス成立の条件がきびしく、オアシスの遺跡は東に行くほど砂漠に敗れたとしてロマン性に富むことになり、日本人のオアシス・ロマン物語を生むことになっている。こうして東に行くほどオアシスの規模は小さくなり敦煌で南北オアシスが合流し、そこでオアシス文化圏は閉じている。

しかし、もう一つイラン高原に向かうオアシス農耕文化の拡大の道があった。岡崎正孝は、次のように

図3－3　タリム盆地周辺山地の雪原と山麓オアシス

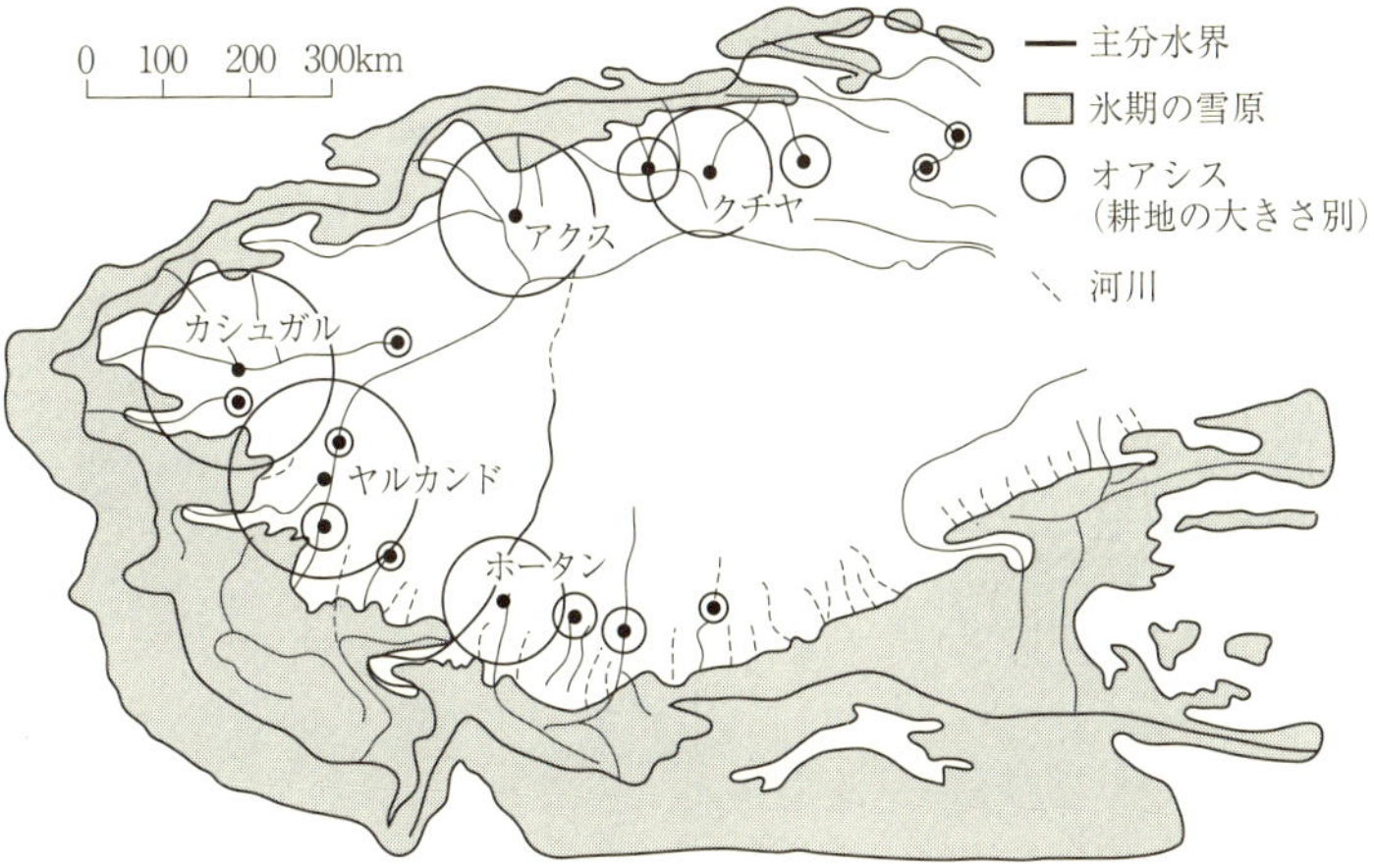

出所：保柳睦美，前掲書，174 頁より作成。

「カナート革命」を述べている。

「初期のカナートは、地下水面が浅い山間部で掘削され、……乾地農法可能地域において、収量の安定ならびに増大のために用いられたのである。この種のカナートはアケメネス朝以前にすでに存在していた。しかし乾地農法が不可能な高原地方の山麓の扇状地にカナートが進出し、従来不毛地とされていた土地に営農活動が可能となったのは、換言すれば〝カナート革命〟とも呼ばれる時代に入ったのは、アケメネス時代になってからであろう[17]。」

私はカナート文化を次のように述べていた。

「カナート・オアシス農業は、扇状地の扇頂部に近い場所に母井戸（マーダルチャー）を選定し、堅坑掘削で扇状地を漸進し、水路の横坑を貫通させ、扇状地先端に出水口（ハランジュ）を設け、粘土質平坦地に導水して灌漑農業を行なう様式である。このオアシスの様式は、私たちがサマルカンドやフェルナガ盆地で理解してきたオアシス類型と土地利用形態としては全く同一である。ステップ農耕文化が分解し、民族移動を余儀なくされていくなかで、インドアーリヤンは、中央アジア平原でユニークなオアシス農耕様式をうみだしたが、その系譜からイラン高原をみた時、イラン高原盆地を取り囲む山地の山麓に利用可能な地形を発見したはずである。そして、先住民が傾斜地の導水技術として採用していたケイに注目し、これを地下導水の形に発展させることによって、トンネル形式のカナートが登場してくる。この導水技術を扇状地先端粘土沖積地に結びつければ、オアシス農業が誕生してくる。カナートは、ケイにみる原始的河川灌漑と、ウラルトウ王国の石工文化、中央アジアオアシス農耕の粘土文化の結晶として誕生したといえよう。[18]」

3　接合社会構成体としてのペルシャ帝国

ペルシャ人は、イラン高原北部山脈の東部から侵入してきたオアシス農耕民で、カナート型オアシス農業を固めつつ、支配力を高めていった民族である。彼らは、アッシリア帝国や新バビロニア帝国の専制暴力的支配に打ち克って、新しい型の帝国システムを創建していった。この推移を私は次のようにとらえていた。

「アッシリアとバビロニアの確執は、大河川灌漑文明を継承するバビロニアに対し、牧羊文化の影響を受けつつ、それを制限的に受けとめるアルプ型経済のアッシリアとの文化接触闘争であったともいえる。バビロニアの河川への牽引性格に対し、アッシリアは移動の自由性をもち、優位に立つことができた。そのアルプ経済圏に進入してきたのが、南ロシアからのスキタイ遊牧文化であった。それは騎馬遊牧文化に展開しつつ、南下勢力としての圧力を加えていく。これとは別のアーリア系が、イラン系として東方から進出してきて、独自の農業様式を開花させていく。カナート・オアシス農耕文化への潮流である。最初はメディア人が先駆を切り、ついでペルシャ人が登場し、カナート・オアシス農業を完成させていく。この農耕様式にたち、家畜飼育者としての性格の延長上に騎馬技術を導入し、〝良き馬と良き人にめぐまれたパールサ〟の強味を出して史上最初の大帝国を実現していったのである。[19]」

ペルシャ国そのものの国家構成は、ヌマーナ＝家族、ウイス＝氏族、ザントウ＝部族、ダフユ＝種族を基礎としたダフユ連合体として組織されていた。その理念として、共同体原理としてのミスラ神、連合の理念としてのアフラニマスダ神を祈った。この連合をベースに、西はアナトリア高原を通りエクソスに至る「王道の道」、エジプトからバビロンを通り、イラン高原を貫通してインダス川に至る道、首都のペルセポリスからイラン高原に向かう三本の街道を整備する大帝国を形成したのである。そしてペルセポリスの北にパサルガダイを建設し、新しい王の即位の聖礼式が行なわれ、帝国内諸侯国の謁見が行なわれた。

この帝国の凝集力は二段階で築かれたという。第一段階はキュロスの政策で、「寛大で慈悲深く、征服した領土を強制的にひとつの鋳型にはめこもうとする」ものではなく、「被征服王国のそれぞれの組織をかえないでおこうとする賢明[20]」なものであった。いわゆる高潔な人徳で被征服国を統治する政策であった。第二段の政策はダリウスで、キュロスの帝国構造の枠組を継承し、それをハードな政治組織で固めるものであった。それは、サトラップ制（大守領方式）の強化、貢納制の確立、道路や灌漑事業の公共事業の推進、貨幣を導入した交易体制の拡大という四本の柱で推進された。とくにサトラップ制は、サトラップの高級官僚や特権職にはペルシャ人のみを任用し、貢税の負担を免除し、王に対する忠誠関係を強化することを目的としていた。これによって、ダフユ連合的なペルシャ人の関係をもとに同君連合的な国家体制を作り、アジア的専制体制の先駆形態を創出したのである。

東洋的専制体制の第一号的性格があったとしても、その中心国の生産力水準は必ずしも高くなかったのではないだろうか。私たちが常識的にもっている支配者、それは高い生産力の担い手であるという認識は、ペルシャ帝国には通用しないように思われる。いわゆる経済的審級による諸生産様式の社会構成体化はペルシャには適用しないように思われる。私は、ペルシャ帝国を接合社会構成体として次のように結論づけていた。

「ペルシャ人が被支配民族を帝国に編入していくとき、各民族の法制や慣行が尊重されるということは、各自の生産様式はそのまま維持されるということを意味する。ペルシャ人は独自のカナート・オアシス農耕文化様式をもって、諸生産様式を編成し、接合していったのである。その際、接合の契機は仁徳や中央官僚機構という政治審級に求められている。この政治審級の接合の権力が、必然的に東洋的専制体制に導くのではないだろうか。[21]」

しかし、経済的な共通の利益が認められていたと思う。アナトリア高原を通る「王道の道」は二六八三kmで、一一一の宿駅で連担されていた。これは、支配のための官僚の宿泊施設というよりも、現代のイスラム圏に残っているサライ的性格をもっていた。輸送手段としては、馬とラクダを使用する隊商を組み、広域的な交易を許容する道路整備が行なわれていた。先に貨幣を流通手段とする交易が、四本の帝国政策の柱の中に位置づけられていたが、これは経済的審級からみて見逃すことができないペルシャ帝国の特徴である。この広域的経済関係を継承する世界が除々に頭を持ち上げていた。ギリシャである。ギリシャがペルシャを破る戦いの基礎には地中海式農耕文明があった。

四　地中海世界の形成

1　地中海式農業の登場

ギリシャ史は、ミケーネ時代、暗黒時代、アーカイック期、古典期、ヘレニズム時代に区分される。ギリシャ人の祖先は、まず前一九〇〇年頃バルカン半島に侵入し、クレタやエーゲ海域を支配した後、前一六〇〇年頃ミケーネの遺跡をギリシャ本土に残すことになった。クレタ島で成立したミノア文明とは、どういう種族が、どういう農耕様式を営んでいたのか。そこの解明にギリシャ文明の切口が見出される。

クレタ島は、ギリシャ多島海最大の島で、東西二六〇㎞、南北六〇㎞の細長い島で、東西に走る三つの山塊が連なっている。山岳地帯には糸杉やひのきが茂り、牧地に適するカルスト地形の台地が中腹にあり、平地では穀類、オリーブ、ぶどうなどが栽培されている。この島の上にミケーネ社会が成立していたのである。その文化の担い手は、ナイル河河口から渡ってきたリビア系人という説もあるが、パレスチナ人という説が有力と考えられている。太田秀道は、ミケーネ社会の農業の姿を次のように述べている。

「ヴェントリスは、ミケーネ時代において最も重要な農産物が大麦・小麦・豆類・オリーブ・イチジク・ぶどう・アーモンド・梨などであることを明らかにした。文書でも古典期のギリシャによく知られているものが見られる。[22]」

私は、デニス・ベイリーの旧約聖書の理解に、ミケーネとの共通性を感じていた。旧約聖書では、カナンの地の農作物について次のように述べている。

「主は答えて、その民に言われた。『見よ、わたしは穀物と新しい酒と油をあなたがたに送る。あな

たがたはこれを食べて飽きるであろう。』（ヨエル2＝17―19）
　以上の三種類の産物がひとまとめにされていることは、これらがこの土地の農業でどれほど支配的であったかを示している。[23]」
　これ以外の作物として豆類、イチジク、ザクロ、アメンドウなどがあげられ、ヒツジ、ヤギの家畜（ミクネ）を飼育する牧羊生活もあげられていた。ベイリーの提案は、それらの作物の組合せは、パレスチナの雨量係数が三〇から五〇㎜の高地と山岳地域の「地中海区」にみられ、森林だった場所にはオリーブを、潅木林地にはぶどう、草原には小麦、大麦を植えて開発されていった。イスラエル人は、この高地性にこだわり、植民していく時もこの地形以外を考えなかった。パレスチナからのクレタ島への移住者は、クレタ島の地形と雨量に、カナンの高地性との共通性を見出し、同様の農業様式を確立し、前一七〇〇年頃クレタ最盛期（第二宮殿時代）を創出した。
　このクレタ島の宮殿は、前一四〇〇年頃破壊されたが、その侵入勢力がミケーネ人であった。古代ギリシャ人は前一九〇〇年頃、北方から侵入してきた草原農耕文化人で、前一六〇〇年頃からミケーネ文明が登場し、前一四・一三世紀前半頃ミケーネ時代の最盛期をつくる。その活動範囲は、小アジア、シリア、トロヤばかりか、西方のシシリーにも取引があった。この時代の線文字Bを解読したヴェントリスが、前述のようなミケーネ時代の農作物名をあげたのである。ミケーネ文明を築いたギリシャ人は、クレタのミノア文明に学び、それを継承していった。その一つが、ミケーネの古代遺跡であるミケーネ城跡＝アクロポリスである。後述するhilltopポリスの典型を示している。村田数之亮は、「山塞のようなこの城塞から、ミケーネ王はこのアルゴス平野の富を支配し、アルゴス湾に出入りする船をおさえて、強力な王国をつくっていた[24]」であろう、と感想をのべている。私は地中海世界把握の視点を次のように述べていた。

「地中海農業の展開は、丘陵地的性格の農業様式として誕生してきた農業様式が、その性格を変化させつつ、新しい亜地中海式農業をうみだす人種の登場により、全地中海的規模に拡大していったという構図にならざるを得なくなる。単一系譜の担い手による民族移動的拡大ではなく、多くの系譜の民族が、地中海式農業の独自の作物構成の豊かさを、自分たちが定着した風土に即して変形させていく、そういう具体的な姿で歴史的展開をしていったように考えられる。その視点に立って地中海の歴史をとらえなおしてみるとき、地中海世界の流れが一つの文脈の中に整合的に包みこまれるように考えられる。」[25]

ミケーネ時代は、前一二〇〇年頃から衰滅する。第一の理由は、北方からドリア人系の侵入があり、ミケーネ社会の都市国家を次々と征服していったことがあげられる。第二にミケーネ社会はこれに対抗する統一戦線を組みえなかった。それどころか、各都市国家の交易圏の競合、海賊による略奪で、社会体制の弱体化が起こっていた。この結果、前八〇〇年頃のポリス出現まで暗黒時代に入る。

2 ギリシャ社会への展開

暗黒時代からポリス社会が登場してくる契機については、史学の世界でも謎に包まれていたが、トインビーは心髄をついていた。彼は「暗黒時代は建設的業績の時代であった。その時代が目にしたのは、高地の牧羊者に対する低地の農民の勝利を通しての、エーゲ海における秩序の回復であった」[26]と述べる。パウンズは、その姿を具体的に次のように述べている。

「低地定住は、沢山な村落的定住の共生の産物であった。それは、それがとって替った丘上定住よりも大きかった。多くの低地都市は、その核として要塞、あるいはアクロポリスをもっていた。そのアクロポリスは、平野の標高よりも高い丘の上に立っていた。多くの場合都市は、そのアクロポリスとある自然的な関係を保持していた。……後の市は、低地の上に建設され、耕地へは容易にいくことができた。共生化の過程と丘から谷の平坦地への移動はともに、穀作農業の重要性が増大することに対し、拡散した定住を要求する牧羊経営の減退が起こったことと結びついていたのであろう。[27]」

要するにミケーネ社会の丘陵地性地中海式農業から、アテネ型の低地性地中海式農業への転換であったのである。オースティンは、ポリス型の土地利用状況を次のように述べる。

「典型的なポリスは、アクロポリスの麓に設立される。都市の近くで、人々は市民の土地を見出す。それは個人のもので、一つあるいはいくつかの平野からなっている。この耕地をこえていくと、人は急速に丘の中へと登っていく。すなわち人は荒野に達するのである。それは共同体の所有で、牧羊にのみ適しているか、木こりが働いている森林であるかである。都市は海の近くに位置しているが、海に接していることは全くまれである。都市が港をもつときは、港はポリス型定住ではなくなっている。[28]」

低地型ポリスは、小さい川口の沖積平野と山麓丘陵地の農耕に依存する孤立的小自給的空間社会である。そこを自分たちの都市国家として定住し、都市連合の統一国家を造る指向性をもたず、同盟を結成して覇を争うことに終始した。この低地型農業は、人口の増加に対する制限性をもっていたので、その矛盾を解決するために植民活動が展開された。その展開も、本国のポリスを母市とし、娘市を建設するもので、アポイキァー（分家）と呼ばれ、個別的性格を有していた。私はアテネ社会の検討から次のような指向を提示した。

「遠心的に拡大する国際交易の世界と閉鎖的なポリス共同体に傾斜していく社会的性格は、最終的にはポリス社会の危機を招来することになる。太田の総括は鋭く、この点を次のように指摘する。『この発展はポリス共同体の多面的な変質過程を進展させるとともに、これに対する多面的なポリスの対応を要求することになり、大胆に図式化して表現すれば経済的発展がポリス共同体の狭隘性、閉鎖性と矛盾するに至った(29)』のである。秀村は、イソクラテスの言明に注目しつつ、次のように時代の推移をみていく。

『彼はフィリポスにギリシャの統一と、その上に立ってのペルシャへの東征を期待する。ギリシャ全土をおおう争乱、諸ポリス内部における対立の激化と無産市民の増大、深刻化するギリシャの現状を救う力は、もはやポリスの内部にはない。このイソクラテスの判断はたしかに正鵠をえていた。カイロネイアの戦いからコリント同盟の成立、さらにアレクサンドリロスの東征へと、その後の歴史の歩みは着実に彼の主張に沿って進んだ(30・31)』

ギリシャ社会は、ソクラテス、プラトン、ツキジデスなどの哲学者が誕生したので、私たちは理念的に高い社会だと考えがちである。しかし、外延的拡大のポリスはペルシャに対抗するためにアテネを核とするデロス同盟を結んだ。アテネは中核都市として富を集中したので、これに対抗してスパルタを中心とするペロポネソス同盟が結成され、両者の争いとしてペロポネソス戦争が戦われ、アテネは敗れた。その後、スパルタも悪政のため不評を買い反乱が相ついだ。その虚をついてマケドニアが支配権をにぎり、アレクサンドロスの大遠征が行なわれた。彼の死後、ヘレニズム時代となり、アフガニスタンにまで及ぶヘレニズム社会は三大王国に分裂し、それぞれの道を歩む。ギリシャのマケドニア王朝は、アテネやスパルタのポリス世界を維持する能力がなかった。これに対し、ギリシャではペロポネソス半島の大部分が参加するアカイア同盟と中部ギリシャによるアイトリア同盟によってポリス社会の保持を図った。しかし、ポリス型民主主義の時代は終わり、個人主義の思想が普及し、オリンポスの神々の信仰も衰えていた。こうした凋落の流れにあったギルシャに対し、イタリア半島に新しい社会、ローマが誕生していた。

3　ローマ帝国と地中海世界

私はローマ帝国の歴史を次の段階に区分して考察した。

①イタリック人のイタリア半島への移動
②エトルリア文化との接触・融合
③共和制の成立とイタリア統一
④外延的拡大、領域国家・帝国の形成
⑤ローマ帝政のはじまり
⑥五賢帝時代
⑦衰退局面の登場
⑧東・西ローマ帝国への分解
⑨西ローマ帝国の崩壊

イタリア半島に移動してきたイタリック人は、南ロシア起源のインド・ヨーロッパ語族の牧羊者であった。彼らは半島北部のエトルリア文化圏と南部及びシチリア島のギリシャ植民都市圏の中間地域に移動してきた。エトルリア人は小アジア出身で、排水と灌漑の技術を携えていて、カンパニア地域の湿地の多い平坦地に高い水準の農業様式を築いていた。イタリック人は、ギリシャの沿海性地中海式農業とエトルリアの平坦地農業の様式を受け入れて、内陸型地中海式農業様式を生みだした。ギリシャの都市ポリスは、複雑な地形で孤立分断されていた。これに対し、イタリア半島の地形は中軸にアペニン山脈が走っているが、両側の山腹と海岸平野は緩く繋がっており、そこをトリブス制で行政区分し、住民はそのトリブスに登録する制度を採用していた。ギリシャの閉鎖性に対し、ローマは開放性を当初からもって出発した。

ローマがイタリア半島を統一していく力は、重装歩兵戦術にあった。この歩兵は、日常は農業に従事し、自己負担の武装で参加する農民である。この兵力を育てるためには、トリブスに登録してくる人にたいし、市民権を与え、農地を分与してやる必要があった。こうして参加してくる市民をベースにした市民共同体がローマ社会の基礎であった。これを核として周辺を捲き込んで拡大していったのがイタリア半島の統一であった。

ローマの外延的拡大を契機づけたのは、シシリー島の支配権をめぐるカルタゴとの戦役であった。カルタゴはフエニキア人が建設した北アフリカの植民都市であった。シシリー島を同盟都市に包摂しようとするローマに対し、カルタゴが海軍力で阻止したのである。これがポエニ戦役といわれるが、永い戦いの後、ローマが勝ち属州拡大の時代に入る。最初、西地中海の覇権をにぎったが、カルタゴのハンニバルを支援したマケドニア王との戦いの後、マケドニアを属州として東地中海への第一歩を築いた（前一四六年）。そして前一一七年にトラヤヌス帝がアッシリアを属州にして帝国の版図は最大となったのである（図3－4）。

トリブスは、半島統一の過程で都市トリブス四、農村トリブス三一、計三五が設定されていた。属州はそのトリブスのいずれかに属する形で統治が行なわれた。「この属州統治は、征服への協力都市を同盟自由市ないし自由免税都市に指定し、土地は元老院直轄公有地と総督直轄公有地に分割され、徴税と公共国家事業はケントウリア制の騎士層に徴税請負人としてまかされるようになった。……ローマ市民共同体の

図3－4　西暦230年のローマ帝国

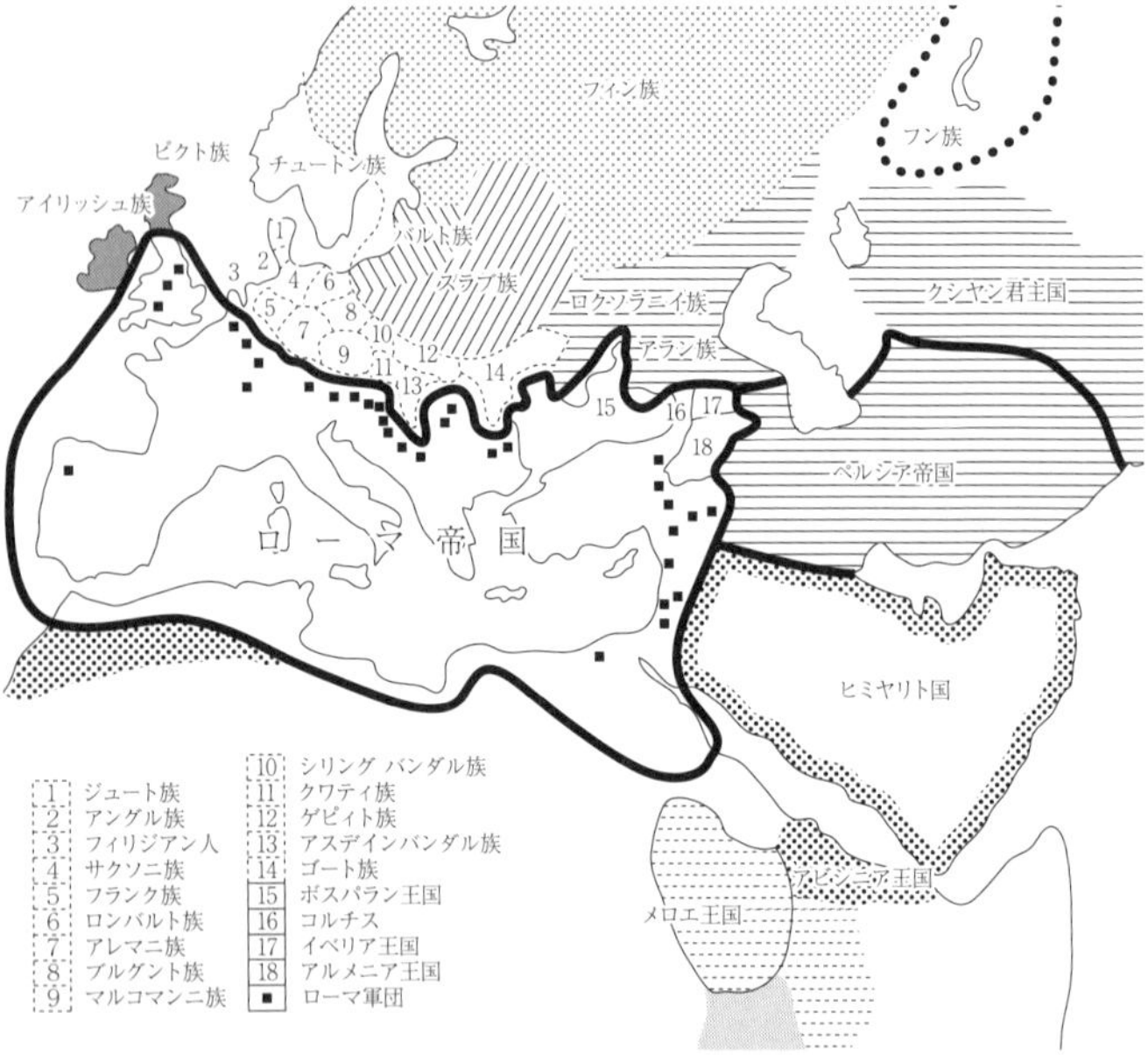

出所：*The Pengin Atlas of Ancient History*, p.83より作成。

拡大は、従属共同体内の支配層、ときには全住民にローマ市民権を与えて、支配共同体にくみいれるという形をとった。こうして地中海地方は、ローマ市民共同体による多数の従属共同体の支配構造としてまとめられ、地中海世界という単一世界を創り上げたのである[32]。」

しかし、ここに一つの落とし穴があった。拡大していく属州には、ローマから遠く離れた州も増加してきた。兵制の改革があり、属州の兵は、将軍をパトロヌス（地主）とする小作人のクリエンテスによって構成され、自給自足経済体制を確立しなければならなかった。ガリア地方を考えても、ぶどうの栽培とぶどう酒醸造も可能であり、ローマからの支給を必要としなくなる。イタリア半島がもっていた地中海式農業の二圃式農業は、ローマ帝国の版図では採用が可能であった。こうしてロストフツエフのいう「市場の外延的拡大が生産地をも属州に移動・拡大させ、中心的生産地たるイタリアの経済的下降[33]」が起こり、ローマの衰退化に導くのである。しかも生産力水準でみた場合、ローマの水準は停滞し、東地中海よりも必ずしも高くなく、ローマ化が進行する。ローマの東方化現象が起こってくる。属州の西側地方は生産力的にローマよりも低く、ローマ化が進行する。紀元二八五年にテイオクレティアヌスは帝国を二分した。三八〇年にはキリスト教を国教とする勅令が発布され、統一が図られたが、三九五年にはローマ帝国は東西に分裂した。

騎馬遊牧民の世界的な拡大現象が起こり、ヨーロッパに対してはフン族が三七五年にヴォルガ川を渡ってヨーロッパに侵入してきた。これが引き金となってゲルマン民族の大移動が起こり、イタリア半島に及び、西ローマ帝国の滅亡が結果した。

(1) 上野登『世界システムの経済地理』大明堂、一九九六年、八頁。
(2) 旧約聖書「創世記」第三二章、日本聖書協会、一九九七年
(3) R・D・ヴォー、西村俊昭訳『イスラエル古代史』日本基督教団出版局、一九七七年、二四八頁。
(4) 上野登『人類史の原風土（続）』大明堂、一九八五年、八頁。
(5) 同上、一四頁。
(6) H・von Wismann, *On the Role of Nature and Man in Changing the Face of Dry Belt of Asia*, p.286.
(7) 上野登、前掲書、二五頁。
(8) 同上、二六頁。
(9) 岡崎敬「ユーラシア草原世界の形成」『岩波講座世界歴史　古代6』岩波書店、一九七一年、三一〇頁。
(10) 上野登、前掲書、三三頁。
(11) P. Gerasimov, *Ancient River in the Deserts of Soviet Central Asia*　Brice : *The Environmental History of the Near and Middle East since the Late Ice Age*, p.324.

(12)上野登、前掲書、四五頁。
(13)松田寿男『砂漠の文化』六興出版、一九八六年、四四頁。
(14)間野英二『中央アジアの歴史』講談社、一九七七年、四四頁。
(15)上野登、前掲書、五三頁。
(16)保柳睦美『シルクロード地帯の自然の変遷』古今書院、一九七六年、二八頁。
(17)岡崎正孝「イランの灌漑農業」福田仁志『アジアの灌漑農業』アジア経済出版会、一九七六年、三〇三頁。
(18)上野登、前掲書、五七頁。
(19)同上、六一頁。
(20)ギルシュマン『イランの古代文化』平凡社、一九七〇年、一三二頁。
(21)上野登、前掲書、六六頁。
(22)太田秀通『ミケーネ社会崩壊期の研究』岩波書店、一九六八年、一二八頁。
(23)上野登、前掲書、七二頁。
(24)村田数之亮・衣笠茂『世界の歴史4　ギリシャ』河出書房、一九八九年、五五頁。
(25)上野登、前掲書、七三頁。
(26)A・J・トインビー、秀村欣二他訳『ヘレニズム』、紀伊國屋書店、一九六一年、三三頁。
(27)N. J. G. Pounds, *An Historical Geography of Europe 450BC—AD1330*, p.57.
(28)M. M. Austin, *Economic and Social History of Ancient Greece*, p.50.
(29)太田秀通、前掲書、二四三頁。
(30)秀村欣二「ギリシャとヘレニズム」『世界の歴史2』社会思想社、一九七四年、三八三頁。
(31)上野登、前掲書、八九頁。
(32)同上、一〇七頁。
(33)同上、一〇九頁。

第四章　四季社会の登場

一　民族の大移動と世界構造の転回

グルセがモンゴル系遊牧民の「逆流」を述べていることを前章で紹介したが、四世紀を契機として「大逆流」現象が起こった。匈奴部がモンゴル系遊牧民の支配的位置を占めていたが、北部と南部の匈奴に分裂し、この匈奴部の移動が始まったのである。

第一は西方への移動である。北匈奴部が西匈奴といわれる部族と混淆してフン族に変化し、ヨーロッパに向けて移動した。この圧力を受けて、ゴート族の移動が起こり、西ゴート族がローマに侵入してきて、西ローマ帝国が崩壊した。東ゴートは北ガリアにまで達して行く。このためにフランクなどの諸侯はライン川方向に押しこまれ、アングロ・サクソンはスカンジナビア半島からイギリスに上陸していった。このヨーロッパ北部のゲルマン民族の移動が、中世ヨーロッパ世界の形成の原動力となっていくのである（図4－1）。

第二の波は、南匈奴の南下とともに起こった。南匈奴の移動にともない、北アジアの遊牧民諸族が胡族として華北地域に侵入してくる。漢時代末の世相の乱れもあって、漢族はこれに対抗するが、大勢としては華中・南社会の形成に流れていく。その流れに沿い、五胡十六国といわれる時代を経て、南北朝時代か

図４－１　４～６世紀アジア系諸民族の大移動

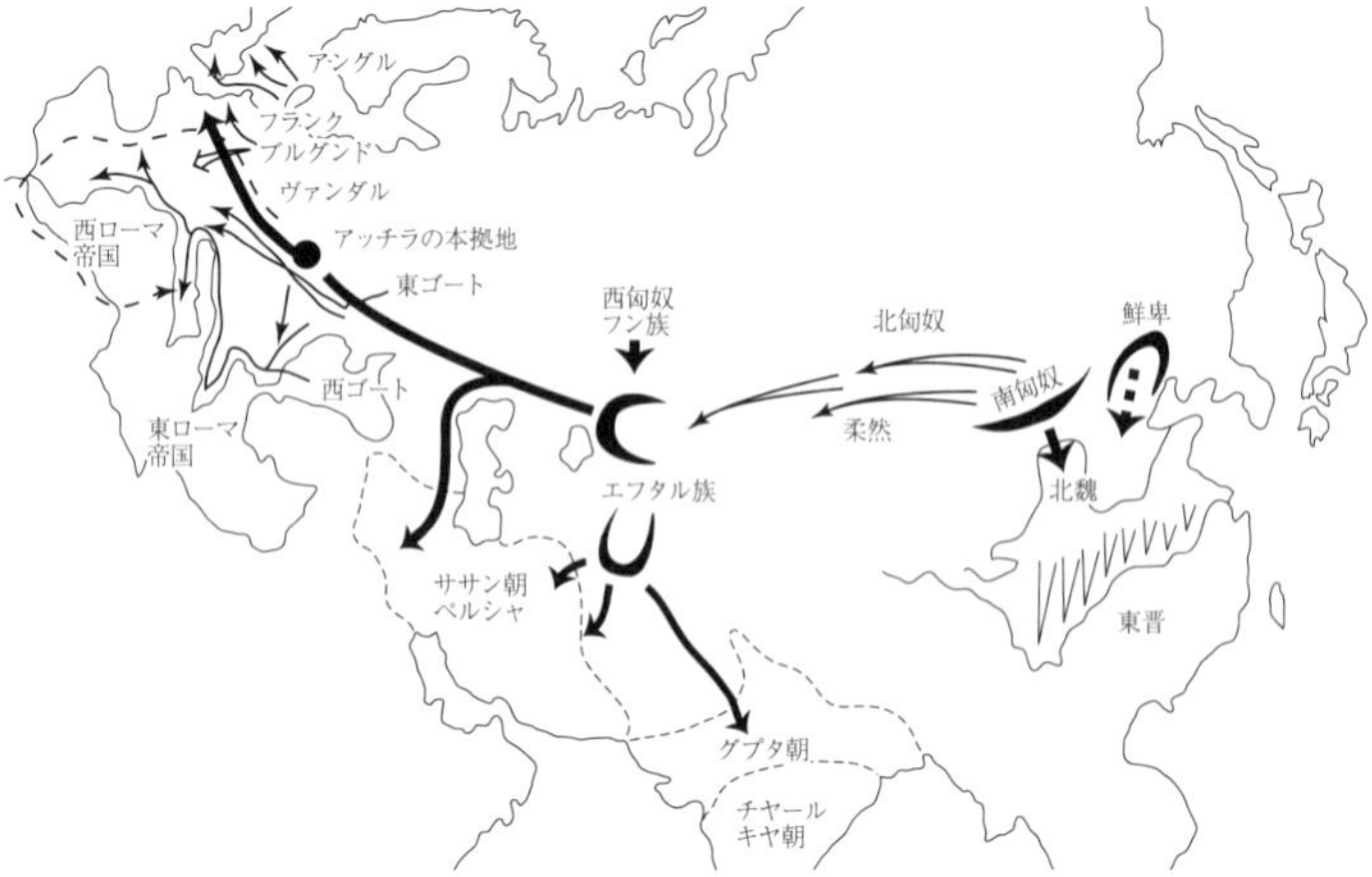

出所：『図説　世界の歴史』別巻より作成。

ら隋・唐の帝国時代へと推移していく。この変革を通り抜けた中国社会は、古代社会から中世社会へと展開し、東アジア世界形成の中心地になっていったのである。

第三の移動はインドへの移動である。この移動のルートには、先にアレクサンドロスの遠征の歴史があったが、五世紀になりフン族への変化と同時にエフタル族も誕生し、このエフタル族が侵入してきた。この侵入によりグプタ朝の衰退が現象する。そして、インド史としては分裂時代と区分される時代に入る。これは封建制社会への転換時代で、古代インドから中世インドへと移行しつつ、南アジア世界を形成していく。

私は、日本の古代史研究を行なうなかで、「五世紀史研究のすすめ」に惹かれてきていたが、この局面を次のように述べていた。

「この転換局面にかかわって私は、『二期社会から四季社会へ』という人類史展開の仮説を提起していたのである。五世紀以降、東アジアとヨーロッパ世界の形成が共時的に進行していくが、そこには等質的な生産力の出現があったのではないか、その内実を東アジアの灌漑水田農業、ヨーロッパの三圃式農業の展開のなかにみたいという発想から、その生産力水準はいずれも二期的水準をこえて四季的水準に上昇したのではないかと仮設化したのである。私たちはいま、その生産力上昇の史的局面の分析に遭遇している。第四章は、まさに四季的生産力構造の社会が確立される時代の考察ということになる。

ヒマラヤで得た仮説の検証がようやく行なわれるところまできたのである。[1]」

二　ヨーロッパ世界の形成

1　中世ヨーロッパの基礎的生産力

一九六〇年前後の学界では、ヨーロッパ史は中世商工業都市論中心に組み立てられていた。ローマ時代の後、ヨーロッパは暗黒時代に入ったが、一一・二世紀の「商業の復活」で光を得て、明るいヨーロッパへと転換したというのである。それを契機づけたのはアンリ・ピレンヌの「商業の復活」論であった。私はこの商工業の復活が契機で中世都市が栄え、その需要が農業の再生を促したという説に疑問を抱いた。商工業の供給の消費者は封建領主とその貴族階級で、東方貿易の主要商品は侈侈品であり、大衆向商品ではなかった。その領主の需要力を支えたのは封建地代ではなかったのではないか。そう考えると農業の生産力の何らかの変革があったにちがいない。この私の疑問に答えてくれたのが、ローマ時代の基礎であった二圃式農業から三圃式農業の誕生による生産関係の変化であった。

一九二二年のピレンヌに対し、三一年に出されたマルク・ブロックの『フランス農村史の基本性格』に私は注目した。彼の説の中心を私は次のように受けとめた。

「彼は、二圃式と三圃式の農業様式の分布に注目した。二圃式はフランスの南部地方に分布し、三圃式は北部地方に分布する傾向にあり、歴史的には三圃式がしだいに拡がっていった。南部は外来の要素に対し頑強に反対した。この対立は北部の文明と南部の文明という二大形態のフランスにおける衝突をあらわす。その問題提起のもとで、開放・長形耕地、開放・不規則耕地、囲い込み地の三種の農地制度の存在を示し、その耕作様式を無輪犂と有輪犂との結びつきの差として示した。無輪犂は不規則耕地＝方形耕地、有輪犂は長形耕地＝地条耕地と結びつき使われた。前者は南方型、後者は北方型で、ピレンヌの視点を入れると南方型から北方型へ、二圃式農業から三圃式農業への展開を示している(2)。」

一九五九年刊のスリッヘル・ファン・バートの『西ヨーロッパ農業発達史』は、村落形態との結びつきも考え、次のように述べていた。

「ローマ時代には方形耕地をもつ村落があった。この耕地では二圃農業が行なわれていた。耕作は牡牛によってひかれる、へらのない無輪犂で行なわれていた。六世紀ごろ、先史時代の方形耕地型から、排水をよくする地条耕作に転換した。固定したへらをもつ有輪犂の利用によって、土地を畝をもった耕地にすくことを可能にした。いまや渓谷地のような沼沢地帯を耕作することが可能になった。一〇世紀には、改良された馬具の導入をみた。馬を犂耕に使用することを可能にした。三圃農法のおかげで、より多くの馬を維持するに十分な飼料（夏大麦）が確保できるようになった。一一世紀から一三世紀に至る継続的な人口増大が可能であったのは、たぶんこのエネルギー源の増大による。今や一大発展を開始することが必要になり、それが可能となった(3)。」

三圃式農業の発祥地について増田四郎は次のように判断していた。風土的にはマース川の東側のフランク王国発祥の地のアウストリア、西側のノイストリア、これにロアール川以南の三地域があるが、これについて次のように述べる。

「この三地域の大きな特色を述べれば、まずロワール川以南の地は、ローマ大土地所有者たる貴族の本拠であり、……農業技術や経営方法が総じて古代の地中海式農業の段階にとどまった地域である。第二のアウストリア地方は、最もゲルマン的な性格がつよい地域であり、第三のノイストリア地方は、いわば両者の中間にあって、文化の融合形態があらわれた地域である。このどこから中世ヨーロッパ的な萌芽が発生するのかが、ヨーロッパ社会形成の中心課題となる。[4]」

増田は、定住地理学や定住考古学の発達をふまえ、第三の文化融合地と結論づける。それは「一村落の戸数二〇戸内外という規模が一二、三世紀までつづき、中世村落の規模を示す」からであると理由づけた。この三圃式農業を農業革命と意義づけたのはリーン・ホワイトの『中世時代の技術と社会変化』（一九六二年）であった。彼は次のように述べる。

「南から北へのヨーロッパの重心の変化問題についての歴史的解決は、中世初期の農業革命の中に見出さるべきである。九世紀初期までに、この革命の大部分の連結要素はすべて発達していた。重量犂、開放耕地、現代的馬具、三年輪作。たしかに三圃式への移行は、現存していた農民的保有に対して余りにも強襲であったので、フランクの中核地帯をこえたその拡散は緩慢であった[5]」。しかし、「一〇世紀以来、急速な都市化を許す余剰農作物を提供した。新しい市には熟練した手工業者や商人の階級が登場し、さらにその後の資本主義をつくりだすブルジョアジーが登場してきた。この新しい環境の中で、現代世界の基本性格となる機械技術が芽をだしたのである。[6]」

2　森林開墾と東方植民

野崎直治の説によると、「カロリング時代（六八七年以降）にライン川とロワール川の中間地帯で展開された新しい農業生産の技術―三圃農法等―とそれに基づく大グルントフェルシャフトは、徐々にライン以東のドイツにも波及し、それに伴う農業生産力の上昇は人口増加を可能にし、それによる余剰労働力の一部は都市集落に吸収されていくが、大部分は国内植民という形で、未墾地の開発に向かい、シュヴァルツヴァルト、タウヌス山脈、テューリンゲンやベーメンの森林地帯に、つぎつぎと新しい開墾村落がつくられていった(7)」と、まず国内植民段階を指摘する。

フランク国は神聖ローマ帝国に成長し、教皇との叙任権闘争を通じて、部族大公領、辺境伯領等の封建化を推進していった。封建化の努力は、分権的封建国家への道を開いていった。この領邦君主制への時代転換のなかで、「東方への殺到」の時代が到来し、ドイツ政治の重心地東方移動がおこってくる。平城照介は次のようにそれをとらえていた。

「一二世紀以降のドイツを特徴づけるものは、諸侯による領域的支配権の形成であったが、東方辺境地帯が領域的支配を樹立するのに最も好都合な条件を提供した。一一八〇年、帝国諸侯身分が成立したとき、その構成員たる俗人諸侯一六名中その半数は、東方辺境地域に支配根拠をおく者であった(8)。」

私は『道標』を執筆した段階では、ピレンヌが指摘するヨーロッパ社会の停滞は、三圃式農業の東方拡大はスラヴ的風土に直面した時、その二圃式＝草原型風土への侵入が阻止されたからではないかと考えていた。その私なりの仮設が正しいかどうかを確かめるために、東欧圏の歴史都市見学ツアーに参加して、ロシア、ポーランド、チェコスロバキア、ハンガリーを見て回った。そこで見た風景は、列村の背後に長地条耕地が付属していて、集村的地条耕地制でないことに気づいたのであった。『人類史の現風土（続）』では、この時の印象を確かめることに集中した。その結果をバラクロウ編『新しいヨーロッパ像の試み』の中の「ドイツ人の東方進出図」をみて、私は次のように述べていた（図4－2）。

「ボスタンが掲載しているドイツ人の東方進出図をみてみよう。ヴィスワ河の中流域まではドイツ人は進出していない。にもかかわらず、ワルシャワ周辺の農村地帯は、先述のプファイフェルの叙述のような三圃式農業が観察されるのである。スラヴ人側の積極的な三圃式農業の導入という対応があったのではないか。このことはチェコスロバキアの農村を回ったときも同様に観察された。ここでは集村形態すら導入されていた。私は西側からの考察だけでヨーロッパの封建制と資本制を考えていたが、それは誤りであるという反省に立たされた。」(9)

私は、ウイリアム・トーマスの『Man's Role』の「ホフガイスマールの周辺の森林変化」図4－3を参考に次のように述べていた。

「東方への拡大は、やがて最大の劇的変化の時代をむかえる。ゲルマンの民族移動の後にはスラヴ人が定住し、彼らはヴィスラ川やオーデル川をこえて西方に、またドナウ川をこえて南方に移民してきた。その境界線に開拓前線が接触したのである。その境界線は、北方ではエルベ・ザール川の線に沿い、南方はアルプスをこえてアドリア海に達するものであった。この境界線はザクセン朝の植民活動によって打ち破られていく。その結果、ゲルマン人は一〇世紀には南東に進出し、オーストリア興隆への道を拓き、一二世紀に入ると北東への前進が始まる。メクレンブルグ、ポメラニア、ブランデンブルグ、そしてシュレジィアの北ヨーロッパ平原は開拓者によって田園地帯に変化した。また北海やバルト海に面した湿地帯には、オランダ人、フランダース人、フリィジィア人が進出してきた。

図 4－2　ドイツ人の東方進出

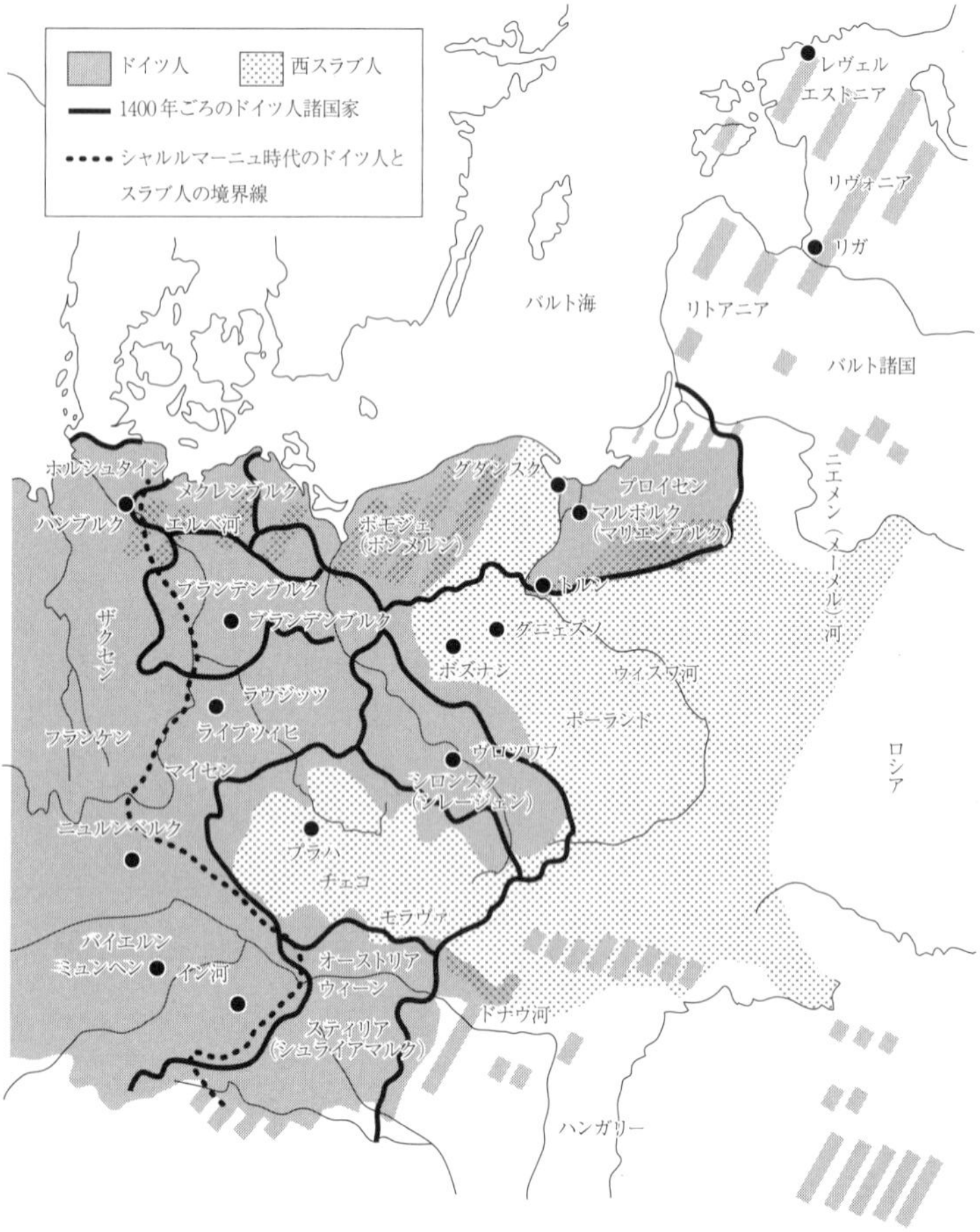

出所：バラクロウ編『新しいヨーロッパ像の試み』163 頁。

図4－3　上部ウェーゼル盆地のホフガイスマール周辺の森林変化

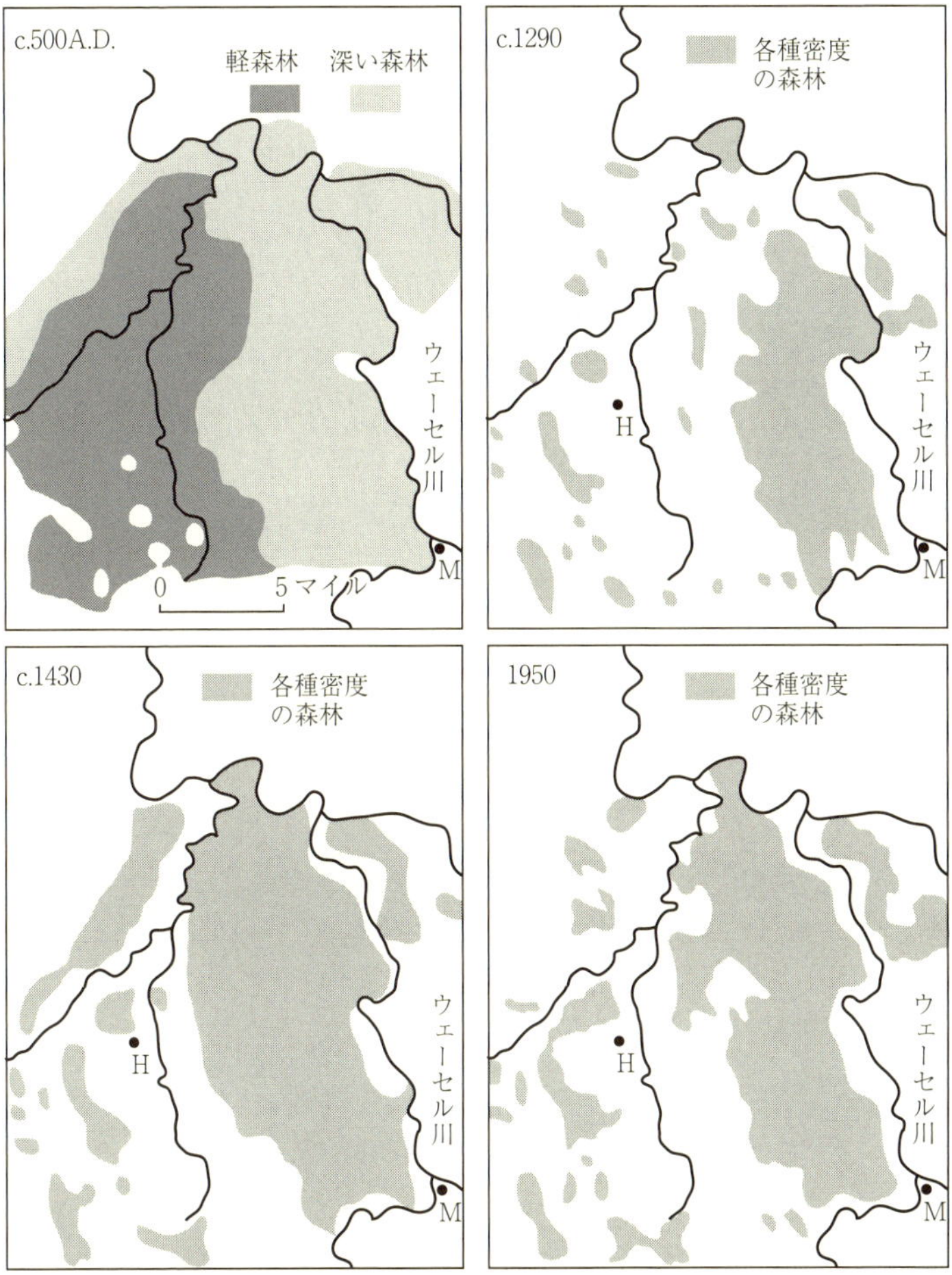

(H：ホフガイスマール，M：ミュンデン)

一三世紀に入ると、スラヴ人の開墾を呼びおこし、スラヴ人の中への進出はとまった。メクレンブルグのようなゲルマン化された地域においてすら、スラヴ系の領主や農民が、多くの開拓に重責をはたした。ポーランドやボヘミアやその他の所で、彼らは新しい村を建設し、ある場合にはゲルマン法にそい、ある時はスラヴ法にもとづいて荒地を開墾した(10)。」

この東方拡大も、一三〇〇年までにその絶頂に達した。その後は停滞と縮小の時代が続いた。一三五〇年と一四五〇年の間の百年間の減少が顕著であった。これは百年戦争の時代と一致し、ペストがクリミア半島からヨーロッパ全体を包み人口の大減少が起こる。フスが宗教改革をとなえ、火あぶりの刑に処せられる社会不安も現象した。ピレンヌのいうヨーロッパ停滞の時代である。アンダーソンは、この停滞の要因を開発能力が限界に達したと述べている。しかしこの危機は西ヨーロッパのみの現象で、東ヨーロッパは別の道を歩いていた。

3　東欧圏の確立と新しいヨーロッパ

私は東欧の歴史都市ツアーで、宗教の意味の検討に迫られた。ポーランドのグニエズノの大司教座の立派さ、とくにハンガリーのドナウヴェンド・コースのエステルゴムの司教座には感心させられた。ドナウ川の北方にはチェコスロバキアがあり、上流すぐ近くはオーストリアである。ゲルマンの東方植民は、まずカトリック教の普及を先兵に、教化の後に開発する戦略をとっていた。西スラヴの接触線に沿う地域では、まず宗主が洗礼を受け、臣下がそれに従い、農民は川に飛びこんで洗礼されるという「上からの教化」を推進し、司教区をローマ法王から認可してもらい、独自の三圃式農業の普及を図っていった。西スラヴのカトリック教化に対し、東・南スラヴ人は東方正教会に改宗し、モスクヴァのクレムリン宮殿を核とする大伽監や教会堂に集約されていく。西ヨーロッパと東ヨーロッパは、宗教的に平準化していったのである。

カール・ポールズは、東欧の成長の過程を次のように四段階に分けて考えていた。

「最初の時期はスラヴ人が西進しはじめた六世紀にはじまり、シャルルマーニュがフランク王国東部に辺境伯領をもうけたとき（八世紀）までである。第二の時期は神聖ローマ帝国の東にスラヴ人の国家が形成されはじめた九・一〇世紀である。第三の時期はドイツ人のいわゆる『東方植民』があった時期で、一一世紀後半にはじまる。ドイツ人の東進運動はスラヴ人の西進運動とは根本的にちがった性格をもっていた。スラヴ人が進出していった地域が無人地帯であったのに対し、ドイツ人が進出していた地域には独自の文明をもったスラヴ人がすでに定住していた。最後の時期は、ドイツ人の東進運動に対してスラヴ人の反作用がおきた時期であった。外国人の支配にかわって東欧出身の君主や諸侯が登場してくることになった[11]。」

このポールズの説に対し、私は次のように受けとめていた。四段階の区分のなかで焦点が三つあると考えた。

「第二段階の国家形成期、そこでは宗教問題が中心になる。この期は、キリスト教文明の一員に組みこまれていく過程ではないだろうか。

第三段階のドイツの東進運動の時期、そこでは東欧は消極的存在だったのだろうか。私は、東欧はその新しい生産力に対し積極的に対応したのではないかと考える。すなわち、三圃式農業の積極的な導入、そしてその土着化、変形化を図ったのではなかったか。

第四段階の時期、これは第三段階の生産力のうえに立ち、神聖ローマ帝国に対抗していく時期である。これにハンザ同盟の独占権を打ち破るオランダ勢力の登場が加わり、新しい国際関係が成立してくる。この関係のなかで国際的分業関係が成立してくるとともに、『再版農奴制』といわれる国内再編成が行なわれた時代ではなかったか。[12]」

ヨーロッパ中世商工業都市は、フランドルからライン川沿いにアルプスをこえて地中海に連なるルート、フランドルから海上ルートで連なるルートで東方倩侈品に結びつく交易を基礎に栄えていた。ドイツ騎士団によるバルト沿岸植民化が成功した後、バルト貿易が新たに登場してきた。そのルートは、ユトランド半島の根っ子のリュベックとハンブルグの陸上輸送を介する交易で、これを基礎にハンザ同盟が結成されて交易独占を確得していた。これに対し、オランダがいくつもの海峡を克服する半島北回りの航路を開発して、バルト貿易に参加してきた。その交易の商品はバルト側の針葉樹林と穀物に対し、フランドル側の工業製品であった。とくに針葉樹の導入は造船業に革新的飛躍を与え、沿岸ルートから海洋ルートに乗り出す船の建造を可能にした。フランドルの中心港も、ドイツ商人支配のブルージュから、支配の及ばないアントワープに移り、次の時代への基礎が確立されていった。

木材以上に重要な意味をもっていたのは、東欧からの穀物の輸入であった。フランドルに工業化がおこり、それが拡大していくにつれ、ライン中流、ピカルディ、イギリスからの供給では不足し、エルベ以東から穀物輸入が増大しはじめた。東欧にとっては、これは社会変革の要因になった。一四世紀後半になるとドイツからの入植者はこなくなり、労働力不足が起こってきた。封建貴族は、この不足を補うため、ドイツ法やフランドル法で既得権をもっていた農民の権利を剥奪し、「農民追放」、「僕婢の強制」を要求し、貴族の大経営農場に農奴として囲いこんでいった。いわゆる「再版農奴制」といわれる社会変化であった。こうして「植民地」型貿易構造をもったヨーロッパ世界が形成された。これを基礎に、西欧は世界的な植民地獲得にのりだしていき、ドイツ型政策は内陸型展開へと分岐していった。

三　南アジア世界の誕生

1　インド亜大陸の夜明け

インダス文明が、気候の乾燥化で衰退した後、それを担っていたドラビダ部族は三派に分れて移動していった。紀元前一五〇〇年ころからアーリア人が西北インドに侵入し、「リグ・ヴェーダ」時代を作り、更にアーリア人は紀元前一〇〇〇年ころからガンジス川上、中流域に進出し、「後リグ・ベーダ」時代を形成する。その勢力は空間的にも拡大し、十六国併存時代が到来した。その内訳は、西北インド二国、中央インド（ガンジス上流域）三国、南インド四国に対し、ガンジス中流域以東の東インド七国の地域構成であった。

インド亜大陸は、自然的に大別して四区に分けられる。中央のナルマダ川、ヴィンディ山脈、マハナディ川によって大きく南北に二分される。北方インドはインダス川流域とガンジス川流域の東西二区に分けられる。南方インドは、キストナ川とトウガンバドラ川によってデカン地方と半島南端部に区分される。大地形的区分に対し、降水型の類型区分が重なる。（図4－4）第一類型は、南西モンスーンの雨がもたらす夏雨型地帯である。この地帯はモンスーンが褶曲山脈につき当たる多雨地帯と、内陸の半乾燥地帯に分かれる。第二は北東モンスーンによる秋雨型地帯で、夏雨型にくらべ降水量は少なくなる。第三は西ガーツ山脈の東側に成立する地帯で、西麓に多雨をもたらすモンスーン期は乾燥しており、秋夏雨の半乾燥環境にある。この第三の類型地は、インダス・ガンジス半乾燥地と連接し、南北インドを結合する環境条

図4－4　降水量と降水型の分布

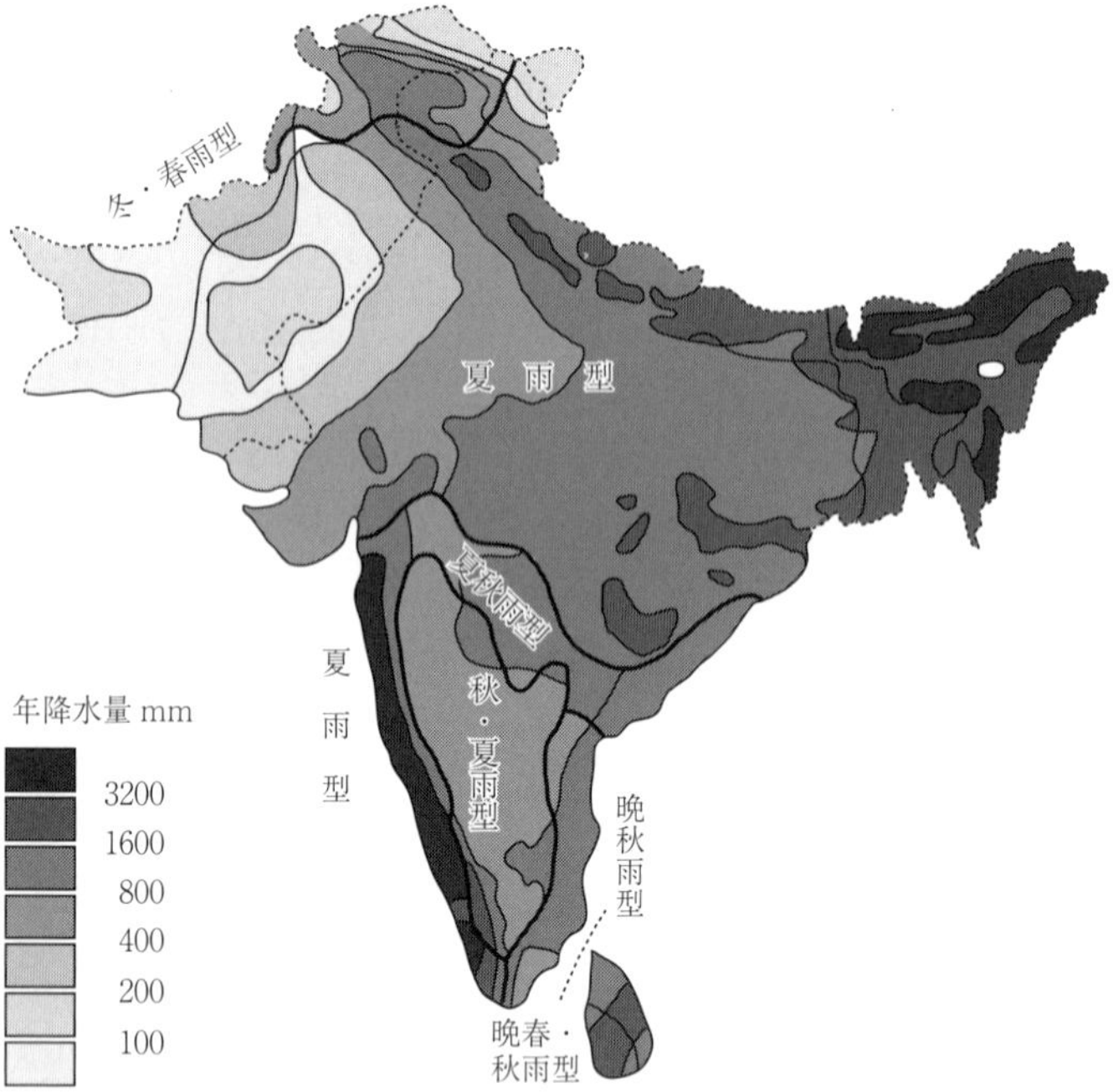

出社：『民族の世界史 7』142 頁より。

件を提示している。以上の条件のうえに栽培作物の構成も当然異なってくる。ジョンソンは、インドの作物構成類型図（図4－5）を提起し、次のように地域類型を示す[13]。

1　米作卓越地域。1a（東インド地域で各種の換金作物との結びつきでサブ地域に分かれる）。1b（西ガーツ山脈西側海岸地域で、北部と南部に雨量の差があり、コメ以外の作物構成に変化が出てくる）。

2　コメ―小麦地域。ガンジス川中流域とヒマルチュリ・ブラデシュ。

3　小麦卓越地域。3a（パンジャブ平原の小麦―棉作地区）、3b（小麦―bajra〈いぐさ型雑穀〉地域）、3c（小麦―雑穀地域）

4　雑穀―大麦地域。

5　砂漠地で若干の bajra と jowar

（もろこし）の作付。
6　小麦―jowar 地域。6a（小麦の優位性の低下地域）、6b（jowar が優位性を示す地域）
7　jowar 優位地域。7a（jowar―棉花地域）、7b（jowar―bajra 地域）
8　雑穀・米作・棉花複合地域。8a（jowar―米作地域）、8b（ragi〈そば〉―米作地域）、8c（bajra―米作―落花生地域）、8e（米作―jowar―落花生―棉作地域）

図4−5　インドの作物構成

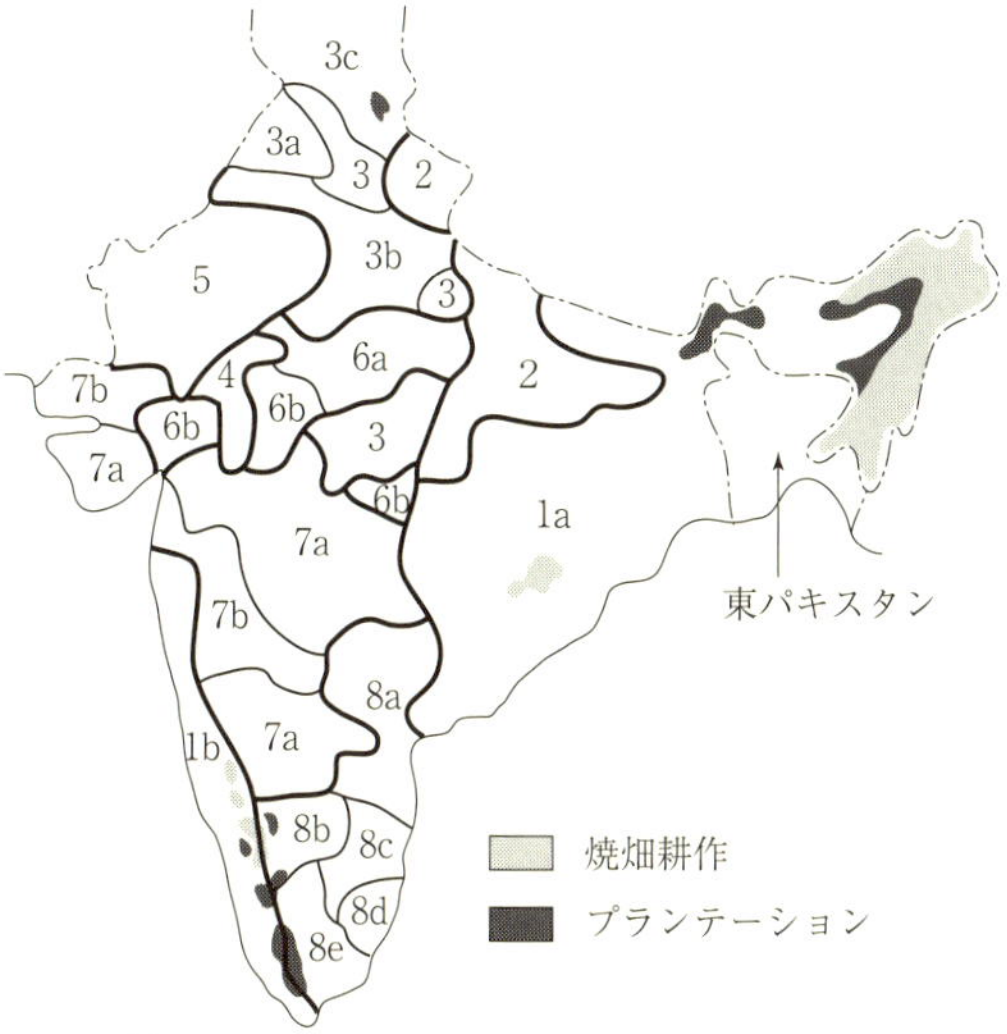

図中の数字は本文参照
出所：Johnson, *South Asia*, p.52 より

以上の自然的諸条件の複雑な構成差異に加え、住民の多様な種族構成が重なっている。この結果、近藤治はインドを「まだら文化」の国として次のように述べている。

「インドが自然的にも人文的にも多様であったこと、また周辺の世界に対して開放的であったところから、実に様々な要素が混入して編成されたまだら模様の文化である、といえよう。

まだら模様ということは、諸種の異文化が歴史的に幾重にも重なり合い映し合って、まだら模様をなしているという意味と、それらが空間的に横に併存してまだら模様を織りなしているという意味と、二つの意味がこめられている。それはまた不揃な文化でもある。そこには、上層知識人層や権力をほしいままにした王侯たちから、貧困・未開との背中合わせを余儀なくされ、賤視された人々・部族に至る、インド社会のもつ極端な階層性も反映されている。[14]」

まだら模様大陸への最初の異文化人は「リグ・ヴェーダ」人であった。このインドアーリアンは、イラン高原伝いの古いルート沿いに移動してきた牧羊民であった。彼らはユーラシア大陸の心臓部の牧羊遊牧民から別れてインド亜大陸に侵入してきた。そして「リグ・ヴェーダ」の記述に従うと、ヤムナー川以西のパンジャブ地方に拠点を構えた。私はその生業形態を次のようにとらえていた。

「リグ・ヴェーダ時代のアーリアン社会は牧畜社会で、放牧形態の牛の飼育が主で、放牧地の確保が最重要課題であった。富の増殖には、牛の掠奪という手段がとられていた。『牛を勝ち取った者』を意味するゴージットという語は英雄の称号として使われていた。このことは逆に指導者に求められるのは、畜群を保護する能力、牧地を支配する能力であった。有名な『十王の戦い』は、そうした牧草地の保護と拡張という矛盾した要求の撃突であったともいえよう。核心地によっていたパラタ族は、サトレジ川以西の氏族と戦い、故地を死守したのである。こうした圧力がドアーブ地帯への移動を結果させていく。[15]」

2　ガンジス川中流域の浮揚とマガダ時代

インドアーリアンは、ヤムナー川をこえ、ガンジス川との河間地のドアーブに移動していった。パンジャブの風土とは異なり、ドアーブは豊かな農業地帯であった。ターパルは、その特徴を次のように述べている。

「ドアーブは農業の重要性が牧畜のそれをしのぐに至った土地であるとともに、年に二回の収穫が得られる理想郷でもあった。後代の文献では夏に大麦、秋には米の収穫があると記され、また二毛作の可能な最良の畑地に言及されることもある。考古学の最近の研究によると、この時代のドアーブでは二毛作が通常の農業形態であったらしい。

『リグ・ヴェーダ』にはセヴァ（大麦）の栽培が、後代の文献にはヴリーヒ（米）の栽培が述べられている。この二種類の穀物の栽培は、ドアーブ南部において可能であった。米を出土する遺跡はドアーブの高台やその近傍に位置している。したがってこの米は明らかに水稲栽培から得られたものではない。米が大麦や小麦と輪作されたところからみると、その栽培はガンジス川中流域の場合のような集約的労働や灌漑を必要とするものではなかった[16]。」

ドアーブへの移動に合わせて一六国が頭をもち上げてきたが、その中の四大国はコーサラ、マガダ、ヴァッサ、アヴァンティであり、この競合の中からマガダ王国が覇を克ちとっていった。マガダの中心はラージャグリハ（中国名は王舎城）からパータリプトラ（現在のパトナ）に移ったことで、ガンジス川、ガンダク川、ガガラ川、ソーン川の合流点を占めることになり、軍事的・商業的に優位に立つことができた。とくに大森林地帯から象をえて、戦争に象を使うことができた。とくにナンダ王朝につぐマウリヤ王朝によって統一帝国が形成された。アレクサンドロス王の撤退後、西北インドを征服し、西はアフガニスタンから東はベンガル湾に至る北インドが統一されたのである。

マウリヤ王朝第三代のアショーカ王の時代は、その最盛期であった。それを象徴するのが摩崖石柱である。私は一九八五年、カングルー登山の時体調が悪くドクターストップされ、登山隊を見送った後、単独で釈迦生誕地のルンビニを訪問した。その時、池の西の菩提樹に対し、東側にその石柱をみて、感慨にふけったことがあった。アショーカ王は戦いの悲惨さを反省し、仏法に則り平和を呼びかけたのである。アケメネス朝ペルシヤのダレイオス王の石柱が勝利の宣言であったとすれば、アショーカの石柱は平和を祈念するものであった。アショーカ王の没後、マウリヤ王朝は分裂し、衰滅する。前一八〇年を境にインド文明は、分裂時代に移っていく。

分裂時代を「新時代の到来」という説もある。これはアレクサンダー後、残っていたギリシヤ人がバクトリア王朝を形成し、ついでスキタイ系のトガリ（大夏）が侵入し「ミリンダ王の問い」を残し、クシャン朝（月氏）が後をつぎ、ガンジス中流域まで勢力をのばした。この過程で大乗仏教の教理が完成され、ガンダーラ芸術が誕生した。この北の変化に対し、デカン地方ではサータヴァーハナ朝が登場し、海のシルクロードを設定した。パルテイア人の国家が登場し、陸路のシルクロードが狭くなり、海路でローマ帝国に輸送するルートが開発された。この交易に、デカン高原の棉作を基礎とする綿織物が国際商品になったのである。南インドの登場をみて、松田寿男は、この時代に平原インドと高原インドの性格のうえに、西パキスタン・乾燥アジア的・麦のインド、ヒンドスタン・湿潤平野的・米のインド、デカン高原・棉のインド、南端・海洋アジア的インドの四類型社会が確立されたと言明した。とくにデカン高原部は、北方の平原での生存競争に敗れた先住民の退避地とされ、また沿海部は北方の争乱からまぬがれた無風地帯といわれてきたが、そこに「棉のインド」が誕生したのである(17)。

この節の冒頭でアーリアンのドアーブ地域への移動で、農業の比重が高くなり、米が作物構成の中に入ってきたことを述べ、それは水稲の米ではなかったと注記していた。ここで今後の展開もかねて渡部忠世の『稲の道』の一文を紹介しておく。

「このジャポニカ類似の稲の地域分布をみてみよう。この種類は古くにビハールとウッタルプラデシュ両州に最も頻出する。いいかえればこの種類の稲は、古くガンジス川の中流域を中心に分布し、その一部は南インドにまで達したと考えられる。

このジャポニカ類似のラウンド・タイプの籾が発見される地点には共通した地理的類型が認められる。第一に、いずれも低湿地帯ではないということだ。ガンジス川やその支流の沖積デルタには、わたしの調査した範囲からは出てこない。ゆるやかな傾斜をする中位段丘か扇状地に位置している特徴がある。一般にこの地帯では天水と貯水池で行なわれる[18]。」

3 封建化と東インド社会の登場

アーリアンがパンジャブからドアーブに移動してきたとき、彼らは先住民の森林内焼畑農業と融合しなければならなかった。耕地拡大を担うのは、ヴァルナ制のバラモンではなく、クシャトリア層であった。アーリアン社会の基礎は、土地を所有する者と土地で働く者で支えられることになった。分裂時代を再統一したグプタ朝は、この基礎構造を制度化して、中核地域の生産力を高めた。土地賜与制度の制度化である。「土地の賜与には二種類があった。一つはアグラハーラ施与で、バラモンに限られていた。もう一方の賜与は、世俗の官吏たちに、給与の代わりとしてか奉仕に対する褒賞として与えられた。初期の段階は、この種の賜与はアグラハーラ施与よりも少なかったが、数世記のちにはこれが普通になった[19]」といわれ、封建化の物質的基礎を作っていくことになった。この制度は、宗教団体への土地寄進地にも適用され、世俗的官吏層から民間人にまで及び、パンジャブの古典的な階層のジャート（農地所有者）を復活させてジャーティ制カーストを誕生させ、土地で働くアウトカースト層をも農民と規定するようになった。私は、この傾向を次のように評価していた。

「結論から先に言えば、専制的開拓から封建的開拓への転換は、耕地面積の拡大を結果した。この転換は現金給与制の縮小を結果する。土地賜与者は、自らの開拓による自己への貢納で物質的基礎を構築していく。その富力は自己開拓欲によって規定される。耕地面積の拡大傾向は、専制君主制下の外的要因ではなく、内的要因に支えられることになる。[20]」

グプタ朝の開拓前線は、ガンジス川中流域の河岸段丘洪水地域から、より下流のガンジスデルタ地域に向かわざるを得なくなった。R・S・シャルマは、その一部を次のように述べていた。

「七世紀、ベンガル東南部のファリードプル地域では、五区画の土地が仏教僧院に寄進された。その土地は荒地で、冠水するところであって、租税を納めていなかった。同様にコミラ地区で二〇〇人のバラモンに施与された大きな土地は、鹿、いのしし、水牛、虎、蛇などが多い森林地域内にあった。土地施与の数は増大して、施与地の管理のためのアグラハーリカという役人を任命せねばならないほどになった。[21]」

換言すれば、デルタ地帯のスワンプ・フオーレスト地域への耕地拡大が展開したのである。この環境に対応し、新しい農業様式が採用された。ベンガル農法である。渡部忠世の説を入れて、私は次のように規定した。

「『ではインドに発してインドシナ半島に伝播したと述べたベンガル系列』の水稲群は、どこに出自したのであろうか。これについても筆者は、アッサム丘陵からインド大陸の低湿地帯に古くに伝わったものと考えている。

いったんインド大陸の低湿地に分布し、そこでの長い栽培の後に、さらに東へと伝播したのが『ベンガル系列』であったわけである。

プラマプトラ川を下ってインドに達した水稲の中で、ガンジス川北岸にジャポニカ水稲が定着する一方、低緯度の低湿地に適応した一群が、現在のインディカ水稲起源の二次センター―となった可能性が高いと考えられる。(22)」

ガンジス川中流域北岸のジャポニカ、下流域のインディカ定着に対し、渡部は中流域の天水依存型水田では早生のアウスが、後者の長期間湛水が不可避な水田では晩生種のアマンが選択された結果であろうと考えている。

「しかも、この稲の性格、短日条件に感応して開花・出穂する性格に対し、『ベンガル地方を中心にして、感光性程度が高い晩性の品種群をアマン、感光性程度の低い早性の品種群をアウス、また非感光性で乾季に栽培される一群をボロと読んでいる(23)』という注釈がつけられている。(24)」

その作付けはデルタの乱流による自然堤防や淵の配置によって、最高地には住居と自家菜園、上部位置アウス、中位置田植アマン、低位置散播アマン、最低地浮稲、乾季ボロという作付様式がとられている。

山本達郎編の『インド史』は、ベンガルを次のように位置づけている。

「八世紀前半までのベンガル地方は、概して近隣の勢力変動の余波を受ける状態にあったが、同世紀半ばにパーラ朝ができると、社会秩序が回復された。それから九世紀にかけて、このダルマパーラ王の時に、ベンガルからガンジス中流域にわたる東北インド方面を広く制圧し、パーラ朝の全盛時代となった。パーラ朝はベンガルを根拠として前後約四世紀間つづき、歴代の王は一般に文学芸術の保護者であり、また熱心な仏教徒であった。ベンガルをインドの重要な地方の一つたらしめたについては、このパーラ朝の存在に負うところが多いのである。(25)」

南アジア世界を四季社会展開の一環に組み入れたことに違和感を持たれた人もあったにちがいないが、

ベンガル系列農法を理解すれば、その違和感は消えたと思う。アーリアの進出は、乾燥型の草原ないしサバンナ的風土への牧羊人としての移動であった。ドアーブ地方への進出は湿潤型の森林地帯への移動であった。私の仮説は二期から四季へ、草原型から森林内への農業の展開を構想していたが、ガンジス川の下流域までの展開は森林内農業の展開と位置づけられる。そして最終的にはガンジスデルタ地帯で、スワンプフォーレスト型農法に結実していった。この農法は、仏教のもう一つの流れの小乗仏教の移動に沿って東南アジアに普及していった。いや三圃式の普及がシトー派の修道僧に担われていたのと同様、小乗仏教の僧侶とともに東南アジアのデルタ地帯に「ベンガル系列農法」が普及していったと考えられる。以上の意味をこめて四季社会の一員に入れたのである。

四　東アジア世界の形成

1　華北文化から華中文化への流れ

ヨーロッパ世界形成を考えるとき、匈奴族の東西移動圧迫による世界構造の転回を延べたが、中国では後漢末の魏晋争克の時代に突入し、華北文化から華中文化への流れを創りだしていった。インドを含め、時代の流れが複雑にからむので、私は年表図を作成した（図4－6）。これは中国史の専門家が、古代と中世の時代区分を論議していたが、私なりに区分してみたものである。古代と中世を区分する生産力の契機を求めた時に出てくるのが均田法への流れである。

谷川道雄は「塢村」という集団に注目した。塢は後漢政府が羌族の侵寇に備えて築造した小城であったが、後に逃避する郷里の民衆は塢主を自主的に迸出し、安全な場所に落ちついた。陶淵明の「桃花源記」

図４－６　インドと中国の比較年譜と日本

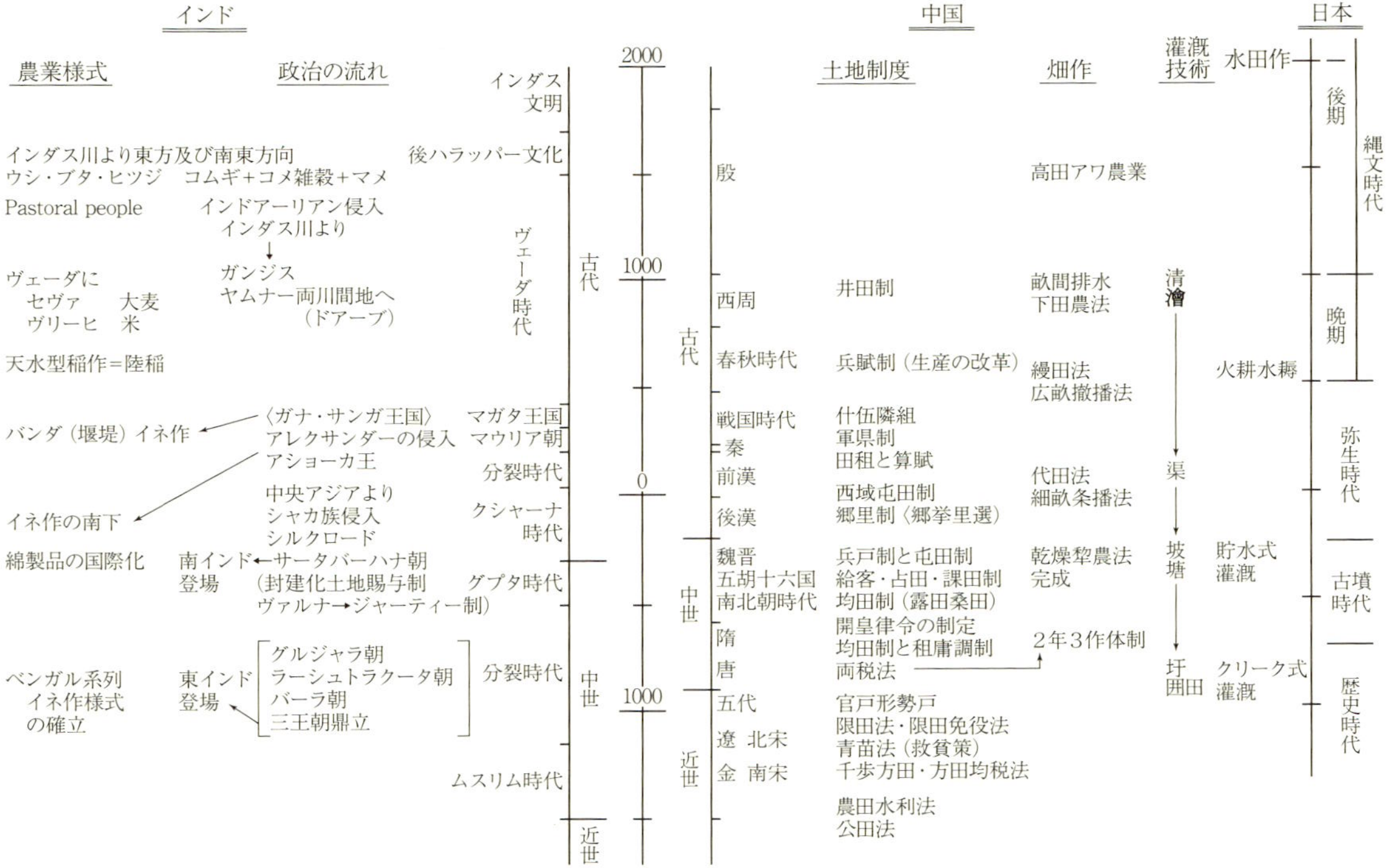

インド
農業様式
政治の流れ
インダス文明
後ハラッパー文化
インダス川より東方及び南東方向
ウシ・ブタ・ヒツジ　コムギ＋コメ雑穀＋マメ
Pastoral people
インドアーリアン侵入
インダス川より
ガンジス
ヤムナー両川間地へ
（ドアーブ）
ヴェーダ時代
ヴェーダに
セヴァ　大麦
ヴリーヒ　米
天水型稲作＝陸稲
古代
〈ガナ・サンガ王国〉
マガタ王国
バンダ（堰堤）イネ作
アレクサンダーの侵入
マウリア朝
アショーカ王
分裂時代
中央アジアより
シャカ族侵入
シルクロード
クシャーナ時代
イネ作の南下
綿製品の国際化
南インド登場
サータバーハナ朝
（封建化土地賜与制
ヴァルナ→ジャーティー制）
グプタ時代
グルジャラ朝
ラーシュトラクータ朝
バーラ朝
三王朝鼎立
分裂時代
中世
ベンガル系列
イネ作様式
の確立
東インド登場
ムスリム時代
近世
2000
1000
0
1000
中国
古代
殷
西周
春秋時代
戦国時代
秦
前漢
後漢
中世
魏晋
五胡十六国
南北朝時代
隋
唐
近世
五代
遼　北宋
金　南宋
土地制度
井田制
兵賦制（生産の改革）
什伍隣組
軍県制
田租と算賦
西域屯田制
郷里制〈郷挙里選〉
兵戸制と屯田制
給客・占田・課田制
均田制（露田桑田）
開皇律令の制定
均田制と租庸調制
両税法
官戸形勢戸
限田法・限田免役法
青苗法（救貧策）
千歩方田・方田均税法
農田水利法
公田法
畑作
高田アワ農業
畝間排水
下田農法
縵田法
広畝撒播法
代田法
細畝条播法
乾燥犂農法
完成
2年3作体制
灌漑技術
清
澮
渠
坡
塘
圩
囲田
日本
水田作
火耕水耨
貯水式
灌漑
クリーク式
灌漑
後期
晩期
縄文時代
弥生時代
古墳時代
歴史時代

図4－7　魏・晋時代の屯田地域

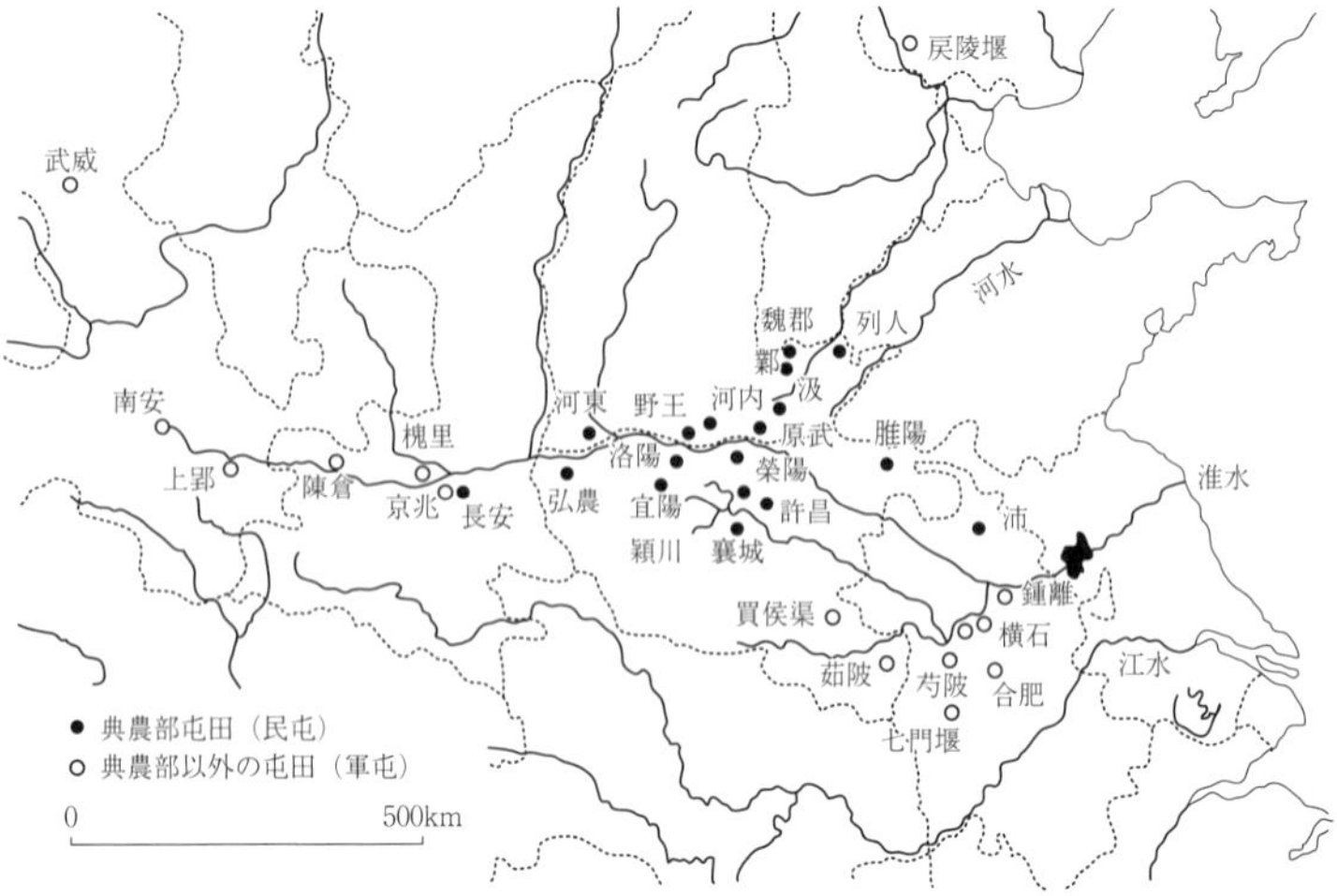

出所：川勝義雄『中国の歴史3　魏晋南北朝』139頁より。

はこの塢の世界をモデルにしたものといわれている。

こうして析出されてくる土地なき農民を民屯とし、農地に結びつけたのが屯田制であった。魏は安定した中心は民屯で埋め、敵対する境界地域には軍屯を配置した。魏と境を接する呉も蜀も屯田で敵対した。晋の時代になると、屯田制は廃止され、占田・課田制を基礎とした均田法へと流れていく（図4－7）。私は、こうした流れを次のように概括していた。

「江南開発を一挙に押しすすめたのは、四世紀初期より起こる五胡十六国時代の華北の混乱をさけて南下した華北漢民族であった。これを宇都宮清吉は、『彼らは豪族といわず農民といわず、一族宗党郷人ら相ひきいて、いくつもの集団を形成し、有力な指導者の統率のもとに、南土目がけて殺到した。これは漢民族の長大な歴史の上でも、前古に例のない急速かつ大量の組織的な大移動であった』[26]と性格づける。この漢民族の南下が次第に江南の風土の中に定着していくとき、そこから南朝が成立し、随唐後の五代・宋への文化中心地移動の人的資源の蓄積が行なわれていった。この民族の大移動は、同時に文化融合の大きな渦巻きをつくったともいえる。[27]」

この移動の渦巻きを大観的にみると、華北陸田農業から華中の稲作農業地の登場という姿をとっている。それを私は次のようにとらえていた。

「単純化すれば、殷から唐に至るまでの中国文明は、華北畑作農業に支えられていた文明ともいえる。その畑作農業は、高田アワ農業から畝間排水下田農業、広畝畝間灌漑撒播農法（縵田法）、細畝条播保水農法（代田法）と展開し、唐の代に二年三作の輪作畑作農法としての乾燥犂農法が完成していく。

この単純化した畑作農業の展開に対し、後漢以後の中国史には華中の稲作農法が無視できない経済力として登場している。インド社会では前四世紀には溜池灌漑方式のイネ作が、マガタ王国を中心に登場している。これに対して中国史では、三世紀段階になって溜池式灌漑水田農法が登場してくる。[28]」

2　火耕水耨から淮域灌漑稲作へ

漢族が南下して、華中地域のタイ語系先住民の「火耕水耨の稲作法」をみて驚いたに違いない。華北農業はたとえ下田とはいえ、すべて乾田で営まれていた。しかし火耕水耨は下湿の地で営まれる稲作である。日本流にいえば湿田型営農である。この作付方法については、学界で議論を呼んだが、私は西山武一の理解を正しいと受けとめたい。『周礼』のこの農法の解釈を次のように述べた張宗節説、「草を焼き、種を下す。苗は大いに伸び、草は小さく伸びたところに灌水すると、草は死に、苗は損じない[29]」を基礎に、『斉民要術』の淮域農法との比較で、西山は次のように述べている。

「1　火耕水耨と淮域稲作とが、ともに歳易、直播の稲作法であったことにはほとんど異論はない。
2　『要術』の淮域稲作法について最も注意すべきは、この直播の仕方を擲すと記していることである。『要術』における播種用語をみるに、掩種（点播）、耬下（ドリル条播）、擲（手条播）および漫散（散播）の区別があり、そうとすれば淮域稲作の直播は散播ではなく、手蒔き条播であったとしなければならぬ。
3　『苗が七、八寸長の時、鎌で水中の陳草を刈って膿死させ』、続いて『耨し』ているが、このような立毛田の手除草は、稲が条播され、条間に足を入れることができることを前提とする。火耕水耨式の散播された稲田では、立毛間の作業＝手除草は不可能である。[30]」
私はこの西山の淮域稲作論を受けとめて、次のように理解していた。

「以上の解釈にみるように、江南の火耕水耨稲作は、卑湿地形の湿田（天水田）稲作で、散播・水耨の稲作であるのに対し、淮域稲作は条播・手耨の乾田稲作なのである。この乾田農法は『放水十日、去水条播、湛水手耨、去水曝根、時々灌水、熟前去水』という灌排水の自由な制御を前提にしている。その水の制御の手段として坡が登場してきたのである。[31]」

この坡の登場の背景には、水利技術の歴史が流れていた。中国の華北は、大行山脈と伏牛山脈、そして黄河へ流入する諸支流という複雑な地形の中での覇権の争いの歴史を踏まえてきた。このため陸路の輸送や旅は幾多の障害壁をもっていた。これを克服するのは舟運であり、最初の渠は前五一五年に呉王になった闔閭が楚との戦いのために開いた胥河であったといわれる。また呉王夫差は、東北の斉を討つために、前四八五年に邗溝といわれる運河を造営した。舟運による重量物の穀類の輸送は、華北の命綱であった。華北の政治の中心が中原にあり、穀物生産地は下田の小麦として黄河大扇状地地域へと拡大していくなか

図4−8　春秋戦国時代の運河道

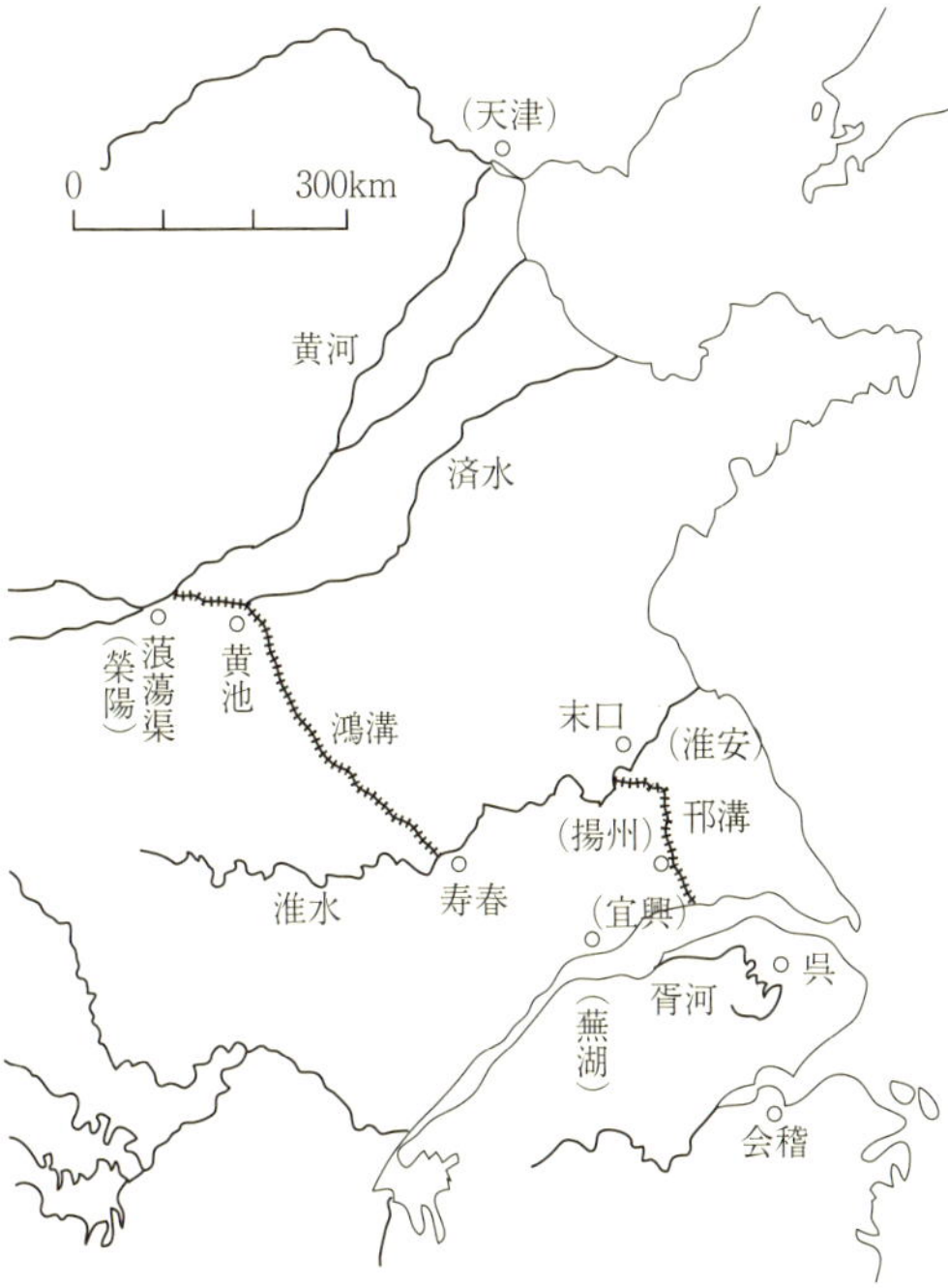

出所：星　斌夫『大運河』9頁より。

にあって、穀物輸送が問題であった。このために漢代になると漕運が興りはじめた。現代流にいえば運送業の成立である（図4−8）。

漢族の南下に伴い、黄河と淮河と楊子江を結ぶ運河建設が進み、随の時代には山陽瀆・通済渠・江南河の三運河が三大河を結ぶことになり、江南地方と関中とは一本の水道によって結ばれたのである。星斌夫は運河経営について次のように述べていた。

「魏の鄧艾は二四一年にろうとう渠を改修し、『五里ごとに一営をおき、一営に六〇人を配備して、耕作と守備にあたらせた。また同じころ、淮陽、百尺の二渠を改修し、上は黄河の流れを引き、下は淮河・潁河に通じ易いようにし、同時に沿岸二万頃（一・二万ha）の田を灌漑した』といわれる。[33]」
渠の技術の発達は、農民の建設作業による技術の普及を結果する。このために、小規模の水利施設は容易に建設されるようになる。この小規模水利施設が、扇状地利用に始まり、平坦地、デルタ地帯への展開を示していったのである。私は簡略に次のようにその展開を述べていた。

「魏による淮河への開拓進出も、この扇状地から平坦地への展開の歴史であった。華中の水利施設は、淮河水系では坡、楊子江水系では塘といわれる。坡は傾斜地で谷川をせきとめてつくられる貯水池、塘は平坦地の凹地に集水する水を貯留する溜池である。江南へ移住の大波は、歴史的に画期的な高りをみせる。これとともにデルタ地帯へのクリーク掘削が伸展していく。幹線・支線のクリークで区切られていく湿地や沼池は、圩田、囲田とよばれる干拓田に変化していった。斯波義信は、このようなデルタの生成景観を一変させた技術は、後漢における会稽鑑湖の水利方式にその祖先がみられると考えている。[34]」

デルタ地帯の高い生産力に支えられた唐代の貴族は、「隠逸の敬慕」の念をもって、儒教主義社会秩序のこわれたのをなげき、「清議清論」の場として会稽地方を求めたといわれるが、天目山の東方に位置する文芸の地になったことを付記しておく。

3　東アジア的複合農業様式の登場

『斉民要術』の理解をめぐって、江南稲作論が大きく注目されたのは、火耕水耨農法との対比からであった。そしてそれは、上巻の訳者の西山武一の説を浮かび上らせた。下巻の訳者の熊代幸雄は、加工調理部門にまで及び農業経営についての説をだしていた。まず彼は、「底為良」という後作物との組み合わせの

図４－９　「要術」における耕圃の作付順序例

高田
- 大小麦（H）
  - 小豆・緑豆（B）
  - 青刈大豆（B）
  - 蕪青・胡荽（B'）
- 大豆・小豆・緑豆（B）
  - 粟（H）
  - 瓜瓠（B'）―粟（H）
  - 麻（B'）
  - 麻子（B'）―間作飼料蕪青（B'）
  - 〔紅花・地黄〕（B'）
- 開荒―黍穄（H）―紫草（B'）
- 圃畔…胡麻・麻子・荏（B'）―粟（H）

下田…大小麦（H）
- 大小麦（H）
- 陸稲（H）…（秋　麦田滞水のとき翌春の応急作物）

水田
- 水稲（H）―水稲（H）―水稲（H）（北地・挿秧）
- 水稲（H）―休閑（B）―水稲（H）―休閑（B）…（江淮・直播）
- 芋（B'）―芋（B'）

備考：本表は各耕圃作物（巻一，二）の「底為良」アトヨシを綴って作成したもので，作付順序周期を示すものではない。〔は推定〕，本表は犁耕する耕圃の作付順序であって，園圃のそれではない。第１行の「麦－豆」節に一年二作が散見のほか一年一作なり。

作付体系を提示し（図４－９）、営農類型を考えた。

そして、ノーフォークとの対比を提起した。

斉民要術：大小麦（Ｈ）―青刈大豆（Ｂ）―黍（Ｈ）―瓜・瓠（Ｂ'）：ＨＢＨＢ'綱

ノーフォーク：大麦（Ｈ）―クローバー（Ｂ）―小麦（Ｈ）―飼料蕪青（Ｂ'）：ＨＢＨＢ'綱

能代は、輪栽方式の類似性を見出し、これを「古代亜輪栽式農法」と命名した。しかも、自給的加工部門までの農業経営をも説いて次のように高く評価している。

「要術の高次加工は、近代農業経営学でいう（Ａ）工芸的副業部門と、家政学でいう（Ｂ）調理に大別される。更に（Ａ）は醸造・酪農・工芸の三亜部門に分れ、（Ｂ）は穀食・菜果・肉卵に大体分れる。要術では『耕農から醤醯にいたるまでの資生の業』として、最広義の農法＝家政 Husbandry の体系が完結する。つまり農業生産（及び収集）を、低次財から高次財への加工を統括して、逐次に消費までの過程を定式化した農業として、要術は最初にして且つ最後の、完全な体系だといえよう。(36)」

以上のような農耕体系がどのような系譜的産物として出現したのかという設問に対して、一方では照葉樹林農耕文化に繋がるという考え方を示しながら、他方では華北文化から発展したようにも考え、読者として甲乙つけ難い。

私は一九八六年、宮崎県で自主的に運営されている「照葉樹林文化を考える会」の友人と、雲南省を訪ねた。私たちは昆明からプミ族、チノー族の社会を貫通して西双版納のタイ族社会に入り、反転して黒イ族社会を抜けてペイ族社会に入り、さらに納西族社会に至るツアーを経験した。そうした少数民族地域であるにもかかわらず、楚雄市の外事弁公吏は黒イ族と自称したが、盆地の平坦地は漢族社会で、黒イ族は山中に住んでいると説明していた。そこで見た景観は、盆地低地の水田、山なり畑地利用、傾斜地棚田、ヤブ休閑焼畑、茶畑、果樹園、羊放牧草地、道端の木炭販売、マツタケ類似のキノコ類等々、単純には把握できない構成で、私は判断に迷った。要するに、種族と伝統的生業が混交融合し、日常的な生活、生産様式を生みだしているのだ。私は考えた末に、これは「東アジア的複合農業様式」だという結論を得た。

一九六〇年代、構造改善事業前の農業統計は、稲類、麦類、いも類、雑穀類、豆類、野菜類、工芸作物類、果樹、緑肥用作物、飼料用作物、畜産という組み合わせで報告されていた、「斉民要術」は、日本の稲から豆類までを禾穀類として巻二に納め、巻三蔬菜類、巻四果樹類、巻五樹木類、巻六畜産類という作物体系を示している。斉の時代とくらべ一九六〇年代までの営農類型は驚くほど類似した作物体系になっている。私は『続』で、『『要術』の著者賈思勰は現在の山東省であるが、『要術』農法は孫呉社会の基礎ともなった農法であり、明らかに漢代までの農業とは生産力の総合的内容を異にした農法であった。これが東アジア世界を形成する生産力基盤ではないだろうか[37]」という見解を出していた。これは、中国の時代区分に対し、漢代までが古代社会で、魏晋以後を中世と区分する場合の基本視点を提起していると考えたのである。

斉を含む南北朝時代から中国は随の時代に移る。ここで開皇律令の制定、均田制と租庸調制の律令体制が確立される。日本は遣隋使を派遣して律令体制を導入していく。この律令体制で固められた、中国を中心とした朝鮮半島、日本、ベトナムが東アジア世界を形成するのである。その場合の生産力の基礎が東アジア的複合農業様式であり、政治審級としては貴族制であった。谷川道雄は次のように述べている。

「中国社会は歴史の第二段階に入って貴族制社会を形成したが、日本をはじめとする周辺諸国家の成立は、結局貴族制社会の外延にほかならないのである。要するに、中国内外が貴族制という共通の糸で結び合わされたのが、いわゆる東アジア世界なのであった[38]。」

谷川は生産関係から東アジア世界形成をみている。私はその基礎に複合農業様式の浸透を位置づける。日本の天子が「日出ずるところの天子、書を日没するところの天子に至す」と言明したのは、生産力の均等性があったからではないだろうか。

(1) 上野登『人類史の原風土(続)』大明堂、一九八五年、一一八頁。
(2) マルク・ブロック、河野健二他訳『フランス農村史の基本性格』創文社、一九五九年、五八頁。
(3) スリツヘル・ファン・バート、速水融訳『西ヨーロッパ農業発達史』日本評論社、一九六九年、七九頁。
(4) 増田四郎『ヨーロッパとは何か』岩波書店、一九六七年、一五五頁。

（5・6）Lynn White, *Medievar Technorogy and Social Change*, p.78.
（7）野崎直治「ドイツの成立」林健太郎編『ドイツ史』山川出版社、一九五六年、八〇頁。
（8）平城照介「神聖ローマ帝国」林健太郎編『ドイツ史』山川出版社、一九五六年、一二〇頁。
（9）上野登『人類史の原風土（続）』一四一頁。
（10）同上、一四三頁。
（11）カール・ポールズ「東欧と西欧の政治関係」バラクロウ、宮島直機訳『新しいヨーロッパ像の試み』刀水書房、一九七九年、五〇頁。
（12）上野登、前掲書、一五二頁。
（13）B.L.C.Johnson, *South Asia*, p.52.
（14）近藤治『インド世界』世界思想社、一九八四年、四頁。
（15）上野登、前掲書、一七〇頁。
（16）ロミラ・ターパル、山崎元一他訳『国家の起源と伝承』法政大学出版局、一九八六年、三六頁。
（17）松田寿男『アジアの歴史』六興出版、一九八七年、七四頁。
（18）渡部忠世『稲の道』日本放送出版協会、一九七七年、一六八頁。
（19）ロミラ・ターパル、山崎元一他訳、前掲書、一三八頁。
（20）上野登、前掲書、一九〇頁。
（21）シャルマ、前掲書、二五四頁。
（22）渡部忠世『アジア稲作の系譜』法政大学出版局、一九八三年、四二頁。
（23）渡部忠世、同上、二三八頁。
（24）上野登、前掲書、一九五頁。
（25）山本達郎編『インド史』山川出版社、一九六〇年、六九頁。
（26）宇都宮清吉『中国古代中世史研究』創文社、一九七七年、四二三頁。
（27）上野登、前掲書、二一一頁。
（28）上野登、同上、二一七頁。

(29) 西山武一『アジア的農法と農業社会』東京大学出版会、一九六九年、一六八頁。
(30) 西山武一、同上、一七〇頁。
(31) 上野登、前掲書、二二三頁。
(32) 星斌夫『大運河—中国の漕運』近藤出版社、一九七一年、一五頁。
(33) 上野登、前掲書、二一二頁。
(34) 上野登、同上、二一五頁。
(35) 『斉民要術』下 二八〇頁。
(36) 上野登、前掲書、二三五頁。
(37) 谷川道雄「世界帝国の形成」『新書東洋史2』講談社、一九七七年、二二〇頁。

第II部　国民経済から世界経済へ

第五章　国民経済型国家間抗争

一　新しい地理的・歴史的視点

第四章までの世界把握視点は、一九八七年の執筆完了まで有効性をもちえた。封建制社会から資本制社会への移行に当たっては、全く次元を異にした視点が要請されてきた。私は「世界システムの経済地理」の冒頭に、「序章、空・時的発展の方法的視座」を置き、次のような視点を出していた。

アナール学派の存在が、世界的に注目されるようになったのは、一九七〇年代以降、世界環境問題が登場してからであった。この問題を軽視ないし無視してきた社会科学への反省が行なわれた時、アナール派の存在が浮び上ってきた。とくにブローデルの労作『地中海』が注目された。この労作は三部構成からなっている。第一部「環境の役割」、第二部「集団の運命と全体の動き」、第三部「出来事、政治、人間」である。彼は「序文」（一九四六年）のなかで、「我々は歴史を段階的に成層化された次元に分解するに至った。あるいはこう言ってよければ、歴史の時間のなかに、地理的な時間、社会的な時間、個人的な時間を区別することにした(1)」とのべ、第一部は地理的時間、第二部は社会的時間、第三部は個人的事件的時間という視点で考察していったのである。

ブローデルの歴史観は、アナール学派の継承発展の第二局面として登場してきたものである。アナール派の創始者の代表的人物としてはリュシアン・フェーヴルとマルク・ブロックの名があげられる。彼らは一九二九年に雑誌を創刊するが、ブラーシュの影響のもとに社会学と歴史学に新境地を求めていったグループである。このためにアナール学派は、ブラーシュの影響を受けた地理学的アプローチ、デュルケムから受けつがれた社会学的アプローチ、計量経済史的アプローチの三つの要素の総合から誕生したといわれている。

ブローデルは、三つの時間は無関係な時間ではなく、景気変動との関連で、繋がっていると提起した。経済情勢をみると、変動の時期の長さがあり、「百年単位の変動、長期の景気循環（コンドラチェフの五〇年周期等）、短期の景気循環（一〇年以内の周期）、季節ごとの変動[2]」が認められ、この組み合せを考えると、一〇〇以上の因果関係が見出されるが、長期的な持続的構造局面のうえで、三つの時間現像をとらえる視点を提起していた。ブローデルの地理的時間は、長期的な構造局面の時間であり、短期的現像はその構造上の展開局面と考えられている。

ウォーラーステインは、ブローデルの三つの時間的局面を発展させて、次のような視点を出していた。

「ブローデルは自分を歴史地理学者と呼んでおり、自らリュシアン・フェーヴルの弟子であるのはもとより、ブラーシュの弟子であるとみなしていた。私のやりたいことは、ブローデルの四つの時間――エピソード的時間、循環的時間、構造的時間、賢人たちの時間――をとりあげ、これらの時間はそれぞれ空間をもつと主張することである。さらに時間と空間は二つの別々のカテゴリーでなく、私が〈時空〉Time Space と呼ぶ単一のカテゴリーであると主張したい。[3]」

この時空概念を整理して、次のように規定していく。エピソード的時間は、一つの事件に関係する空間で、地政学的空間である。循環的時間は、たとえば東西対立、南北対立といったイデオロギー空間である。

構造的空間は、歴史とともに変化していく史的システム空間である。中核―周辺という対空間もこの類型に入る。賢人たちの空間は、永久不変の空間で、法則定立的社会空間である。こう規定したうえで、「構造的時空は、それがシステムであるかぎり、それを左右する循環的過程を通していつまでも続く。だがそれが歴史的であるかぎりいつも変化していく。周期的変動と長期的趨勢との間の緊張は[4]」システムの危機の発生を生みだす。この危機に対しては、好機の選択を迫られる。これを転形期の時空として、もう一つ〈時空〉を加える。

私は、九州地方開発促進法をめざす九州の財団の調査に加わり、工場誘致、工業立地の調査を担当し、日本社会がフォーディズムへと構造変動する局面に対し、空間的再編成理論の課題を見出した。その課題の論理化として『経済地理学への道標』を刊行したが、それは私を環境保護、公害被害者支援の市民運動へといざなった。この過程で、「生きられる空間」視点に立った人間存在の「空間的・時間的構造、風土的・歴史的構造」の論理に達し、ヒマラヤ体験から「二期社会から四季社会へ」の構造局面をとらえ、『人類史の原風土』を刊行してきた。そしてアナール学派の存在に直面し、またウォーラーステインの〈時空〉論に接し、私は次のような構図での、資本主義社会の地理学的分析の視座を設定せざるを得なかったのである（図5－1）。

第Ⅱ部は、史的システムとしての近代世界システムの発生と展開を対象とするものである。中世までの空間的時間的発展過程は、たとえば貢納制に代表されるように、風土的侵害の傾向は少なかった。近代世界システムは、空間領域の内包的、外延的拡大の歴史をベースにしていく。商品の国際化、貨幣資本の国際化、生産過程の国際化という国際化契機の展開として推移していく。その基底部として環境に対する社会発展過程が存在しているが、初期段階の人間による自然の征服という幸福感から、環境破壊・崩壊によ

図5－1　空時的展開の模式図

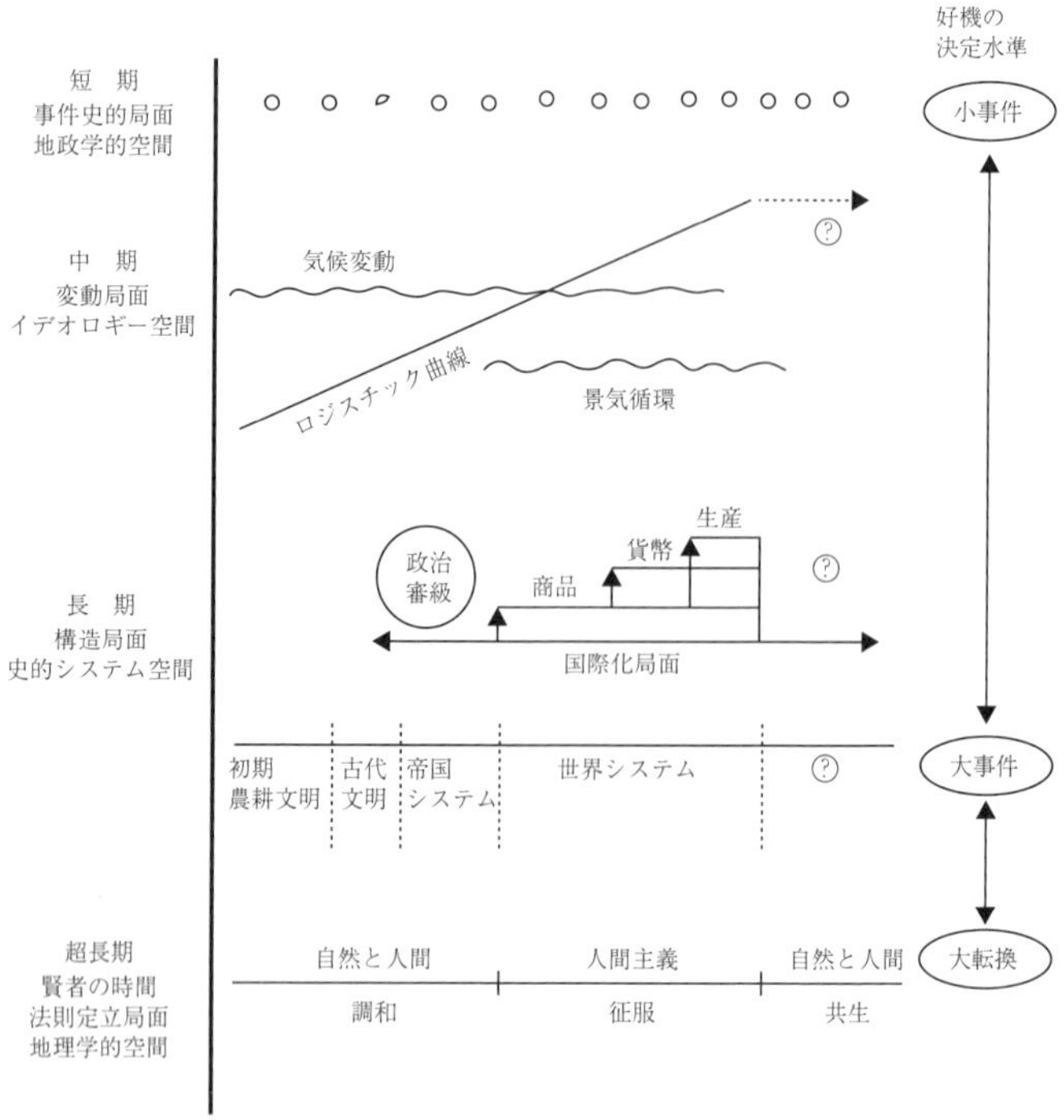

る人類社会の危機という極限にまで達しようとしている。そうした過程が現代経済地理学の課題であろう。

二　国際商品の登場

1　商品の質の変化

中世の商工業の復活は、商業資本による重商主義的交易を中心に登場してきた。需要者は、封建的上層貴族階級で、封建地代の強奪による欲望をベースにしていた。供給者は、アジア各地の産物、とくに香辛料を典型とする侈品を提供した。対価物は銀で、ヨーロッパにはアジア各地が必要とする生産物はなく、通貨あるいは貴金属としての銀が求められた。商業資本はその構造に外部的に寄生し、遠隔地間交易を理由に交易差額を取得することを目的としていた。対価物としての銀は、南ドイツ地方の銀鉱山から供給され、ハプスブルグ家の財力を支えていた。

スペインとポルトガルは、この重商主義の交易システムから除外されていた。ユトレヒト半島を回遊する交易ルートを開発したオランダは、ライン川沿いの交易ルート以外に地中海ルートを開いて、この交易システムに参画しえていたが、両国は除外されていた。しかし、好機を見逃すことはなかった。イベリア地方は、イスラムの勢力に支配される時期を経験していた。イスラムは地中海地域に、砂糖の生産をもちこんでいた。原産地はニューギニアといわれるが、この根栽作物はインドネシア、フィリピン、インドの方向に伝播していた。アレクサンダー遠征のとき「甘い蜜をだす葦」として知られていたという。ミンツは、次のように砂糖の伝播をのべる。

「ヨーロッパの砂糖史にとって転換点となったのはアラブ人の西方への進出であった。(アラビア人の)征服後、それが地中海全域に広がっていく。シチリア、キプロス、マルタ、やがてロードス島、モロッコおよびスペイン本土などの各地にアラブ人はサトウキビを持ちこみ、この特殊な甘みへの嗜好をうえつけたのである。この砂糖史上の『地中海時代』に西ヨーロッパは、しだいに砂糖になじんでいくのである。製糖業はこの地中海からマデイラ諸島、カナリア諸島などスペイン、ポルトガルの大西洋諸島に移るが、この局面はごく短期で終り、まもなく中南米のそれにとって代られてしまう。(5)」

この砂糖キビをカリブ海に持ちこんだのはコロンブスで、第二回航海の一四九三年にカナリア諸島からクリオーリョ種をもちこんだ。その後、外科医ペドーサが製糖の熟練技術者をつれてきて、エスパニョーラ島に〃トラピチエ型工場〃(馬による絞り)が出来、一五四六年には〃インヘニオ型工場〃(水力工場)へと規模の拡大が行なわれていった。しかし、スペインの植民活動は、メキシコ海岸上陸(一五一九年)以後、金・銀を求める活動へと変化し、とくにポトシ鉱山の発見後、砂糖生産は衰退に向かう。

これに代わって登場してくるのがブラジルの砂糖生産であった。大西洋方向に向かって競合するスペインとポルトガルの間に立って、ローマ教皇は一四九四年トリデシーリアス条約を両国に締結させた。これによって現在のブラジルの西半分がポルトガルの領域になった。ジュリアン二世はバスコダガマに喜望峰回りのインド航路発見、カブラルに西回りのインド航路発見を命じ、カブラルは一五〇〇年四月ブラジルに上陸した。当初の交易財は染料原木のバウ・ブラジルであったが、一五三〇年以降砂糖生産に重点を移していった。ポルトガルが一時スペインに併合された時代、オランダ資本に支配されていたが、独立後はオランダ工場を退け、砂糖王国を維持していた。

砂糖生産に意欲を示しはじめたヨーロッパは、カリブ海争奪戦を展開した。この結果、イギリスは小アンティル諸島、フランスはマリチニク、グアドループ島、オランダはベネズエラ沖のキュラソー諸島、デンマークはセント・マーティンやヴァージン諸島を占領した。一五八八年のスペインの無敵艦隊の敗退後は、イギリスのジャマイカ占領、フランスのイスパニョーラ島西部占拠が続き、スペインの後退が決定的となった。

砂糖に続いてヨーロッパ市場に顔を出してきたのは、コーヒー、ココア、紅茶という新商品であった。

コーヒーはアフリカ原産である。このコーヒー利用には二説がある。一説は、キリスト教の修道院の僧侶が、ミサの眠気さましとして利用したという「キリスト教説」、もう一説は、アラビア回教徒の医師が、領主の娘との関係を疑われて追放され、荒野でついばむ小鳥にならい、その実を煮つめて飲み、健康になることを発見したという「イスラム教説」である。いずれにしろ、その実を粉末にし、焙煎してのむ方法が考案され、トルコでのコーヒーハウスで好まれたことから、ヨーロッパに普及していった。

ココアは、アオギリ科のカカオから作られる飲料食物である。カカオ属は中南米の熱帯に自生し、マヤ族やアズテッカ族はチョコレートを作って食用に用いていた。一五二五年にスペイン人がカリブ海のトリニダ島に植えたのが始まりといわれる。

紅茶は、イギリスのインドへの植民活動と関係して登場してきた。コーヒーの普及は、コーヒーハウスとしてロンドンに及び、ゼントルマン層の集会所の役割を果すようになった。これに対し、奥方様が家庭社交会を催し、紅茶をのみ乍ら雑談することを始めたからといわれる。いずれにしても、新しい大衆的な商品が登場してきたのである。私は、この傾向を次のように述べていた。

「新商品の開発は、資本主義の成長拡大のための基礎的条件である。人間の欲望を創出することによって、その欲望を充足する新しい使用価値をつくりだし、無限の価値実現を追求していく。このために資本はあらゆる手段を行使していく。資本主義の発生の当初から、この資本の性格は躍如として作動した。新商品は、苦味をもつ嗜好品の性格をもっている。この苦味に対し、人間は本能的に愛好する性向をもっているのかもしれない。この苦味を甘味と結びつけ、そこに新しい人間の欲望の市場をつくりだし、新しい商品と結びつける。しかも、その新商品は、ヨーロッパの風土には全くなく、遠方の熱帯や亜熱帯の産物で、世界商品として誕生してくる運命をもっていた。

文化的背景から考えれば、それぞれの風土で基本的食糧としてではなく、嗜好的飲料として使用されていたものの中に新しい人間の欲望の可能性を見出し、それを好みに合うようにブレンドし、大衆的嗜好飲料に仕立てていく。世界経済は、こうした世界商品の創出とともにそのシステムとしての網の目を拡大し、密にしていくのである。」(6)

この国際商品の登場は、構造的局面の転換を示すものである。中世の商工業の成立は、各地の風土的差異に基く生産物に、外部的に寄生する交易体制をベースにしていたが、新しい欲望の創出、新しい商品の提供という「発起人利益社会」に移行したのである。

2　移植の思想的背景

メイズフィールドは、新旧世界の関係について次のように述べていた。

「旧世界と新世界がつながり、作物と家畜が相互に伝播したことは人類史上もっとも重要なできごとであり、〝地理上の発見〟がもたらした諸影響のなかでも、もっとも意味が大きかっただろう。新世界原産の作物がなければ、ヨーロッパはのちに実現したような激しい人口増加に耐えられなかっただろうし、旧世界の熱帯地方もこれほど早急には開発されなかっただろう。逆に、ヨーロッパの家畜、とくに輸送ならびに耕作用の馬やロバがなければ、新世界はこれほど短期間には開発されなかったであろう。(7)」

われわれ日本人になじみの深いサツマイモをとってみると、ポリネシア人が原産地のペルーから運び、それが拡散したといわれている。この伝播は移植の技術に支えられ、原産地の風土に類似した環境へとリプラントされたのである。アンデス山脈のジャガイモは、ヒマラヤの畑作にも移植され、ランタン谷の小粒のジャガイモはネパール一の美味と言われていた。

移植は、動植物だけにみられるだけでなく、人間の労働力にもみられた。アフリカから新大陸への奴隷貿易がそうである。ウォルター・ロドネーは次のようにのべている。

「ヨーロッパ人がアメリカに到着した時、彼らは豊富な金、銀、熱帯農産物を発見した。しかし、充分な労働力の供給なしには、これを富として獲得することはできない。土着のインディアン人は天然痘のような新しい病気に抵抗できなかったし、農園や鉱山の組織された労働に耐えられなかった。……そこで最も近い大陸、アフリカに向かったのであるが、そこには定着農業とさまざまな分野で訓練された労働に慣れた人口があった。こうしたことが、ヨーロッパによって奴隷貿易が始められたときの客観的条件であり、同時にまたヨーロッパの資本家階級がアフリカを奴隷輸出に特化していった理由でもある。[8]」

アフリカの奴隷貿易は次の段階を踏む。

①スペイン王による許可制時代（一五一三〜九五年）

②スペイン王によるポルトガル人の請負契約の時代（一五九五〜一六四〇年）

③スペイン衰退にともなう独占をめぐる抗争とオランダが覇権をとる時代（一六四〇〜一六九四年）

④奴隷貿易会社乱立の時代（一六九四〜一七六二年）

①から③までは、王室による請負契約を中心とする抗争で、奴隷の獲得競争が行なわれていた。④の段階からは奴隷貿易が主流になり、三角貿易が出現してくる。細野昭雄が作成している新大陸への奴隷移入量表は一六〇一〜一七〇〇年の一二七万人に対し、一七〇一〜一八一〇年には六〇五万人と急増していることを示している。[9]その三角貿易の鍵をにぎるのは、新しく登場してきたヨーロッパの資本主義的工業生産物であった。この時点で重商主義的独占体制からの変容が展開しだすのである。

新大陸に比べ、アジアへの移植運動は違った姿をとらざるを得なかった。イスラム商人の遠隔地貿易活動の展開、それにともなうインドからインドネシアに及ぶイスラム化の波にのる現地商人の誕生、中国の貢納貿易との接合局面としての東南アジア現住民貿易は、それ自体として一つの世界貿易の構造をもっていた。この中にポルトガルの商館型拠点配置の侵入、オランダ東インド会社の侵入があった。ポルトガルを駆逐したオランダ東インド会社の方法は、現住民の伝統的貿易パターンに適応し、インドネシア多島海の無数の交易地点で東洋風の交易をすることであった。作物の移植に際しては、現地の労働力をベースに耕作強制による義務供出によって集荷された。貢租という伝統的な徴収方式があり、その伝統的な行政組織を通じて供出を実現していった。新大陸の移植、貿易が白地の上に周辺地を形成して行なわれたのに対し、アジアでは重層的に辺地性が形成されていった。

地理的発見の時代、ヨーロッパは人間中心主義の思想に支配されていた。いや、この人間優越の思想につき動かされて、あれだけの世界・自然の征服へのエネルギーを爆発させたのである。キース・トーマスは『人間と自然界』の著作の中で、その由来を次のように述べている。

まず『聖書』の説教師が、「すべての被造物は人間のために作られ、その支配にゆだねられ、その利用にまかされている」という神の節理を説いた。この思想に立って「自然界の征服」という人間の行動が許されることになる。トーマスは、「ベーコンにとって科学の目的とは、堕罪時に失った創造物に対する支配権を奪回することであった。こうした伝統に育まれた科学者たちは『自然を知れば知るほど、制圧し、管理し、人間の生活に奉仕させせられるであろう』と考えて、自然界の研究にたずさわった[10]」と、自然征服の科学的根拠が発生したと説いている。

この征服・支配の対象は、単純な自然でなく、他の動物、同じ人間の仲間の一部に対しても向けられていった。「人間の無比性」の論理である。その根拠としてトーマスは「デカルトが一六三〇年以降、この学説を発展させて有名にしたのである。それによると動物は時計のように複雑な動きをするが、話したり推論したりできず、感覚すらないたんなる機械、自然機械にすぎない[11]」ことをあげ、人間の精神の優位性が認められたと指摘する。

自然機械と人間機械を分ける境界線は、「道徳や宗教と同様に、教養ある上品さ、《礼節》、洗練もまた、動物より人間を上位におく仕掛けであった」とデカルトは線引きしていた。この論理にもとづいてデカルトは「人間の本質をなんらかの特質によって定義しようとすると、この特質を示さない人間は、人間以下の動物同然の存在になってしまう。……一七、八世紀には、黒人の動物的性質、獣的な性欲、獰猛な性質について論じた数多くの学説がみいだされた。……一旦動物視された人が、その後も動物扱いされやすくなるのは理の当然といえるだろう。……植民地の市場で売られ、焼印をおされて働かされていた奴隷こそ、獣的と目された人々の取扱い方の好例にほかならない(11)」と奴隷是認の論理を示していたことをトーマスは指摘する。

人間中心主義の自然征服の発想と、その実現のための移植社会の創出は、必然的に生態系のリズムを破壊し、その影響を後世に残すことになった。ガレアーノは、砂糖プランテーションの故地について、東北部砂糖産地の森林地帯はサバンナ地帯に変貌し、砂糖大農園は石ころと地力が低下した土壌地、そして侵食のひだを残した荒地になったと告発している。ワッツは、conuco 農法で、数千年間にわたり、定常システムを維持してきた環境がヨーロッパ人の侵入以後、どのような環境悪化を与えてきたかを年代別に次のように表示していた(図5－2)。

三　重商主義段階の覇権抗争

1　スペインとイギリスの牧羊経営比較

私は『道標』のなかで、「地理的発見以降、世界の各地域で独自に展開していた民族の歴史は、ヨーロ

図5－2　発展が西インド諸島内の環境に与えた影響

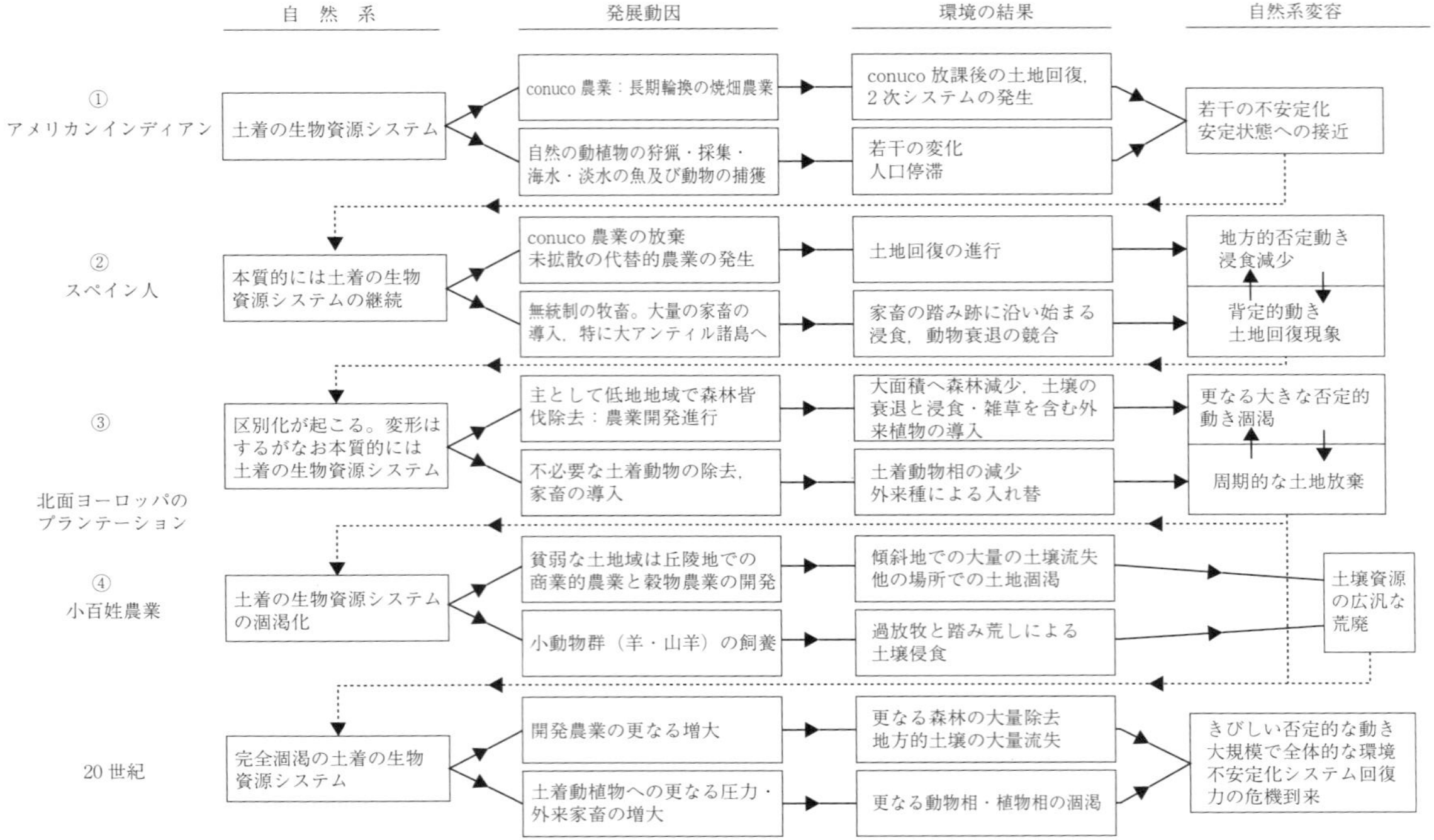

自然系
発展動因
環境の結果
自然系変容
①
アメリカンインディアン
土着の生物資源システム
conuco 農業：長期輪換の焼畑農業
自然の動植物の狩猟・採集・
海水・淡水の魚及び動物の捕獲
conuco 放課後の土地回復,
2 次システムの発生
若干の変化
人口停滞
若干の不安定化
安定状態への接近
②
スペイン人
本質的には土着の生物
資源システムの継続
conuco 農業の放棄
未拡散の代替的農業の発生
無統制の牧畜。大量の家畜の
導入, 特に大アンティル諸島へ
土地回復の進行
家畜の踏み跡に沿い始まる
浸食, 動物衰退の競合
地方的否定動き
浸食減少
背定的動き
土地回復現象
③
北面ヨーロッパの
プランテーション
区別化が起こる。変形は
するがなお本質的には
土着の生物資源システム
主として低地地域で森林皆
伐除去：農業開発進行
不必要な土着動物の除去,
家畜の導入
大面積へ森林減少, 土壌の
衰退と浸食・雑草を含む外
来植物の導入
土着動物相の減少
外来種による入れ替
更なる大きな否定的
動き涸渇
周期的な土地放棄
④
小百姓農業
土着の生物資源システム
の涸渇化
貧弱な土地域は丘陵地での
商業的農業と穀物農業の開発
小動物群（羊・山羊）の飼養
傾斜地での大量の土壌流失
他の場所での土地涸渇
過放牧と踏み荒しによる
土壌侵食
土壌資源
の広汎な
荒廃
20 世紀
完全涸渇の土着の生物
資源システム
開発農業の更なる増大
土着動植物への更なる圧力・
外来家畜の増大
更なる森林の大量除去
地方的土壌の大量流失
更なる動物相・植物相の涸渇
きびしい否定的な動き
大規模で全体的な環境
不安定化システム回復
力の危機到来

ッパの国を中心とした世界史に統一され、民族の独自的展開は否定され、ヨーロッパの従属的経済構成部分として新たな出発を強いられることになる。以上のような視点に立って、スペイン型、オランダ型、イギリス型の歴史的展開を、初期の前期的商業資本の支配的活動が後期の産業資本が主たる要因になるまでの変化を示している[13]」と考えて、「国際的生産連関の特質」の節を草していた。そのスペインとイギリスの抗争は、植民地交易の毛織物工業との関連で始まっていた。

スペインはイスラム領有からの国土回復運動後、コロンブスの新大陸発見をもあわせ一四九二年に一つの絶頂を形成した。そして一五五六年のフェリペ二世の譲位までの四〇年間、ヨーロッパの中心勢力を維持していた。その基礎はアフリカのメリノ羊種の導入による牧羊とカスティーリャの毛織物業と絹織物業の成長にあった。しかし、その産業には弱点が潜在していた。

牧羊は伝統的にアルプ経済の移牧で経営されてきていた。国土回復後、スペイン王は牧羊業の規模拡大のために、移牧空間を山地から回復国土の平野部まで移動する許可を牧羊業者に与えた（図5－3）。井上幸治は次のようにその特権化を述べている。

「一三世紀後半、アルフォンソ十世はカスティーリャ牧羊業者に統一的組織、メスタを設立させ、一五世紀には北はレオン、南はアンダルシアにいたる大規模なトランスヒューマン羊毛生産体系が確立した。メスタが僧院や貴族を指導者として構成され、王室財政の重要な源泉となったが、農民的小牧畜や定着農業の犠牲の上に成立したのも事実であった。大規模牧畜の特権的保護、小農経営の無視、この上に羊毛生産は成立した[14]。」

ブローデルは、スペインのメスタを山から平地への移牧として逆移牧と批判していた。スペインの「黄金時代」は一五四八～五二年に危機を迎える。新大陸から大量の銀が流入し、一種のインフレが起こり、

図5－3　カスティーリャの移牧

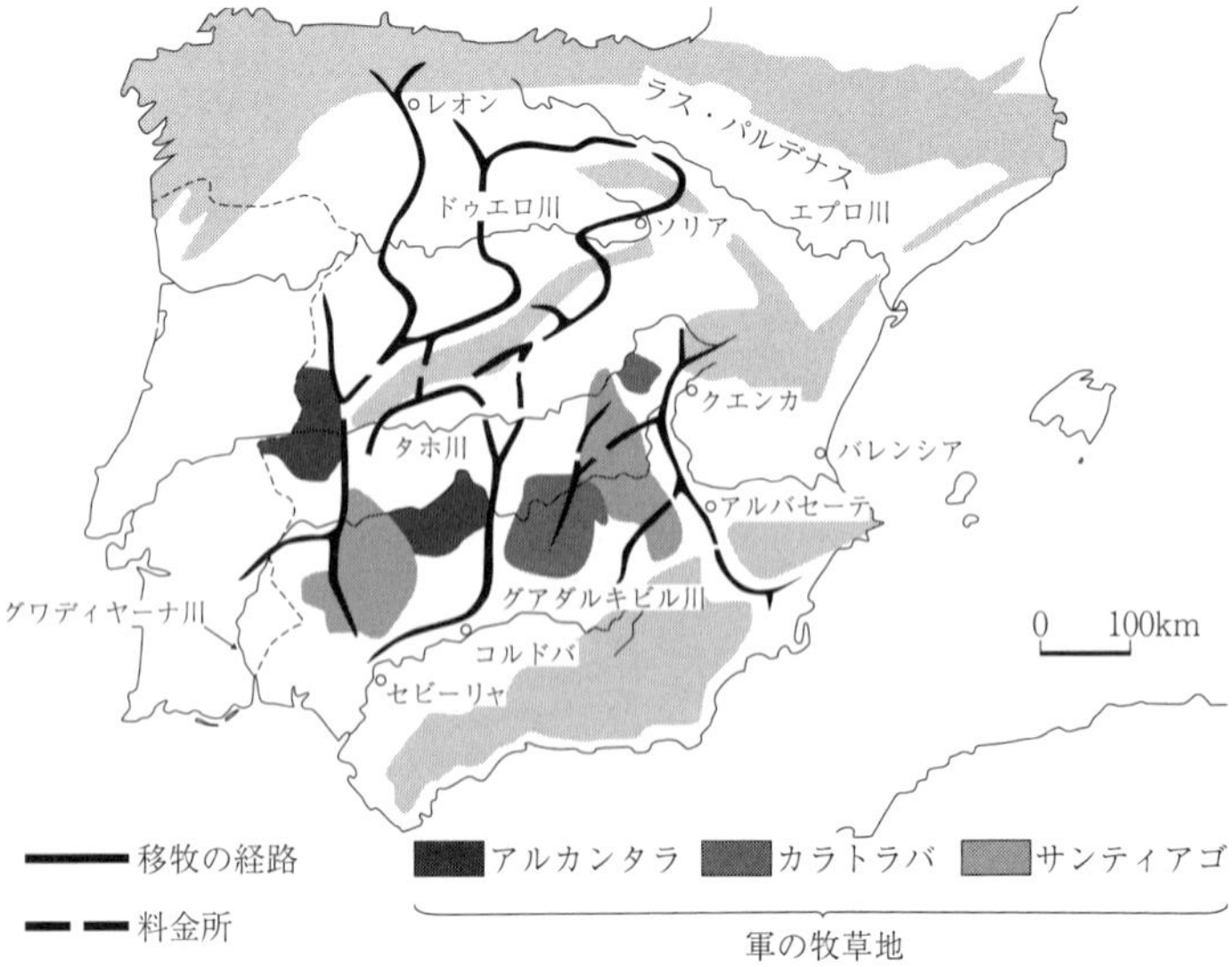

資料：ジュリアス・クライン『メスター 1273 ～ 1836 年のスペイン経済史研究』ケンブリッジ, 1920 年，18～19 頁による。
出所：ブローデル『地中海Ⅰ』147 頁より。

スペインの価格水準を押しあげた。このためカスティーリャ毛織物製品価格の高値性の苦情が殺到し、安い外国製品の輸入許可法が制定され、王室ギルド的性格の「都市の織元」型の毛織物業の衰退が始まるのである。その後、フランドル地方の農村工業型の織物業への原毛供給国に転落し、半辺境地に後退していくことになる。

イギリスは、植民地拡大に伴う毛織物製品の需要増大、羊毛の需要拡大に対応し、スペインとは異なった潮流を作りだしていった。初期段階には、封建貴族の領地内の共同体的解放耕地制を上から囲い込む運動が展開し、「羊が人間を食う」というエンクロージャーが行なわれていった。この段階では、メスタとの共通性が指摘されるが、小農的対応は違った姿をとっていった。椎名重明が一九五五年に出した論文のレイ・ファーミング論から始まるイギリス農業の流れである。飯沼二郎は、イギリスの農業の展開を次の三段階に分ける。Ⅰ穀類・穀物段階、Ⅱ穀物＋牧草類・牧草段階、Ⅲ穀物＋牧草類＋根菜類・根菜段階。そして次のように解析する。

「フランドルの格言に『飼料なければ家畜なし。家畜なければ肥料なし。肥料なければ収穫なし、』といっている。飼料といっても野草類と栽培牧草類および根菜類の三種類がある。その飼料の三種類に応じて、それを三段階に分けて考えなければならない。まず第一段階は、耕地には穀類のみが栽培され、飼料はもっぱら野草類に依存する。ついでに第二段階は旧来の穀類のみが栽培された耕地へ、栽培牧草類（クローバー等）が導入される過程であり、最後に、第三段階は、穀類と牧草類の栽培される耕地へ、根葉類（カブ等の飼料作物）が導入される過程である。[15]」

この分類の第二段階がレイ・ファーミングとしての改良穀草式農業であり、第三段階がノーフォーク式農業ということになる。この第二段階が農民的エンクロージャーの時代で、集約的な牧羊経営を可能にし、スペインの大規模牧羊との差異を創出するのである。しかも、スペインの農業は、資本制的農業への展開が封建的規制で阻止され、分益小作制農業として半辺境的地位に押しこまれていくのである。これに対し、イギリスのレイ・ファーミングによる牧羊経営はヨーマン層の輩出の基盤となり、フランドルの農村工業の展開に対する羊毛供給の役割を担うとともに、フランドルの新毛織物工業の北方分散化の中で、その受け皿としての風土的役割をも担うことになる。農業経営自体としてみても、先に述べたように、ノーフォーク式農業への展開の素地を創出しており、イギリスの覇権確立の基盤にもなっていくのである。

2　オランダに対するイギリスの一歩の差

重商主義段階では、イギリスによるスペインの無敵艦隊撃破（一五八八年）以降、オランダに覇権が移行し、一六二〇～一六五〇年はその成熟期といわれる。ウォーラースティンは、このオランダの覇権の獲得と衰退化を問題にした『近代世界システム、一六〇〇～一七五〇』を著しているが、ここで三角貿易の特質を次のように述べていた。

「つまり、ヨーロッパに綿布や砂糖や煙草――いずれも、アフリカの奴隷労働と東インドから香料やお茶を入手するためにヨーロッパ人がもちいた銀によって育まれた――を供給したいわゆる三角貿易の基礎が、西インド会社によって固められたのである。オランダ人はこの構造のパイオニアであった。その利益の大半がイギリス人とフランス人に刈り取られたとしても、それはオランダ人が生みだしたものであった。しかし一六七〇年代、つまりオランダのヘゲモニーが終焉を迎えた直後に、その利潤を刈り取る条件が整ったために、あとからより高い生産効率を確立したイギリス人によって――ある程度はフランス人によっても――、刈り取られてしまったのである。[16]」

「より高い生産効率」による一歩の差が問題である。カステーリャの織物業への不満は先に述べたが、ギルド的な「都市の織元」に対抗する農村工業がフランドル地方に誕生してきていた。フランドル地方は気象・土壌条件によって、三圃式農業地域の有核村落形式の農業ではなく、単一農家型の自由な作付農業経営地域であった（図5－4）。この自由的な村落の中から、そしてギルド的都市からの織布工の移住によって農村工業が誕生し、大衆的なサージその他の新毛織物生産を展開しだしていた。しかしスペイン統合後のオランダ独立戦争を通じ、フランドルは宗教的な棲み分けが進行し、カトリック系は南フランドルに、新教系は北フランドルに集中していったが、農村工業者の多くはカルヴァン派であったので、北に移住しなければならなかった。しかし北フランドルは中世以来の古い封建諸関係が強力な支配力をもっており、移住農村工業者は都市居住を強制され、問屋制商業資本にからみとられ、トラフィーク（加工工業者）に転換していった。この難を避けて、イギリスの非有核村落地帯へ移住していく一群があった。それがイギリスにおける「農村の織元」を構成していく端緒となった。私は、『道標』の中でその過程を次のように述べていた。

図5－4　有核村落の分布図

マイチロンの地図化したもの
出所：W. G. East, *op. cit.* p.89.

「イギリスの毛織物工業は一三世紀に重要な技術的変革、すなわち縮絨過程の人力から水力への変革を体験していた。この技術的発展は東南部の都市に蟠居していたギルド的毛織物工業に対立する新しい生産地域を登場させた。このフリング・ミルはある一定の水流を必要とするが、その水流は都市ではえられず、この立地条件を求めて工場は農村地帯に分散していった。なかでも、山地、峡谷、湖沼地方は、新しい立地条件を備えたところとして毛織物工場を誘引した。この結果、ウエスト・ライディング、湖沼地方、コーンウオル、デヴォン、ソマシット、ウィルトシャ、ケネット谷の諸地方が新毛織物工業産地として登場してきたのである。

以上の新しい農村工業地域はいずれも、先の有核村落の分布図にみるように、有核村落の外縁部ないし周辺地域であるという特質をもっている。たとえ有核村落地帯内にあっても、水流をえやすい峡谷地帯は、一般に単一農家定住が成立していた。したがって、フランドル地方と同様、イングランド西部は出発の当初においては自由な農村工業、開放耕地制に制限されない工業としての姿をもっていたといえる。[17]」

このイギリスの農村工業的風土の中に、フランドルの農村工業者が合流していったのである。イギリスでは新興生産地の興隆で羊毛需要が増大し、羊毛生産の増大が要求された。当初は領主的エンクロージャーとしての羊毛生産が行なわれていたが、それが刺戟となってレイ・ファーミングが農業経営類型として誕生し、農民によるエンクロージャーによる牧羊経営が展開していくのである（図5－5）。

毛織物工業の類型を分類すると、次のように三類型に分けられる。都市的ギルド的工業の場合、スペインでは自国内生産の羊毛を原料にしていたが、問屋制的商業資本の支配下にあった。フランドルの農村工業は、自由な経営であったが、羊毛は輸入で得られ、加工工業的性格をもっていた。これに対しイギリスの新興毛織物工業は、自国内の牧羊業の発展で原料を獲得することができた。それと同時に、「都市の織元」段階のマーチャント・アドヴェンチャラーズという流通の商業資本的性格に対し、ファクター（毛織物仲買兼販売代理商）が登場し、産業資本に従属する近代的商業資本の役割を果していく姿が明らかにな

図5－5　1455～1607年のエンクロージャー進行の地理的分布

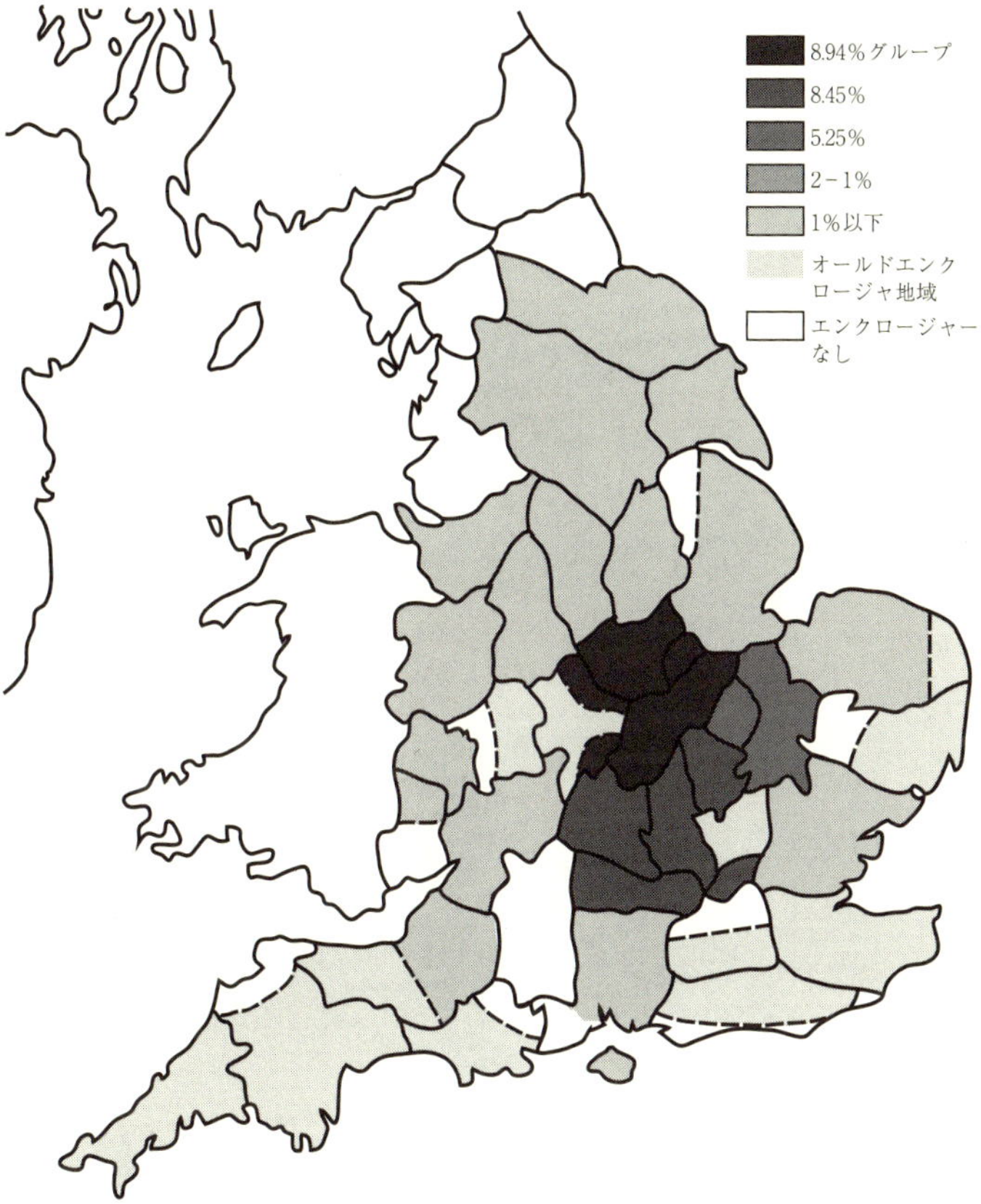

エンクロージャー総面積は516,673エーカーであり，これは全耕地面積の27.6%にあたる。この地図はグレイが *Quarterly Journal of Economic Seience XVII* に発表したものである。
出所：角山栄『イギリス絶対主義の構造』27頁より引用した。

図 5－6　1470 年頃の毛織物工業の分布図

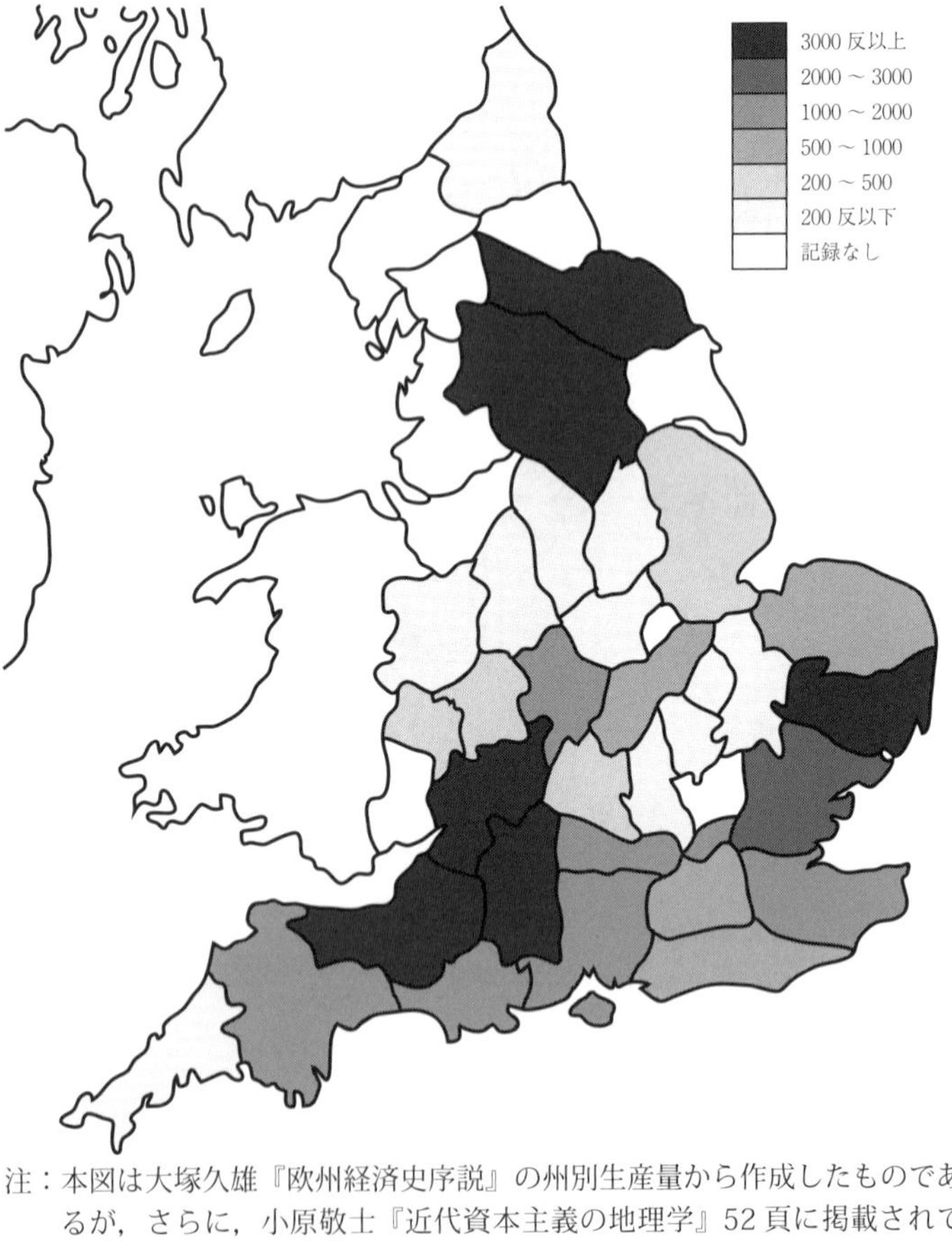

注：本図は大塚久雄『欧州経済史序説』の州別生産量から作成したものであるが，さらに，小原敬士『近代資本主義の地理学』52 頁に掲載されている Darby の *op. cit.*, p.250 の 14 世紀後半の毛織物工業分布図を参照していただきたい。

っていった。オランダに対するイギリスの一歩の差が、覇権移転を起こしていく（図5－6）。

3　イギリスの覇権確立

私の地理的歴史的唯物論思考に対し、大塚史学は非常に大きな影響をえてきた。『世界システムの経済地理』では、大塚久雄の一九三八年の『株式会社発生史論』から一九六五年までの主要文献一一をあげ、その流れの上に「『国民的生産力』への大塚史学の視角」を草していた。その書きだしで、次の視点を四四年刊の『近代欧州経済史序説』の「初序文」から誘引していた。

「西欧の近代経済社会がもつ世界史的意義の一つがその勢力圏の極めて執拗な世界的規模への拡延と膨張であった事実は、すでに周知のことに属するであろう。……その現実的基礎をなすものは何であったか。……その『鍵』を地理的発見以降の国際的商業戦とその覇権の帰趨、という歴史的過程のうちに探究しようとしたのである。その際オランダとイギリスの対比が、なかでも著者の大きな興味の対象になったが、この比較史的追求の結果見出されたのは『国民的生産力』の問題であった。……イギリスのオランダに対する、さらにその他の西欧諸国に対する『商業』的優位を決定し、したがってその経済的勢力図の世界的拡延を基礎づけた現実的要因は、むしろ、イギリスの『国民的生産力』の急激な展開に求むべきである。」

大塚は、国民的生産力の内実をダニエル・デフォウの文章から具体的に得ていた。

「デフォウの表現をかりると、『イギリスの経済にあっては、元本はすべて自国内でえられる。……イギリス人はみずから植え、耕し、羊毛を刈り、それを織って売る。イギリスの輸出向け製品は自国産であるばかりでなく、その原料もまたほとんど自国産である』。つまり、イギリスの経済にあっては、基本的な生産要因はすべて自国の生産体系の中に見出され、いわばその経済循環の起動点が自国民の再生産活動の内部に現存している[19]。」

以上のようにイギリスの再生産構造の規定をしたうえで、オランダとの対比の結論を出していくのである。オランダは、中継ぎ貿易的な重商主義政策のうえに立ち、先述の三角貿易の指導権を握る存在として覇権を維持していた。そして、東インド会社を通じインドネシアの砂糖や香料をも支配していた。そうした支配体制が崩れていく要因は、経済構造の差異にあったのだ。ウォーラースティンは、オランダのヘゲモニーからの下落の過程を一六五〇～七二年と規定していたが、一六五一から八九年まではイギリス対オランダの抗争局面、一六八九から一七六三年まではイギリス・フランス抗争局面としてとらえるべきではないかと私は考えて、覇権の推移をみていった。一六八九年にはオランダの没落が決定していたのである。一六五一年を下向の始まりとするのは、イギリスの航海法が施行され、イギリスに輸入される商品の規制が盛りこまれ、オランダの中継貿易構造の打破に打って出たからであった。この局面で重商主義的覇権抗争の時代は終ったといわれる。

局面転換は、一六八〇年にコルベールが出した訓令、ルアン地方の織物業を国王からの貸付金をつけても奨励し、全ヨーロッパ諸国を向うにまわしての貨幣獲得戦争を仕掛けたことに発する。これは重商主義的海外市場争奪の時代から、優れた国民的生産力形成による支配権獲得へと時代が転換したことを意味する。時代は、商業戦争から「国民経済」競合へと転換したのである。竹岡敬温は、英仏間の関係を次のように判断していた。

「一八世紀初頭からフランス革命までの期間、イギリスとフランスの経済成長はかなり顕著な並行現象を示している。両国経済とも、ルイ一四世時代の戦争のあとゆっくりと立ち直り、その後到来した最初の成長局面はフランスの方が早く始まり、かつ強力であり、一八世紀半ばにかけて成長は加速する。しかし、一七八〇年代には両国経済の動きは分岐し、イギリス経済が強い成長力を示すのに対して、フランスでは多数の部門で停滞と不況を経験する。したがって一八世紀には、工業化に向かっての両国経済の成長は、すくなくとも一七八〇年頃までは、ほとんど同様な歩調をたどって進んだということができよう[20]。」

一七八〇年が分岐点といわれるのは、イギリスの産業革命が出発しはじめた年と評価されているからである。次節で述べるように、コンドラチェフ波の第1波は一七八〇年起源とされている。イギリスはその時点から産業革命に走っていき、フランスはフランス革命に向かっていく。人類史に貴重な転換期を与えた革命であったが、性質を異にしていた。これに加え、七年戦争で勝利したプロイセンは、麻織物工業の中心地であるシュレージェンの領有を確認させ、ヨーロッパの新興勢力として上昇してくることになった。オランダの没落とプロイセンの興隆によって、一八世紀後半以降、ヨーロッパ史は英・仏・独を中心として展開されることになった。イギリスのヘゲモニーの元での世界史の中核が完成されたのだ。

四　第1次コンドラチェフとしての産業革命

1　産業革命把握の視点変遷

イギリスの産業革命期を「産業革命論」として初めて性格づけたのは、アーノルド・トインビーの『英国産業革命史』であった。彼の基本視点は人間生活の貧困状態を改良する「社会革命」の必要性に向けられていた。これに対しT・S・アシュトンの『産業革命』は、労働者の貧困化はそれほどでなく、「技術革命」を称揚するものであった。この両著は絶対的窮乏化論に立つ悲観論と相対的貧困化論に立つ楽観論に位置づけられ、窮乏化論争をまき起こし、筆者ら若い者もその中に吸収されていった。しかし、この論争は、第二次大戦後の経済成長と中間層の増大、大衆消費社会の登場で沈静化していった。

日本では一九六〇年の所得倍増計画決定後の高度経済成長への時代転換がみられ、「近代化論」が登場し、ロストウのテイクオフ（離陸）論がさかんに論じられるようになった。それをふまえてP・サマイアスの『最初の工業国家』が登場してきた。サマイアスの論理は次の点から出発する。

「産業革命は、産出量全体について言えば、工業生産がそれまでよりも高く、また持続した割合で拡大しはじめたという想定を含んでいる。換言すれば工業化の開始である。経済成長に関しては、分化の意味をもつ『成長』――構造変化、投資の〝深化〟、〝生産関数〟の変化を伴う技術的変化――は、経済の『拡大』――こうした質的変化を伴わない経済活動の拡張――とは区別されなければならない[21]。」

そうした過程を理解するには、その「因果関係は、長い時間尺で作用する要因と短期的に変化を生む要因――緩慢に発生させる力と『引き金装置』とに区分[22]」して考えねばならず、先行条件と引き金役の主導部門の分析が必要になると、サマイアスは説く。

産業革命といえば機械制工場の出現という概念がすぐ浮び上ってくるが、その出現の前には先行条件があった。サマイアスは、一七八〇～一八〇〇年の二〇年間の高成長率を準備した、一七四〇～八〇年の四〇年間に注目した。これを綿織物業で考えると次のような展開になる。一七三〇年にジョン・ケイの飛び杼発明（普及は一七六〇年）、ハーグリーブスのジェニー紡績機（一七七〇年特許）、アークライトの水力紡績機（一七六九年特許）、ミュール紡績機（一七七九年特許）、ワットの蒸気機関（一七六六年）といった職人層による発明をふまえて、カートライトの力織機が登場し、綿織物工業の成長が展開するのである。ボブズボームは、サマイアスの著書と同じ年の一九六八年に『産業と帝国』を出版し、発展の点火としての需要の拡大を力説して次のように述べている。

「マンチェスターは全体的な後進性のなかの近代的な点にとどまっていたのではなく、それ以外の地方のモデルとなった。国内市場は点火しなかったかもしれないが、……しかし国外需要は何倍にもふえた。もし点火が必要であったとすれば、ここからそれは生じたのである。最初に工業化された綿工業は本質的に外国貿易と結びついていた。……この異常な拡大が可能であったことの理由は、輸出産業がいずれかの国の国内需要のゆるやかな『自然』成長率に依存していないということである。それはおもに二つの手段、……他国の輸出市場をつぎつぎと奪取すること、戦争や植民地化という政治的あるいは半政治的手段によって特定の国内の競争をつぶすことである。[23]」

産業革命の歴史的役割として、一九七〇年以降ロストウの離陸論に触発された点火論が重視されてきた。日本でも、アメリカ駐日大使の近代化促進論があり、大学の進歩的教官の米国留学の誘いがあり、生産性向上運動と同じような洗脳戦略があった。私にも誘いがきたが断った。国民研の上原専禄先生は、次々と落されていく教官の姿をみて、八県共同研究の席で嘆かれていたことを思い出す。同じ思いはフランクの〝従属理論〟として顕現した。ロストウの離陸論を背景にした国連提案の近代化開発政策は、輸入代替工業化政策によってテイクオフを計るものであった。それに対しラテンアメリカから、それは「低開発の開発」、「発展なき成長」という異議申し立てが提起された。中心地――周辺地構造は、世界資本主義の展開の開始とともに形成され、周辺地からの「本源的蓄積」を図るものであり、産業革命はその嚆矢となったと位置づけられた。

表5－1　コンドラチェフ波

	上昇	下降
第1波	1780年代または90年代末—1810—17年	1810—17年〜1844—51年
第2波	1844—51年〜1870—75年	1870—75年〜1890—96年
第3波	1890—96年〜1914—20年	おそらく1914—20年〜

出所：中村丈夫編『コンドラチェフ景気波動論』亜紀書房，145頁より。

産業革命に対する視点は、時代の変化とともに変化を示してきた。それは、連続的に発展してきた資本主義の爆発的点火現象であり、イギリス一国のみの現象ではなく、世界的な経済連関をもった現象である、という視点への発展として跡づけられうる、現代では、長期変動理論の再評価によって、新しい視点が登場している。先に「国民的生産力」体系論を述べたが、それに連続する視点の登場である。

2　コンドラチェフ波の復活

『コンドラチェフ景気波動論』の訳者の中村丈夫は、一九八七年の重版に当り、「一九七八年初めに本書を世に送ってから、はや九年になる。……本書がいま重版される意味はどこにあるのか——翻訳者としても戸惑いを感ぜざるをえない[24]」と序文に書いていた。中村泰治郎は『世界景気の長期波動』を一九八四年に刊行したが、コンドラチェフとシュンペーターは、「第二次世界大戦と戦後高度成長へとつづいたなかで、ほとんど人の耳目から遠ざかっていた。しかし、それが一九七三年以来の長期不況のなかで見直され、《蘇った》という声も出ているくらいである[25]。」と、この先駆的両人を位置づけている。

コンドラチェフは、一九一九年から二八年までの一〇年間しか研究業績を残しえず、「長期変動の大循環」という仮説を出し、スターリンの全般的危機論による資本主義崩壊説との対立が原因で粛清され、一九三八年から音信なしとなった研究者である。

表5－1は、二六年論文に示された長期変動の基礎表である。この表を解読する視点として、次の五点をあげている。

「1　長期波動は、資本主義経済論の中期循環が好況と不況というその主要局面をともなって進行するのと同じ動態的過程のなかで、げんにわれわれにあたえられている。長波の上昇期には好況の年数が、長波の下降期には不況の年数が規則的に優位を占めている。

2　長波の下降期には、農業が通例、とくに尖鋭な、長く停滞する不況を経験する。

3　長波の下降期には、とくに多くの生産・交通技術上の発見、発明がなされるが、それらの発見、発明は、新しい長期が開始されてはじめて、広範に経済的実践に応用されるのがつねである。

4　長波の開始にあたっては、金産出高が増大し、処女地とくに植民地の組入れの強化によって、世界市場が拡大されるのがつねである。

5　長波の上昇期、すなわち経済生活の成長における高圧期は、通例、戦争および国内の社会的動揺がもっとも多発し、またもっとも激化する時期に当る。[26]」

コンドラチェフの解読視点の3は、シュンペーターの「新結合（イノベーション）」概念、創造的破壊に共通する視点である。シュンペーターは『経済発展の理論』の新結合を、『景気循環論』で発展させた。そして第3波に及ぶコンドラチェフ波を論じたのである。岡田光正はエルネスト・マンデルの『資本主義発展の長期波動』を訳出したが、訳者解題の条で、クヅネッツ作成の「シュンペーターの長期循環モデル表」を紹介している。この表5－2と5－1を対比してみると、一九二六年のコンドラチェフには具体的な名称はなかったが、シュンペーターによって名称がつけられている。

第1コンドラチェフは、綿織物・鉄・蒸気の技術革新による産業革命、第2コンドラチェフは鉄道化に代表される国内市場、国際市場の拡大期、第3コンドラチェフは電気・自動車・化学の技術革新による国内・国際市場の占有競争による新重商主義コンドラチェフといった、変動局面の展開史が明らかにされて

表5－2　シュンペーターの長期循環モデル

長波		第1コンドラチェフ 産業革命による コンドラチェフ	第2コンドラチェフ ブルジョア・ コンドラチェフ	第3コンドラチェフ 新重商主義 コンドラチェフ	第4コンドラチェフ
技術革新		綿織物・鉄・蒸気	鉄道化	電気・自動車・化学	原子力・エレクトロニクス・石油化学
景気局面	繁栄	1787 ～ 1800	1843 ～ 1857	1898 ～ 1911	1953 ～ 1969
	後退	1801 ～ 1813	1858 ～ 1869	1912 ～ 1924/5	1970 ～？
	沈滞	1814 ～ 1827	1870 ～ 1884/5	1925/6 ～ 1939	
	回復	1828 ～ 1842	1886 ～ 1897	1940 ～ 1953	

出所：マンデル，岡田光正訳『資本主義発展の長期波動』柘植書房新社，1990年，214頁より。

資料：Kuznets, Schumpeter's Business Cycles, *American Economic Review*, Vol. XXX,1940.（金指基編訳『シュムペーター経済学の体系』学文社，1978年，45頁）第4コンドラチェフについては，金指基『J. A. シュンペーターの経済学』新評論，1979年，149頁による。

きた。産業革命の歴史的位置づけは、封建制社会から資本制社会への移行に伴う「変動局面」の第一期とされ、その後の発展の踏み台と理解されるようになったのである。

産業革命は人口構成で、工業都市における第二次・第三次産業従事者の増加を必要とする。生産手段の所有から引き離された賃金労働者の増加、それを資本の本源的蓄積過程の進行が供給した。三圃式農業で占められていた農業地域は、急増する人口増加、それも都市人口の増加に対して食糧供給の役割を引き受けねばならない。その方法は、既存農地での生産性の向上と耕地の絶対的増加以外にはない。

第一の生産性の高度化に対応しては、ノーフォーク地方に導入されたベルギー式農法によって誕生したノーフォーク式農業によって解決が図られた。大土地所有の領主層は、第二次エンクロージャーを展開し、開放耕地までも囲いこみ、小麦作を導入し、舎飼畜産に移行し、「小麦が人間を喰う」時代を作っていった。飯沼二郎は、ノーフォーク式農業が三圃式農業にとってかわる変化を農業革命と命名した。

第一の方法が、休閑地か共同利用地の耕作化による集約農業化の途であるとすれば、第二の方法は荒蕪地囲い込みによる絶対的拡大方法であった。一八九〇年以降のコークの条播技術の展開は、大農的機械化農業の幕開けとなった。三圃式農業段階までは、社会保障的慣習に支えられていた農村の農業労働者の既得権は、エンクロージャーとともに喪失された。また囲い込み費用を支払えない小規模農民も耕地から放りだされた。大規模な土地所有者の誕生と資本家的借地農業者に上昇しえなかった農民以外は、すべて賃労働者化の途を、慣習的な既得権を剥奪されたまま、歩まねばならなかった。スペインのメスタ型牧羊に対抗し、レイ・ファーミング型牧羊として勝利し、イギリスの歴史を永く彩っていたヨーマンリは三圃式農業から近代的多圃式農業への移行の過程で、その歴史的役割を終えて、歴史の舞台から降板していった。工業の近代化は、農業の近代化から析出されてくる賃労働者の誕生で支えられていたのである。

変動局面論に惹かれて、「非有機的自然と人間の一定の能動的関係としての労働様式」という史的視点は、どのようになるのかが問われねばならない。機械は、動力と伝導機と作業機の組み合わせで労働対象を加工する用具である。労働は機械の操作者として加わる。しかし考えてみれば、マニュファクチャ段階までは、人間のエネルギーを道具に託して自然に働きかけていたが、その人間のエネルギーの代替作用の役目をもって機械の諸部分が作られている。資本の有機的構成が高くなればなるほど、代替エネルギー機関は高度になり、人間と自然との関係は疎遠になっていく。近代経済学が誕生して以来、「経済人」の経済学が展開し、自然は征服されたものとして経済学の対象から外されてしまった。産業革命期の人間の状態は、エンゲルスの『イギリスにおける労働者階級の状態』の中で具体的に把握されていた。現代の公害問題の原典と評価されるが、後で詳しく述べたい。

3 自由貿易的植民地体制と産業革命

産業革命前のイギリスが重視していたのは西インド植民地で、インド産の綿布を対価とする奴隷労働による砂糖プランテーションとの三角貿易であった。これを「大西洋の時代」と呼び、輸入先導型構造と性格づけられていた。この構造を輸出先導型構造に変革したのが「アジアの時代」で、産業革命の綿織物工業がリーディングセクターとして作用した。これは、従来の重商主義的植民地構造から近代的植民地構造への組みかえであった。その転換の切り口がインドの植民地化であった。私は『世界システムの経済地理』の中で、その過程を次のように述べていた。

「インドに先鞭をつけたのはポルトガルであったが、マラッカに拠点を移し、オランダと東南アジアでの覇権抗争を展開していく。その後インドは、英仏の商館設置による英仏抗争の時代に入る。単なる商館から要塞建設の許可を得て、軍事力を背景に持つに至る。

この英仏は、ヨーロッパにおけるオーストリア継承戦争の海上戦をインドの陸上戦にまで拡大し、フランスの商館のあるポンディセリで戦い、いわゆるカーナティック戦争を戦う。これは第三次にわたり戦われ、六三年のパリ条約で終結し、フランスはインドを去り、インドシナ半島植民地化へと戦略を転換していく。その後、イギリスはプラッシーの戦い（一七五七年）で得たカルカッタ周辺二四郡のザミンダーリ（徴税請負権）を足がかりに、六四年のブクサールの戦いでベンガル、ビハール、オリッサのディワーニ（徴税・財政担当大臣の権限）を獲得し、インドからの直接収奪のパイプを設定した。さらにガンジス川中流域のアウドとロヒルカンド候国の抗争に加入し（ロヒラ戦争）、アウドと軍事保護条約の原型を結んだ。これを先例に、現地諸候の抗争の度に軍事保護条約を結ぶことができ（マイソール戦争、マラータ戦争等）、実質的なイギリスのインド支配地が拡大していった。七四年にはカルカッタに最高法院も設置される。これを受けて東インド会社の私的性格を克服するピットのインド法がベンガル地方に適用された（一七八四年）。これを契機に本格的な植民地化政策が展開される。一七九三年にイギリス東インド会社特許法が施行され、東インド会社の植民地行政機構としての改革が展開しだす。ベンガル地方に始まった特許法は、一〇年に一回の割で発効されて全インドに及び、一八五八年のインド統治改善法の施行、そしてヴィクトリア女王の直接統治宣言に至るのである（一八七七年）[27]。」

この植民地化を象徴的に示すのが綿織物工業の推移である。インドの綿布は、世界商品の位置を占め、イギリスの西インド三角貿易の輸出綿布はインド産であった。イギリスでは、ミュール紡績機の発明（一七七九年）で、細系紡績を可能にし、キャラコや綿モスリンの織布を可能にした。これに応えてカートライトの力織機が登場し、上質の綿布生産が誕生していた。田中穣の『英国綿業論』によれば、一八一二年の一ハンク当たり1・3/8ペンスしていたイギリスの六〇番手綿系は、一八三〇年には0・3/4ペンスに低下したのに、インド系は2・3/8ペンスであった。加えて関税操作に当たり、インド国内製綿布に対し内国税を課し、イギリス綿布の輸入地に編成替していった。それをとらえ、マルクスは『資本論』の中で次のように述べていた。

「イギリスの木綿機械は東インドに急性に作用したのであって、その総督は一八三四〜三五年に確信した、——『この窮乏たるや商業史上に殆んど類例をみない。木綿織布工たちの骨はインドの平野を白くしている[28]』」

毛利健三は『自由貿易帝国主義』の著書の中で、産業革命後の世界経済像を次のように描いている。

「イギリス自由貿易主義が冀求する世界経済像を理念的に表現すれば、商工業をイギリスが独占的にかつ排他的に確得し、諸他の国々・地域をイギリスに対する原料・食料供給基地とし、かつまた、イギリス商工業に開放された市場として確保する世界経済の構成である。いいかえると、イギリスを『世界の工場』とし、他の諸国・地域をおしなべて農業国――より一般的に言えば『補完的衛星国型経済』に転化する国際分業体制、これがイギリス資本にとっての『自由の秩序』にほかならなかったのである。……こうした国際分業体制に抗して基本的に独立した再生産圏（国民経済）を形成しえた諸国が、先進資本主義国とよばれるようになった国々であり、これに反して、国際分業体制にくみこまれて非自立的＝補完的な衛星経済圏に転落した諸国・地域は、いわゆる植民地型ないし半植民地型産業構造に凝固化してしまった。[29]」

イギリスは、自らがつくりだした国際分業体制の中で「世界の工業」「世界の銀行」「世界の運輸業者」「世界の貨物集散地」といった中核機能を形成していった。しかしその中核は周辺地からの食料・原料の輸入に伴う貿易収支の赤字の上に築かれたものであった。この貿易の赤字は、帝国主義的貿易外収支の黒字で帳消しされねばならなかった。いや剰余資本をランチェ（不労所得）資本として海外投資に向けてえられる黒字であった。そこに「自由貿易のパラドックス」があった。イギリス社会の伝統は、最高到達社会はジェントルマン層にあり、ジェントリー資本は国内への投資に向かうことを忌避し、ランチェ資本的性格をもって植民地に投資されていった。これによって多角的貿易決済機構が構築され、貿易収支の赤字を貿易外収支の黒字で決済するという構造が生みだされてきたのである。この構造は、イギリスの覇権を促進する役割を果たし、コンドラチェフ波の上昇面を形成してきた。しかし、それは下降局面を準備する要因でもあったのである。覇権の変還は、覇権国の経済力の衰退によるものではなく、新しい覇権者が力を貯えてくることによるものである。そうした変動局面が一八六七年のパリ博覧会で顕現した。

五　第2次コンドラチェフと不均等発展

1　イギリスの地位の低下

一八五一年にロンドンで第一回万国博覧会が開催された時、イギリスの工業・工芸製品は他国を圧倒し、「世界の工業国」としての地位を誇示することができた。しかし一八六七年のパリ万国博覧会ではイギリス製品の光彩はなく、地位の低下で参観者を驚かせた。この象徴的な事件に対し、ボブズボームは一八四〇～九五年を工業化の第二局面と規定し、主導産業の交替があったと次のように述べている。

「イギリスの工業化の――繊維を中心とした――局面は極限に達してしまった。幸いにも工業主義の新局面が展開しかけており、それは資本財産業、すなわち石炭、鉄および鋼に基づいていた。繊維における工業主義の危機の時代は石炭と鉄の躍進の時代であり、鉄道建設の時代であった(30)。」

それを示す、表5－3と図5－7をみてみると、イギリスの衰退化が歴然と出ている。

表5－3をみると、銑鉄産業は一八七〇年代にはイギリスは世界の四六・八％、実質で六三八万トンの生産を誇っていたが、一八九〇年代にはアメリカに追い抜かれ、世界の二七％に低下、一九〇〇年以降はドイツにも抜かれていき、一九一〇年代にはわずかに世界の一四・一％の比率に低下した。当然鋼鉄の生産量も同様の傾向を示し、とくにドイツの成長はめざましく、一八九〇年代にはイギリスを追い抜き、一九一〇年以降二二・七％に達している。これに対しイギリスは、一八七〇年代の三二・一％から一九一〇年以降の一〇・八％と、ドイツの半分にも達しなくなっている。一人当たり国民所得で国力の比較が行なわれるのが現代であるが、その基準が現われるまでは一人当り鉄の消費量で国力が計られていた。その当

表5-3　主要国の生産（1870～1914年，年平均）

		数量					世界シェア（%）				
		1870～79	1880～89	1890～99	1900～09	1940～14	1870～79	1880～89	1890～99	1900～09	1940～14
銑鉄[a]（百万トン）	イギリス	6.38	7.91	7.96	9.17	9.49	46.8	37.6	27.1	18.7	14.1
	ドイツ	1.68	3.16	5.07	9.15	14.13	15.3	15.0	17.3	18.6	21.0
	フランス	1.32	1.75	2.16	2.98	4.20	9.70	8.3	7.4	6.1	6.2
	アメリカ	2.19	5.15	9.35	19.78	27.00	16.1	24.5	31.8	40.3	40.0
	世界	13.62	21.03	29.36	49.14	67.43	100.0	100.0	100.0	100.0	100.0
鋼[a]（百万トン）	イギリス	0.66	2.30	3.70	5.47	7.03	38.4	32.1	21.6	13.5	10.8
	ドイツ	0.31	1.27	3.79	8.98	14.79	18.0	17.7	22.1	22.2	22.7
	フランス	0.19	0.49	1.00	2.14	3.74	11.0	6.8	5.8	5.3	5.8
	アメリカ	0.38	2.17	5.97	17.18	26.57	22.1	30.3	34.8	42.5	40.9
	世界	1.72	7.17	17.16	40.45	65.03	100.0	100.0	100.0	100.0	100.0
石炭[b]（百万トン）	イギリス	129.5	163.5	194	245	274	47.9	40.1	33.0	26.1	22.2
	ドイツ	46	72	107.5	180	247	17.0	17.6	18.3	19.2	20.0
	フランス	16	21	28.5	34.5	40	5.9	5.1	4.8	3.7	3.2
	アメリカ	49	101	174	339.5	474	18.1	24.8	29.6	36.2	38.5
	世界	270.5	408	588	937.5	1232	100.0	100.0	100.0	100.0	100.0
小麦[1)c]（百万ブッシェル）	イギリス	—	75.6	64.5	56.9	61.2	—	3.2	2.4	1.8	1.6
	ドイツ	—	108.3	112.9	120.1	149.4	—	4.5	4.3	3.8	4.0
	フランス	—	302.9	307.0	335.4	317.6	—	12.7	11.6	10.6	8.5
	アメリカ	—	515.6	657.4	692.8	694.4	—	21.6	24.8	21.9	18.6
	世界	—	2391.2	2653.3	3158.3	3730.7	—	100.0	100.0	100.0	100.0

注：1）小麦は，各々1885～89年，1889～99年，1899～1909年，1909～14年平均。

資料：a.Burnham.T.H.and G.O.Hoskins, *Iron and Sleel in Britain, 1870-1930*, Allen & Unwin, 1943, pp.272-275.

b.Woytinsky W. S. and E. S. Woytinsky, *World Population and Production, Trends and Outlook*, The 20th Century Fund, 1953, p.868.

c.Malenbaum, W., *The World Wheat Economy 1885-1939*, Harvard Univ. Press, 1953, pp.238-239.

出所：宮崎犀一ほか編『近代国際経済要覧』東京大学出版会，1981年，88頁より。

図5－7　世界工業生産（1870～1913年）

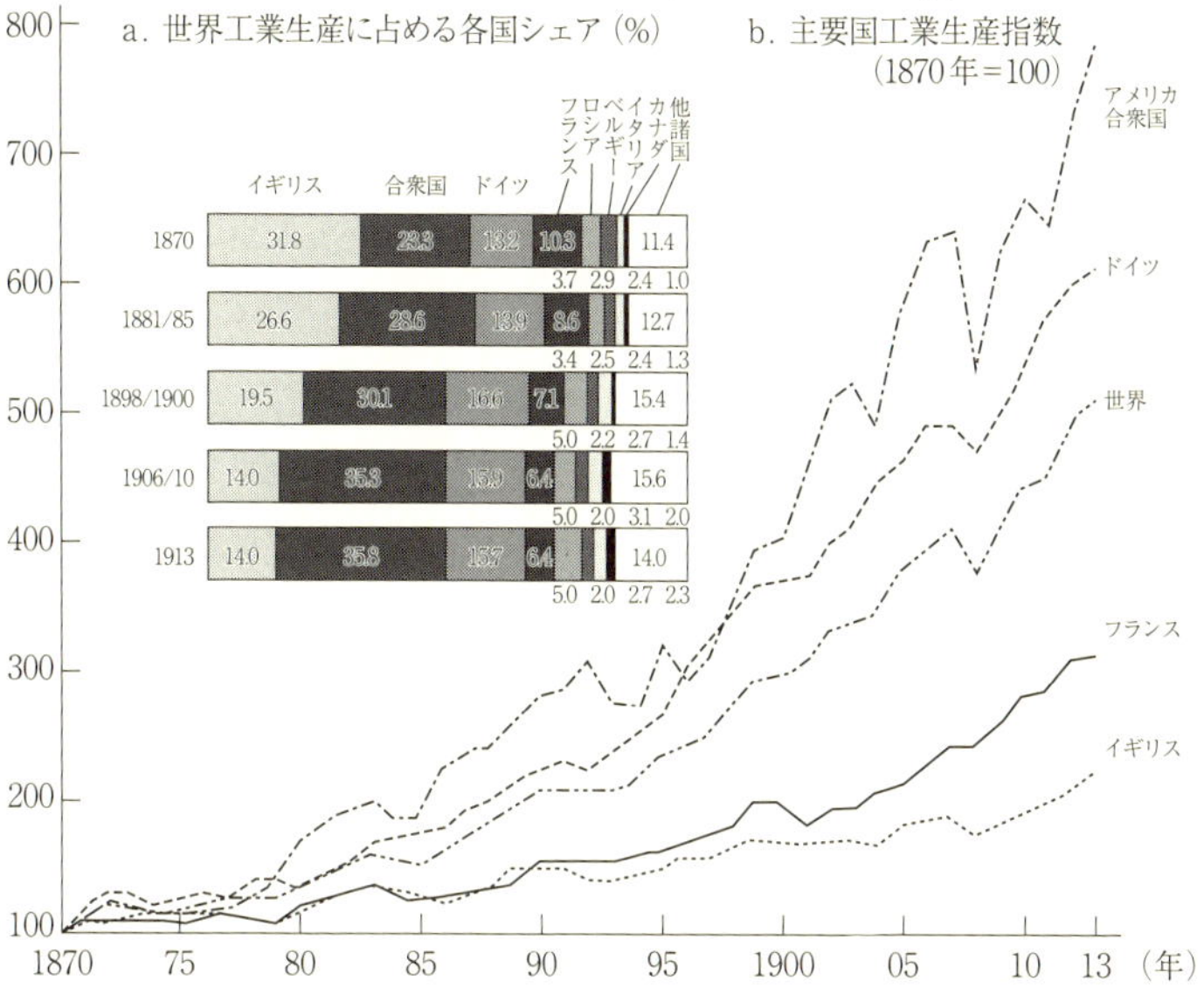

注：a, b とも生産指数は1913年＝100を1870年＝100に直して作成。
　　aの1870，1913年以外は5カ年平均。

資料：a, b とも League of Nations, *Industrialization and Foreign Trade*, 1945,
　　pp.13, 132-137.

出所：『近代国際経済要覧』東京大学出版会，88頁より。

時の基準からみて、イギリスの優位性は、一八九〇年以降全く消失しているといえる。

　図5－7は、工業生産の動向を示したものである。工業生産指数をみてみると、不均等性は一八八〇年頃から明確な姿をとりはじめている。イギリスとフランスは、同一の低率性を示していたが、アメリカとドイツは高率性を示しはじめ、八五年以降その乖離は大きくなり、一九一三年をみるとイギリスは一八七〇年の二倍の成長率に対し、アメリカは八倍を示していて、第2次コンドラチェフ期間中に、国力の大変動を示していることが理解される。

　これを反映して、工業生産に占める各国のシェアの変動も大きかった。一八七〇年には、イギリスは三一・八%を占めて「世界の工業」の座を守っていた。しかし一八八一〜八五年にはアメリカに占有率を奪いとられ、一九〇六〜一〇年にはドイツに優位を譲り、アメリカの絶対的優位が確立されている。「世界の工業国」はアメリカに移行したのである。私は、一八四三年から一八九七年の間を第2コンドラチェフと受けとめ、シュンペーターはこれをブルジョアコンドラチェフと規定し、その技術革新を鉄道化にみていた。第2コンドラチェフは、イギリスの優位性の低下の時代であったのである。

2　イギリスとドイツの科学技術比較

パリ博覧会での地位低下に驚いたイギリスは、科学・技術教育者の特別調査委員会を設置して対応を考えた。しかしその結果について村岡健次編『イギリス史』は次のように述べている。

「国家の関心の高まりにもかかわらず、国家の現実の政策のほうは、国庫補助の枠がひろがった程度で、科学・技術教育の推進主体は、あい変らず民間の大学やヴォランタリな諸団体、各職業現場における徒弟修業をむねとした実地教育にゆだねられたままであった。この時期になっても社会の支配的な価値基準が、なお人文主義を主体とするジェントルマンの教養にあり、そのため一般には、科学・技術教育は中等・高等教育には不向きとみなされていた。こうしてイギリスの科学技術は、一九世紀の後半には欧米先進諸国の後塵を拝するようになってしまった。[31]」

ボブズボームは、一九世紀の変化の側面を四点指摘していたが、第一の変化は「技術における科学の役割」であると次のように述べていた。「最初の諸発明のためには最低限純粋科学における最近の発展におけるある程度の知識、そうした発明の展開のためには一層首尾一貫した科学的実験・検討過程、それから工業企業家、技術者と専門的科学者および科学研究機関のあいだの緊密で継続的なつながりを必要とした」[32]。そういう認識と対応に向かっていったのはドイツであった。私は、その動向を次のように述べていた。

「ドイツ科学の勃興は、大学の改革から始まったといえよう。一八世紀のドイツには各領邦国家に組み込まれた三〇ほどの大学があったが、中世的な組織と教授法、すなわち神学・法学・医学の三学部からなり、聖職者・官僚・医師を養成する上流貴族階級の職業学校であり、全般的には衰退の傾向を示していた。これに対する改革として創設されたのが一八一〇年のベルリン大学（初代学長はフィフテイ）で、伝統的な三専門学部の下に位置づけられていた哲学部を、同等ないしそれ以上の地位に昇格させる改組から出発した。この哲学部は自然科学の諸学問を含む教育内容をもち、『学問としての科学』として教養を培うものであった。この新しい内容をもつ大学は、他領邦にも影響を及ぼしていった。[33]」

この大学の改革に対応するようにしてドイツ自然科学者・医学者協会が誕生した。これと時を同じくして技術者の養成校としての高等技術学校（ＴＨ）が設立されていった。一八七〇年にはＴＨの統一名称が与えられたのである。ドイツ経済の重化学工業への伸展とともに、大学の哲学部とＴＨの間の壁はなくなり、一八九九年からは工学博士号が授与され、ＴＨではなくＴＵ（工科大学）への途が開かれていった。この教育制度から送りだされる科学者・技術者はエンジニアと呼ばれ、科学の職業化が進行した。

ドイツは諸領邦の分立国であったが、一八一五年にドイツ連邦発足、一八三四年に開税同盟発足、一八四九年ドイツ帝国憲法決議、一八七一年以降の「創業者時代」という歩みをとる。しかしフリードリッヒ・リストの『経済学の国民的体系』が世に出たのは一八四一年であるから、ドイツは保護育成政策の段階であったといえる。しかし一八四八年の三月革命を経たドイツは、経済の担い手としてのブルジョアジーを前面に踊りださせ、五〇年から七〇年までの経済成長期を作りだし、イギリスに迫っていく。この間にドイツ経済の構造的特質が創出されていった。H・モラックは次のように解析している。

「一八七三年までの『創業者時代』の高揚は、株式会社企業の大量の創立と既存の個人企業のそれへの転換によって、資本の集中を急激に促進した。そのことによって、たんに大経営、巨大経営の設立のみならず、大企業、巨大企業設立のための前提が創られた。集積過程とそれを基礎とした独占化過程にとってより重要だったのは、その後の創業者恐慌とそれに続くいわゆる大不況であった。……自由競争と独占の均衡を最終的に独占側に傾けさせ、その結果、自由競争の資本主義から独占資本主義への移行を開始せしめえたのは、創業者恐慌であった。[34]」

イギリスの資本は、ジェントルマンのランチェ（不労所得）資本として外国とくに植民地に向かって投下され、自国内の拡大再生産の資本としての役割を果たさなかった。貿易収支の赤字を貿易外黒字で埋める操作機関としてロンドン・シティが金融センターになっていったイギリスに対し、ドイツは帝国主義国に向かって成長していく。私はこの姿を次のように述べていた。

「普仏戦争で得た賠償金とエルザス・ロートリンゲンへの領土拡大をふまえたドイツ資本主義は、金融独占資本を基礎とした本格的な帝国主義政策へと転換していく。ドーヴァー海峡をはさんで成立した二つの国の類型は、その後不均等発展へ軌跡を描いていく。[35]」

3　第2次コンドラチェフ波の中のマルクス

一八五八年に書かれたといわれるマルクスの『経済学批判要綱』が日の当る場所に公開されたのは、一九六〇年代になってからであった。この『要綱』は、後世第2次コンドラチェフと規定された変動局面の真只中で執筆されていたのである。『要綱』の論理は、価値の無限追求と使用価値の有限性の対立が、恐慌という経済危機をくぐり抜けていく展開を、ヘーゲルの量的世界と質的世界の限度論的止揚に似た弁証法で組み立てられている。この中にちりばめられた寸言は、現代への箴言として受けとめられる内容をもっていた。それを拾って、真剣に受けとめてみよう。

①外延的拡大要因としての絶対的剰余価値「資本を通じての絶対的剰余価値の創造は、流通の圏域が拡大し、しかもたえず拡大することを条件としている。……資本を基礎とする生産の一条件は、不断に拡大される流通圏域の拡大であって、この円圏が拡大されるか、それとも円圏内でより多くの場所が生産地点として創造されるかは問題ではない。だから資本は、より多くの補完的交換地点を創造しようとする。……つまり資本を基礎とする生産に対応する生産様式を普及しようとするのである。世界市場を創造しようとする傾向は、直接に資本自体の概念のうちにあたえられている。どんな限界も、克服されるべき限界として現れる。[36]」

②相対的剰余価値生産と消費力との矛盾「相対的剰余価値の生産、すなわち生産力の増大と発展のうえにたてられた剰余価値の生産は、新しい消費の生産を必要とする。さきの生産の圏域が拡大されたのと同じように、流通の内部で消費の圏域が拡大されることを必要とする。第一に、現在の消費の量的な拡大、第二に、新しい欲望の生産と、新しい使用価値の発見と創造、これは別の言葉で言えば、新たに獲得された剰余労働は、量的なままであるのでなく、同時に労働の質的な区別の範囲をたえず増加し、より多様なものとし、それ自身ますます分化するということである。……したがって新しい有用な特質を発見するために全自然を操作すること、自然対象を加工し、それらに新しい使用価値をあたえること、……その原料

等として新しい物質を発見すること、したがって自然科学をその極点にまで発展させること、また社会の構成員を通じて自然と社会的関連それ自体の普遍的領有をつくりだす。」

③「資本の文明化作用」「このように資本はまずブルジョア社会をつくりだし、また社会の構成員を通じて自然と社会的関連それ自体の普遍的領有をつくりだす。ここからして、資本の偉大な文明化作用、つまり資本による一つの社会的段階の生産が出てくるのである。これにくらべるとそれ以前のすべての段階は、人間の局地的発展と自然崇拝として現われるにすぎない。自然は、はじめて人間にとっての純粋な対象、純粋な有用物となり、対自的な力とはみとめられなくなる。そして自然の自立的な法則を理論的に認識することは、自然を従属させるための策略にすぎないものとさえみられる。資本は、資本のこの傾向にしたがって、民族的な制限と偏見をのりこえてすすみ、また自然神化をのりこえ、さらに自給的な粋に閉じこめられた、現在の欲望の充足と旧時代の生活様式の再生産をのりこえてすすむ[38]。」

④自動的機械装置としての労働手段「労働手段が素材的側面からみて労働の手段として現れるばかりでなく、同時に資本の総過程によって規定された資本の特殊な一定在様式として——固定資本として——現れる。だが労働手段は、資本の生産過程にとりいれられると、さまざまな変態を通過するのであって、この変態の最後が機械であり、あるいはむしろ一個の自動装置により、自己自身で運動する動力により運動状態におかれる、一個の自動的な機械装置の体系である。この自動装置は多数の機械的器官と理智的器官からなっており、労働者自身はたんにこの自動装置の意識ある手足として規定されているにすぎない[39]。」

⑤価値と科学・技術との関係「機械に、以前には労働者が遂行していたのと同じ労働を遂行する能力をあたえるのは、科学から直接生じる分析と力学的および化学的諸法則の応用とである。……そのさい発明が一つの商売となり、また直接的生産それ自体への科学の応用が、科学にとり規定的な、またこれを誘引する観点となる。……この道は分業による分析である。そしてこの分業は労働者の作業をはやく、ますま

す機械労働作業に転化し、その結果ある一定の点で機械が労働者にかわって登場することができる。……大工業が発展すればするほど、現実的富の創造は、労働時間と充用された労働の量とに依存するよりも、……むしろ科学の一般的状態と技術の進歩、またはこの科学の生産への応用に依存する。(40)」

⑥固定資本の再生産と経済循環「固定資本の回転時間も、……固定資本にとって必要とされる再生産時間と、……その価値総体において流通から復帰するのに要する総流通時間によって規定される。……イギリスにおける機械装置の平均再生産は五年である。……固定資本の大規模な発展以来、一〇年前後での循環が、資本の総再生産局面と関連していることは疑問の余地がない。……以前にも工業の好況不況は存在した。しかし、特徴的な諸期間、諸時間にわかれた多年にわたる産業循環は、大工業のものである。(41)」

マルクスは以上のように科学の役割、オートメーション化への可能性、キッチン、ジュグラー循環と後世いわれるようになった景気循環について明確な認識と論理をもっていた。また人間と自然の関係についての「資本の文明化作用」から、世界経済の登場を指摘していた。マルクスは世界経済論を論理化するまでの余命をもっていなかったが、世界は確実にグローバル化に向かっている。

六　過渡期としての第3次コンドラチェフ

1　レギュラシオン派の新視点

コンドラチェフは、一九二四年論文でシュンペーターの『経済発展の理論』を「動態の領域を企業者の創造的行動と結びつけることによって、まさに動態の理論を定立する可能性をわれわれから故意に奪っている」と批判していた。シュンペーターは一九三九年刊の『景気変動論』で、第3次コンドラチェフを電気と関連させ、大規模な発電所と長距離送電、三相交流、蒸気タービンの発展で生産の様相が変っただけでなく、電車の登場、そこに自動車という新しい輸送手段まで現れたと次のように述べている。すなわち、「自動車工業は、ルノワール＝オットーの内燃機関、互換可能部品の原理、鋼鉄の発展と近代的な機械工具によって提供された可能性を、新用途に転用する純粋な企業者的業績のよい例(42)」として評価する。

この技術革命の挿入は、シュンペーターから始まるが、その後、時代の変化とともに変動局面の評価が展開していった。その代表的な説を図5－8にまとめてみた。

マンデルは、コンドラチェフ・トロツキー論争の内因説、外因説を統一するマルクス解釈で変動局面の新説を提起した。この論争は、第一回コミンテルン会議における、主流派の恐慌期革命説に対するトロツキーの波動説から始まる。第三回コミンテルン会議でコンドラチェフ波が提案され、資本主義の長期変動論が論争された。両説ともスターリズムの革命説に反することから、両氏とも排除され、粛清された。マンデルは、再生産表式による過剰生産＝恐慌の発生が資本主義の崩壊を招くという単一要因説に対し、コンドラチェフ流の動態要因説を復活させた。その場合の作用変数として資本の有機的構成、剰余価値率、資本の回転期間、外部関係要因をあげ、その集中的要因として利潤率変動を見出し、上昇、低下に景気循環が対応すると考えた。マンデルの一八四八年以降の拡張波、不況波の流れを具体的に示した文を参考にしてみる。

「一八四八年の革命とカリフォルニア金鉱床の発見は、世界市場の飛躍的拡大を突如もたらした。中央ヨーロッパと東ヨーロッパの全域、中東、そして太平洋が、商品の市場として突然きり開かれた。市場のこの途方もない拡大は、産業化と新たな技術革命に鋭い拍車をかけた。これはまた労働生産性の増加率における強力な上昇を意味した。

図5－8　レギュラシオン理論の歴史認識

蓄積様式の変化と要約表

	外延基調の蓄積	大量消費なき内包的蓄積	大量消費をともなう内包的蓄積	外延基調の蓄積と大量消費
生産編成	単純協業 弱い生産性上昇	テーラー的労働再編 強い生産性上昇	フォード的機械化の進展 高度な生産性上昇	フォード主義の疲弊 在来の生産性源泉の枯渇
例	19世紀前半のフランス	戦間期のアメリカ	戦間期のアメリカ	1960年中葉上昇年のアメリカ

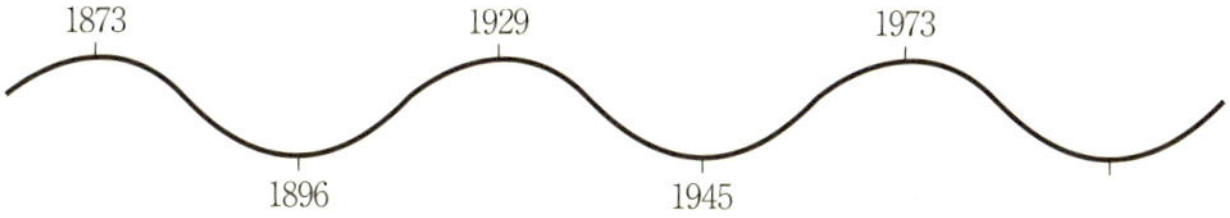

ヴィクトリア朝的繁栄　19世紀末（大戦）大不況　相対的安定期　30年代（大戦）大恐慌　高度成長期　20世紀末不況

発展様式	イギリス型	過　渡　期	フォーディズム	ネオ・フォーディズム？ トヨティズム？ ボルボイズム？
調整様式	競　争　的		独　占　的	？
蓄積体制	外　延　的	内　包　的		？

出所：山田鋭夫『レギュラシオン理論』92頁より。

同様に、資本の回転率も、輸送機関と電気通信技術における革命、および信用制度と商業経営における革命（株式会社、大百貨店など）の結果として、いちじるしく高まった。これらの変化のすべての結合は、利潤率の強力な、突然の、持続的上昇を説明するのに十分である。

帝国主義の主要な特徴（植民地圏の最終的分割、低開発国への資本輸出の増大、原料価格の低落）も同様に、一八九三年以降の平均利潤率の突然の上昇（一八七三年から九三年まで続いた長期不況の終焉）を説明する。資本の有機的構成の成長率における減速は、これもまた技術革命（電気）の結果たる剰余価値率の上昇と結びついて、平均利潤率を持続的に上昇させるうえで基軸的な役割を果たした。

資本主義が一九一四年と三九年の間にこうむった長期の相対的停滞を克服しえたのは、平均利潤率の上昇があったからである。このたびの経済外的起動要因は、一九三〇年代と四〇年代における国際労働者階級の歴史的敗北であった。この歴史的敗北によって、資本家階級は剰余価値率の大幅な上昇を強要することができた。

重大な転換点はあきらかに外生的な経済外的要因によってひき起こされるが、これらの経済外的要因はその際、資本主義的運動法則の内的論理によって説明されうる動態過程を解き放ったのである。われわれが技術革命に重要な役割をあたえるのはこの点においてである。[43]」

ミシェル・アグリエッタが『資本主義のレギュラシオン理論』を一九七六年に刊行してから、レギュラシオン学派が世界的に注目されるようになった。この学派には、ボワイエ、リピエッツ、コリア、プティといった理論家がおり、アルチュセールからマルクス主義を学び、ケインズやカレツキの経済学、ブルデュなどの社会学、ブローデル等のアナル学派、グラムシのフォード主義などの説をマルクスを核として調整様式論で統合していった。私は『世界システム』の著書の中で、ボワイエの『レギュラシオン理論』の〈付録〉の第一表「支配的諸経済における若干の蓄積体制の要約表」を参考に、それを簡略化し、山田鋭夫の「レギュラシオンの歴史認識」図とともに、経済変動理論の現代視点として紹介していた。今回は、コンドラチェフ波に合わせて、ボワイエ表と山田図を位置づけて、先述の図5-7ように関連性を示してみたのである。

ボワイエの表には年次の表示はないが、蓄積様式の変化が歴史的に示されている。それを第一の「外延基調の蓄積」段階を第1波、「内包的蓄積」段階を第2波と第3波と考えて、シュンペーターとマンデルを位置づけた。マンデルは彼の第二の拡張波の技術内容について、「初期の機械、最初の機械体系、テーラー主義、そして連続フローの労働組織と半オートメーションが導入された歴史的段階を調べるならば、それらの実験と最初の導入は拡張長波の終盤にかけておこなわれるが、それらの一般的応用は不況長波の時期に起こることが判明する」(44)と述べている。この考え方はボワイエの「大量消費なき内包的蓄積」という考え方に一致すると考え、比較表の中で同列化したのである。

私ごとになるが、一九五〇年に広島県立労働科学研究所に勤務していた時、私は出来高払い賃金制の問題でテーラー主義に直面していた。私は、『世界システム』の中でテーラーについて次のように述べていた。

「テーラーは、眼病のためハーバード大学入学を辞退してポンプ工場の従業員となり、その修行の後、友人のミッドベール製鋼工場の技工として就職する。一八八二年二六歳で職長となり、八四年出来高払を採用、八六年にアメリカ機械技師協会に入会し、生産管理の研究に没頭した。この間にタウンの分益制に刺激され、差別的出来高払制の実験的考案が進行していった。ミッドベール社を退職してから、能率顧問技師を職業とし、九五年の機械技師協会大会で『出来高払制私案』を発表した。その後、科学的管理学の研究をすすめ、一九〇三年に『工場管理法』を刊行した。彼の研究に惹かれる後継者が増えるのに伴い、一九一一年に『科学的管理法の原理』を刊行し、一九一五年に死亡。

テーラーの業績の特徴をみると四点ほどに絞られる。第一は、作業工程の時間研究、動作研究で労働者の一日の仕事量「日課」を設定し、その課業達成度による差別的出来高払賃金制を施行すること。第二は、労働の過程を管理労働と作業労働に区分し、その分業化と専門化をすすめたこと。この管理部門の確立によって『職長帝国』体制を崩した。第三は分配制における労使協調の楔として『科学』を導入し、経営者には低コスト、労働者には高賃金という生産性向上理念を埋めこんだこと。第四は、未熟練労働者の増加に対し、機械技術を身につけた技術者を中心とした工場管理体制をつくりだしたことであった。(46)」

テーラー主義が確立される前に、アメリカでは前提条件が整えられていた。その第一は、労働組合の誕生と労働時間制確立の労働運動である。労働時間の外延的拡大による絶対的剰余価値生産の追求が産業革命以来続いていたが、一〇時間労働時間制の要求が提起され、一八六〇年までに一〇時間労働制は定着した。資本の側は、この定着化に対応し、相対的剰余価値の生産の方向に向かっていった。その方法は、労働過程の作業工程を細分化、標準化し、工程別部品の互換性を確立することにあった。この互換性生産によって組立型製造工場が可能になり、大量生産を達成することが可能になった。

その発端は、独立戦争の時に銃の修理に困った経験であったといわれる。銃の部品を互換性の統一基準品として生産する。そのために専用工作器具が必要になり、専用工作機が考案されていった。こうして部分作業別分業体制が工場内で確立し、組立工程で最終商品製作が可能になった。テーラーは、この労働過程のシステム化に対応する「科学的管理法」を案出していったのである。ボワイエは、この相対的剰余生産の科学的様式を「内包的蓄積様式」として受けとったのである。

このテーラー・システムを工場経営の中で開花させたのが、ヘンリー・フォードの自動車工場であった。彼は、一八六三年デトロイド近くの農民の子として生まれ、機械工としての修業の結果、ガソリンエンジン自動車の製作にとりくみ、一八九三年にフォード車の姿を完成させた。彼の自動車の理念は、金持ちのレジャー用高級自動車ではなく、一般大衆の日常的生活と結びついた低価格の大衆車製造であった。フォードの工場は次のような段階で展開していった。第一段階（一九〇三〜〇四年）マック・アヴェニュー工場、第二段階（一九〇五〜〇八年）ピケット・アヴェニュー、ベルヴェー・アヴェニュー工場、第三段階

（一九〇九〜一八年）ハイランド・パーク工場、第四段階（一九一九〜二七年）リバー・ルージュ工場の段階をたどり、T型車生産時代を終える。この第二段階までは固定組立法で生産が行なわれ、第三段階の一九一二年からコンベア・システムが導入され、流れ作業方式になっていった。この結果、T型車製造開始の一台八五〇ドルの価格は、コンベア充実の一九一五年には年産三〇万台、四九〇ドルに低下し、第四段階の大量生産型工場の完成期の一九二三年には二〇〇万台、二九〇ドルという大衆価格に引き下げることができた。

フォードは、低価格の大衆車製造の目的は達成したが、消費構造の矛盾に直面した。フォードは一九一四年から八時間労働三交代制、日給五ドル制を実施した。労働者の購買力がともなわない限り、大衆向き製造業の成長はありえないと考え、当時としては高賃金の日給五ドル制を提案したのである。ボワイエが「大量消費なき内包的蓄積」と時代区分したのは、この時代を象徴的にとらえた表現であったと評価される。

日本のレギュラシオン派の第一人者の山田鋭夫は、コンドラチェフ波の曲線とボワイエの蓄積様式の変化表を組み合わせて過渡期という発展様式を設定し、次のように述べていた。

「二〇世紀前半とは、内包的蓄積体制が競争的調整によって媒介されるという逆説的な時代だったのである。事実この期間、資本主義はついに長期の安定成長を実現しえなかった。その意味でこれは図表にあるように、イギリス式発展様式からフォード主義的発展様式への長い『過渡期』と位置づけることができよう。もちろん、この時期に高い生産性をもつ内包的蓄積が台頭したことに注目すれば、戦後の『大量消費をともなう内包的蓄積』と区別して、これを『大量消費なき内包的蓄積』と規定することもでき、また高賃金のフォード主義ととくに区別して『テーラー主義』的発展様式といった命名も考えられよう。[46]」

私は山田の過渡期設定が、カール・ポラニーの『大転換』の時代区分と共通することを付説したい。ポラニーは、第一部国際システムを、平和の一〇〇年、保守の二〇年、革命の三〇年と区分けし、この期間が大転換の時代だと説いている。ポラニーは、一八一五〜一九一四年の一〇〇年間に、クリミア戦争を別にすれば、ヨーロッパ内の戦争はわずか一八カ月間しかなかった。これに先立つ二世紀には、一世紀平均六〇ないし七〇年の戦争があったのに比べ、平和の時代に転換したという。この平和を支えた第一の柱はバランス・オブ・パワー・システム、第二は国際金本位システム、第三は自己調整的市場、そして第四の自由主義的国家であった。この四支柱が、オーストリア国の皇太子の暗殺事件を契機に第一次世界大戦を生み、くずれる。大戦終了後、国際連盟発足による四条件の復活が図られるが失敗に終る。これを旧体制への復活の意味で二〇年の保守が位置づけられる。その後革命の時代が続くが、ポラニーは次のように述べる。

「三〇年代初頭、変化が突然始まった。その画期となった事件は、イギリスの金本位制放棄、ロシアの五カ年計画、ニューディールの開始、ドイツのナチス革命、オータルキー諸帝国の方針に沿った国際連盟の崩壊であった。[47]」

この結果、自己調整的市場機能が作動せず、バランス・オブ・パワーシステムが崩壊し、第二次世界大戦に突入していくのである。

ポラニーの訳書は一九五七年版であるが、初版は一九四四年で、日本での出版は一九七五年であった。ポラニーは「市場の失敗」論を主張した人として知られ、先市場社会の互恵制が社会に埋もれた人間実態だという「文明論」を展開していった。玉野井芳郎の地域主義運動の原点にもなった理念であった。そうした新しい資本主義社会への「大転換」として一八一五年以降の社会を解明していたのである。山田は、戦後の世界的な「黄金の時代」を築いていった経済基準としてフォーディズムの浸透があったと考え、イギリス型からフォーディズムへの移行過程を過渡期としてとらえたのである。ポラニーは、「市場社会はイギリスに誕生した。しかしその弱点が最も悲劇的な紛糾をもたらしたのは大陸においてであった。……いくら強調してもよいのだが、一九世紀はイギリスの世紀であった。……二〇世紀にはこれらの制度はすべての国で崩壊した。[48]」世界はこの崩壊からの再起にあるのがポラニーの結論である。

2　新しい社会的問題の発生

産業革命により資本主義的工場制度が確立されていくにつれて、それまでの伝統的・慣習的な生産様式と生活様式が崩れ、新しい姿に変化していく過程で、さまざまな社会的問題が発生し、それへの対応に迫られていく時代が到来した。それを順次考えていってみよう。

都市問題　土地から切り離された賃労働者群は、工業都市に流れこみ生活の場所を定めねばならなかった。また貧困者に対する支援は教区救貧で行なわれていたが、所属する教区から離れてきた貧困者に対しては教区連合保護委員会で対処しようとした。しかしこれに対し労働者は労働組合連合を作り、チャーチスト運動を展開し、地方自治体のあり方を問う法律を提起していった。一八四二年にはイギリスで、チャドウィックによる『イギリス労働人口の衛生状態に関する報告書』、一八四四年にはエンゲルスの『イギリスにおける労働者階級の状態』というドキュメントが刊行された。それを簡単に表現すれば、「彼ら労働者は、窓もろくにない安上がりの労働者住宅につめこまれるようにして生活しており、地下室住いも多かった。上下水道が完備していなかったので、汚物が家の内外に堆積し、いたる所で悪臭を放っていた。

彼らの居住区は例外なくスラム化し、伝染病と犯罪の温床となった。労働条件も、一日一三、四時間労働は普通であり、賃金も決して高くなかった。そうした不衛生な工場や炭坑で大勢の女性と児童が、さらに安い賃金で働かされていたのである。[49]」

このような問題に対応して、イギリスは諸種の法律を制定して一九二五年の都市計画法に到達していった。その足どりは次の表5－4のようであった。アメリカでも、一八六〇年以降大企業が続出し、労働力の不足を補うべく大量の移民が到来し、アメリカの都市問題が起こってきた。『アメリカ史』は次のように述べている。

「都市は上流・中流階級の住む快適な地区と貧しい下層・労働者階級の地区に空間的に分断され、さらに出現したさまざまの民族コミュニティが分裂を深めた。治安が悪化し、売春や賭博、それらと結合した酒場などの悪徳もはびこった。デンマーク移民のリースは『他の半分の人々はどのように生活しているか』（一八九〇年）で、ニューヨークの下層住民の生活を写真入りで描きだし、上流・中流階級の注意を喚起した。プロテスタントの協会も、この階級の境遇を改善する運動にむかい、若い知識人たちが設置したセトルメント・ハウスも急速に数をました。……それらはきたるべき革新主義運動の重要な一翼を形成するにいたる。[50]」

以上の傾向を受けて一八九九年にE・ハワードの『明日の田園都市』が刊行され、一九三三年にはル・コルビュジェの『輝く都市・ユニバニズム』が刊行され、将来の都市はかくあるべしという提案がなされていったのである。

地域開発政策の登場　第二次大戦後に地域開発政策が重要な役割を果たすようになったが、その発端はイギリスの特定地域法（一九三四年）であり、アメリカのＴＶＡであった。イギリスの特定地域法につ

表5-4　イギリスの都市計画法に至る年譜

1800〜1810	ロバート・オーウェン：ニュー・ラナーク建設
1834	新救貧法、全国労働組合大連合成立
1835	都市自治体法
1838	チャーチスト運動「人民憲章」宣言
1842	エドウィン・チヤドウィク『イギリス労働人口の衛生状態報告書』
1844	フリードリッヒ・エンゲルス『イギリスにおける労働者階級の状態』
1848	公衆衛生法
1868	職工・労働者住宅法
1875	職工・労働者住宅改善法
1888	地方行政法（県議会）
1889	ロンドン市の県議会創設
	チャールズ・ブース『ロンドンの人びとの生活と労働』
1890	労働者階級住宅供給法
1894	地方行政法（教区議会）
1899	エリザベート・ハワード『明日の田園都市』
1903	イギリス最初の田園都市建設
1909	住宅・都市計画等に関する法律
1919	住宅・都市計画法
1920	ウェルウィン田園都市建設
1923	住宅法
1925	都市計画法

いて私は『世界システム』で次のように述べていた。

「『特定地域に関する法律』は、失業多発の四地域、①ウエスト・モンマウスとグラモーガンの大部分、②タインサイドとダラム州の大部分、③ウエストカンバーランド、④グラスゴーを除くスコットランドの大部分を対象に、一九三四年〈開発・改良〉法として施行されたものである。この法のもとにコミッショナーが任命され、経済開発と社会的改良の計画を作成し、地域内に工業団地会社を設立する権限を与えられた。三六年の〈再建契約〉法は、特定地域再建協会（有限会社）を設立し、特定地域内で新たに営業を始める企業に対する資金貸付の権限を与えた。三七年の〈修正〉法は、コミッショナーに対し、『企業の新規立地を特定地域に誘導することを目的に工場を貸付け、企業の貸借料、地方税、所得税に関して分担金を支出する権限』を与えた。

この工業団地は、過密化した都市地方からの分散と広域分散の問題に関連して、田園都市、衛星都市計画と同列の国家的課題として位置づけられている。(51)」日本における工場誘致政策と全く同一の姿に驚く。アメリカのTVAについては万人承知の件であるので、ここでは叙述をはぶく。

経済地理学の古典出現　第3次コンドラチェフの契機は電気・自動車、化学の発展であった。第2波までの工業の立地は、重量減損原料の石炭に規制され炭田立地を選択していた。その動力が発電と送電そして電動機の発明によって、石炭に替る「立地革命」が勃発した。A・ウェーバーは一九〇九年に『工業立地論』を発表するが、その冒頭を次の言で飾る。

「今日われわれは、経済活力のかつてないほど大規模な場所的移行と、資本と労働力の移動を目のあたりに見ている。われわれは、一見して経済の場所がそのように変化する結果として〝富者の興亡盛衰する〟有様を認める。われわれはこれらの事象がわれわれに対してもつ意義の重要性を痛感しつつ、これらの事物を追求し、将来の集積および分布傾向、工業国の発展とその崩壊に関する予測を行なう。(52)」

ウェーバーの立地論は、第一部の純粋理論、第二部の現実分析として構想されていたようであるが、第一部の公刊だけに終わっている。私は、その現実接近の視点が第一部で提起されていたのではないかと、『世界システム』で次のように述べていた。

「第一の視点は、『特定の時代のあらゆる工業の分布、一般的に、あらゆる経済立地の構成は、そのときどきの、一般条件の発展状態にしたがって生じたところの、それ以前の状態の修正に他ならない。そのときどきの支配的時代からみるならば、それは、歴史的に発展してきた組織体の合理主義的な改造にほかならない[53]』と指摘している部分である。これは、技術革新的生産力の発展に対応し、空間的再編成が展開することへの示唆とも受けとめられよう。

第二の視点は、農業層の立地を最下層組織として、重層的に産業立地が構造化されるとの問題設定である。彼は次の五層を設定する。

『①農業層、②第一次の（あるいは農業指向的な）工業層、③第二次の、あるいは工業指向的な工業層（この層にはこれを強化する要因として地方的な組織が付属する）、④中央の組織層、⑤中央の（工業的な）従属層。

分布機構の諸部分を互に結合している立地の動態は、下から上に及ぶばかりでなく、逆に、前後の層から下方向に向かって最初の農業層へ及ぶ[54・55]』

以上の視点を提起したまま、第二部は公刊されず、「経済の場所の理論としての経済学は経済地理に委ねるのが妥当である」と提言したままで終わっている。以上の二視点に最も近く迫った理論は、一九三三年刊のクリスタラーの『都市の立地と発展』であったと思われる。私は、『世界システム』でクリスタラーの説を次のように紹介していた。

「彼は冒頭で『都市の数・規模および分布を規定する法則は存在するか』という設問を提起し、これに答えうる経済学や地理学の研究の経過・実績を検討し、アダム・スミス、リカード、チューネンを継承しつつ、一方限界効用学説と後期歴史学派に依拠しながら、独自の論理を組み立てていった。その骨子を大胆に要約すれば次のようになる。

図５－９　補給原則による中心地点の体系

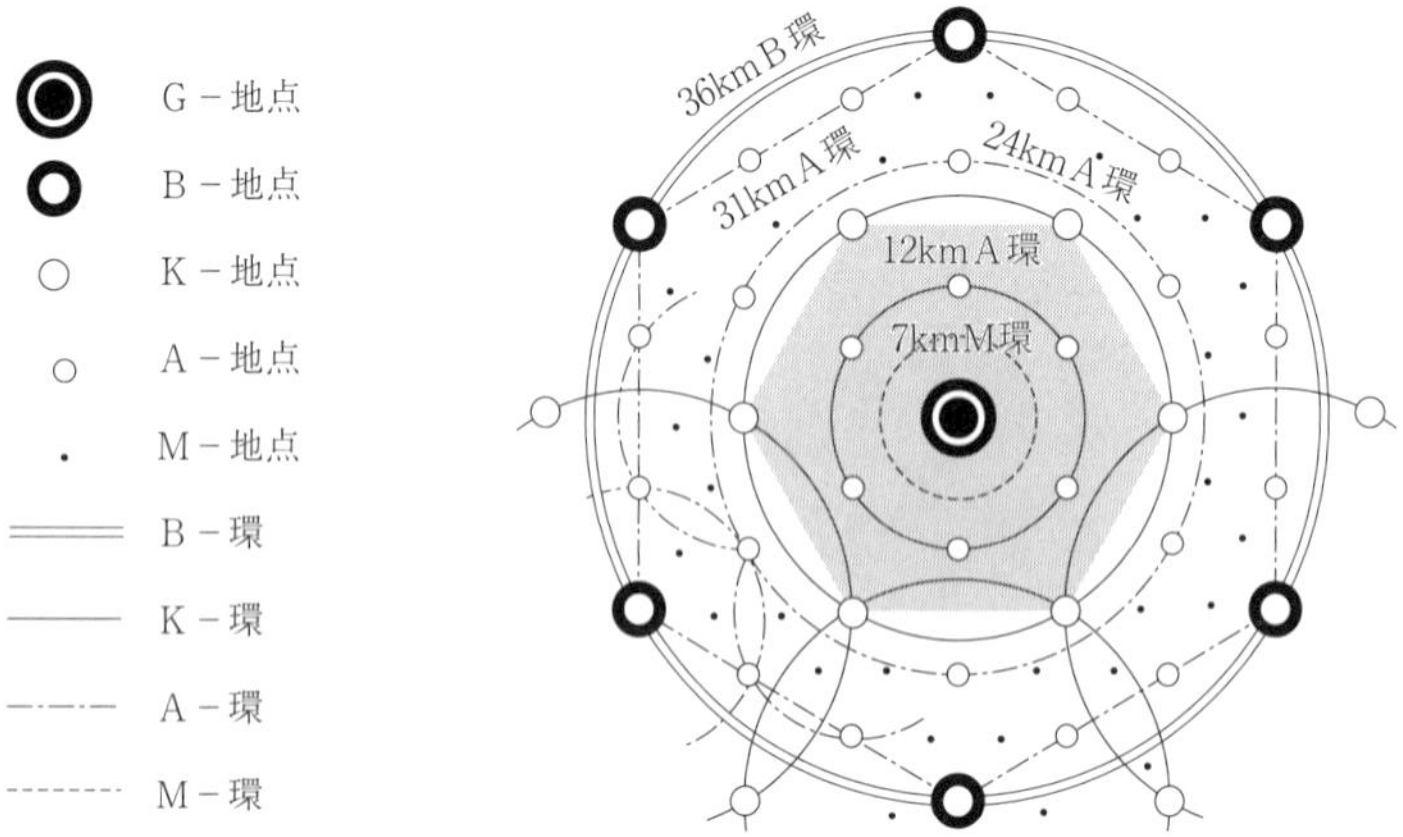

生活空間の範囲は、供給地（中心地）と需要地を結ぶ財の調達のための限界費用で決定される。その範囲の大きさは、中心地から供給される財の性質により決定され、低次財の範囲は小さく、高次財の範囲は大きくなると考える。そうした次元の異なる財は、中心地域の体系の中に重層的に包摂される。その包摂の論理は、まず補給原則、ないし市場原則で基礎体系が構成され、交通原則により変形拡大が起こり、隔離原則（ないし行政区分）で調整されるという三原則で構成される。この論理の基礎モデルの図と中心財別中心地および面積・人口表は次のようになっている

　彼は純粋理論で静態の諸過程を考察した後、静態論の項目ごとに動態の変容を考察し、動態の諸過程を統括して、南部ドイツの都市空間構造の具体的分析に自己の論理を展開していく。そうした結論に達した後、彼は『今や少なくとも原則として、国家の経済政策を通して、現実を合理化し国民経済を促進する方向において、中心地の体系に計画的に影響を及ぼすことが、どの程度まで可能であるか、という問題をさらに提起しなければならない[56]』と、政策面への姿勢を示す[57]。」

この国家政策への姿勢が、一九三三年に当選したヒットラー体制のもとにからめとられ、クリスタラーはハイデッガーと同様に、ナチスへの協力者と評されるようになった。しかし一九六〇年以降、重層的空間認識と理論、そして空間計画論が世界的に登場してきた。日本でも松下圭一のシビルミニマム論が提起され、重層的な市民生活の構造と自治体改革論が出てきた。「地域学会」が誕生し、地域科学が大学の学科として市民権を獲得していく傾向の流れの中で、クリスタラーの評価が再起され、ウェーバーの立地論とともに経済地理学の古典理論として位置づけられるようになった。

公害の書としての社会的費用論　一九五九年に『私的企業と社会的費用』として訳出されたカップの理論は、一九三〇年代の資料を基礎として一九五〇年に出版されていた。「カップは一九一〇年にドイツのケーニヒスベルグ市に生まれ、三六年にジュネーブ大学で『計画経済と外国貿易』なる論文で博士号を得た。台頭するナチの弾圧のもと、アメリカにわたり、ニューディール最後の段階から第二次大戦中、政府関係の仕事にたずさわった。そこで特に強大な生産力拡大の裏に進む森林荒廃、農業侵食の問題に直面し、教授の言葉によれば「農業の『計算されざる費用』に注目し始め[58]」て、一九五〇年の前書出版になったのである。

彼は第一章で目的を次のように述べる。「本研究は、一層広範な研究の一部で……、二つの目的をもつものである。すなわち、市場の尺度では表わしきれない尺度を用いて経済の成果を測ること、および経済分析の領域を拡大して、多数の経済学者が『非経済的』であるとして除外したり、無視したがっていた従来取残されていた側面の現実を、これに含ましめるための途を拓くことである[59]」。その研究の進め方を第二章で次のように述べる。「この種の政策樹立の目的のために必要なのは、生産の社会的費用のある種の量的計測である。……その第一歩として、……社会的損失の事実的証拠の簡単な要約と、貨幣をもって表したその相対的な大きさについての入手可能な推定値の簡単な要約とをできる限り掲げることにした。これらの推定は主として過去三〇年間にわたって各種の私的・公的機関が公刊した資料にもとづくものである」[60]。

カップは第四章から一四章までを、具体的な側面の社会的費用推測に当てている。それを列挙すると以下のようになる。①生産の人的要因を損傷することから生ずる社会的費用、②空気の汚染の社会的費用、③水の汚染の社会的費用、④動物資源の減少と絶滅、⑤エネルギー資源の早期涸渇、⑥土壌の浸食、地力の消耗および森林の濫伐、⑦技術変化の社会的費用、⑧失業と資源の遊休による社会的費用、⑨独占と社会的費用、⑩配給の社会的費用、⑪輸送における社会的費用、という構成になっている。私が驚いたのは、カップが参考にした資料に Smoke Pollution.（1913）. Air Pollution（1933）. Water Pollution. という単語を見た時である。日本に公害が問題になった時、その語源が検討され Pollution に相当することが理解された。アメリカでは一九三〇年代に公害の認識が登場していたのである。彼は最終章の「新政治経済学への途」を次の文で閉じている。

「かくして、一七．八世紀の哲学的前提を放棄することによってのみ、また富と生産とに関する基礎的概念を改正し、その意味を拡張することによってのみ、市場価格の研究に代うるに社会的価値の研究をもってすることによってのみ、経済学は経済過程を非党派的且つ批判的に理解することができるようになるであろう。実際のところ、その分析の範囲内に社会的費用、社会的報酬、社会的価値を包括せしめることによって、経済学は古典学派の経済学者が考えた以上に深く且つ広い意味で『政治経済学』となる」[61]。

これは次の時代に起こるであろう局面を見こした箴言であった。

(1)フエルナン・ブローデル、浜名優美訳『地中海1』藤原書店、一九九一年、二二二頁。
(2)ブローデル、『地中海Ⅲ』藤原書店、一九九三年、三九三頁。
(3)ウォーラースティン、本田健吉監訳『脱・社会科学』藤原書店、一九九三年、二〇一頁。
(4)ウォーラースティン、同上、二二一頁。
(5)ミンツ、川北稔訳『甘さと権力』平凡社、一九八八年、七二頁。
(6)上野登『世界システムの経済地理』大明堂、一九九六年、五〇頁。
(7)ウォーラースティン、川北稔訳『近代世界システム』岩波書店、一九八一年、八九頁。
(8)ウォルター・ロドネー『世界資本主義とアフリカ』拓植書房、一九七八年、一〇五頁。
(9)細野昭雄『ラテンアメリカの経済』東京大学出版会、一九八三年、二三頁。
(10)キース・トマス、山内昶訳『人間と自然界』法政大学出版局、一九八九年、二八頁。
(11)キース・トマス、山内昶訳、同上、三八頁。
(12)キース・トマス、山内昶訳、同上、五七頁。
(13)上野登『経済地理学への道標』大明堂、一九六八年、一〇四頁。
(14)井上幸治編『南欧史』山川出版社、一九五七年、二四二頁。
(15)飯沼二郎『農学成立史の研究』農業総合研究所、一九六三年、一〇頁。
(16)ウォーラースティン、前掲書、五六頁。
(17)上野登、前掲書(6)、八四頁。
(18)大塚久雄『近代欧州経済史序説』(著作集第二巻)、岩波書店、一九八五年、一三頁。
(19)大塚久雄『著作集第六巻』岩波書店、一九八五年、五二頁。
(20)竹岡敬温他編『概説西欧経済史』有斐閣、一九八〇年、一三七頁。
(21)P・サマイアス、小松芳喬監訳『最初の工業国家』日本評論社、一九八八年、二頁。
(22)P・サマイアス、小松芳喬監訳、同上、一〇頁。
(23)E・J・ホブズボーム、浜林正夫他訳『産業と帝国』未来社、一九八四年、五六頁。
(24)中村丈夫編『コンドラチェフ景気波動論』亜紀書房、一九七八年、三頁。

(25) 市川泰治郎編『世界景気の長期波動』亜紀書房、一九八四年、四頁。
(26) 中村丈夫、前掲書、一三七頁。
(27) 上野登、前掲書（6）、一三〇頁。
(28) マルクス『資本論』第一部、六九七頁。
(29) 毛利健三『自由貿易帝国主義』東京大学出版会、一九七八年、一二六頁。
(30) ボブズボーム、前掲書、一三〇頁。
(31) 村岡健次編『イギリス史』山川出版社、一九六五年、一四八頁。
(32) ボブズボーム、前掲書、二一二頁。
(33) 上野登、前掲書、一六〇頁。
(34) H・モテック、大島隆雄訳『ドイツ経済史一八九一〜一九四五』大月書店、一九八九年、六四頁。
(35) 上野登、前掲書、一七〇頁。
(36) マルクス『経済学批判要綱』Ⅱ、大月書店、一九五九年、三三五頁。
(37) マルクス、同上、三三六頁。
(38) マルクス、同上、三三八頁。
(39) マルクス『経済学批判要綱』Ⅲ、大月書店、一九六一年、六四四頁。
(40) マルクス、同上、六五二頁。
(41) マルクス、同上、六七一頁。
(42) シュンペーター『景気循環論Ⅱ』、有斐閣、一九六二年、五九五頁。
(43) 中村丈夫訳、前掲書、三六〜三八頁。
(44) マンデル『後期資本主義』柘植書房、一九八〇年、六〇頁。
(45) 上野登、前掲書、一九七頁。
(46) 山田鋭夫『レギラシオン・アプローチ』藤原書店、一九九一年、八七頁。
(47) カール・ポラニー、吉沢英成他訳『大転換』東洋経済新報社、一九七五年、三〇頁。
(48) カール・ポラニー、吉沢英成他訳、同上、四〇頁。

(49) 村岡健次編『イギリス史3』山川出版社、一九九一年、一〇三頁。
(50) 有賀貞編『アメリカ史2』山川出版社、一九九三年、一〇七頁。
(51) 上野登、前掲書、二三八頁。
(52) A・ウェーバー、江沢譲璽『工業立地論』大明堂、一九六六年、二頁。
(53) A・ウェーバー、江沢譲璽、同上、二三二頁。
(54) A・ウェーバー、江沢譲璽、同上、二四〇頁。
(55) 上野登、前掲書、二三七頁。
(56) クリスタラー、江沢譲璽訳『都市の立地と発展』大明堂、一九六九年、一五九頁。
(57) 上野登、前掲書、二四〇頁。
(58) K・W・カップ、柴田徳衛他訳『環境破壊と社会的量用』岩波書店、一九七五年、三二六頁。
(59) K・W・カップ、柴田徳衛他訳、同上、一一頁。
(60) K・W・カップ、柴田徳衛他訳、同上、二三頁。
(61) K・W・カップ、柴田徳衛他訳、同上、二九八頁。

第六章　価値の無限追求と環境の制限性

一　資本主義の黄金時代

1　戦後資本主義のフォーディズム化

第二次世界大戦が終った時、アメリカを除く資本主義、社会主義、植民地は無惨な経済・生活実態に陥っていた。私に即していえば、旧制高校に学徒動員から復学してきたが、食糧不足でヤミ市場の雑炊で飢えをしのぎ、栄養失調で実家に帰宅して体力を回復したりしていた。アメリカ軍の単独占領下にあることに疑問を感じたが、占領軍のなかのニューディーラー派の影響か、民主主義の導入が図られ、治安維持法で獄中にあった人たちは釈放され、労働組合が結成され、食糧メーデーが開かれたり、はては二・一ゼネストの解散命令を経験したりしていた。私が九州大学の経済学部を選んだのは、向坂逸郎、高橋正夫教授らが復学されていたからであった。日本の大学はヨーロッパの大学の伝統を受けつぎ大学自治を誇りとしていたが、イールズ声明が出され大学管理法が提案されてきた。その後、ドッジ特使が来日し、ドッジライン政策が実施され、「経済九原則」に沿う日本経済の再建策が施行されてきた。日本の大学生は、大管法反対の旗の下に自治会の連携を組み、その廃棄にまで至る運動を展開した。世界的に有名になった「全学連」運動であった。

私は、一九四九年一〇月、前期試験が終ると、広島県立労働科学研究所の研究員になり、県内の産業や企業の実態調査に参加していった。この時、ヒューマンリレーションの労務管理、テーラーリズムの出来高払賃金制、タウンの分益性、フォード式の大量生産方式などを学んでいた。この研究が生産性向上運動への理解の基礎になった。研究所に居た時、日本共産党指導の産業別労働組合が支配的勢力をもっていたが、民主化同盟運動がその内部で起こり、社会党左派系の労働組合総評議会が結成され、加えて社会党右派系の総同盟も誕生していった。日本生産性本部が結成された時、同盟が副会長を引き受け、労使協調体制が出来た。総評系も指導部が交替して生産性本部に参加した。この労使関係のもとで、生産性向上率の枠内で賃金の上昇率が決まるという、春闘インデックス体系が成立していった。加えて、企業内厚生計画が協議され、それが一般国民にまで及び、日本型ケインズ厚生体制が確立されていったのである。

日本のこの流れの前に、ヨーロッパで同じ流れがあったことをある契機から知った。どういう理由で選ばれたのか分からないが、日本生産性本部の会合に参加したことがあった。そこで生産性向上運動はヨーロッパの方が先行していたことが分かった。ソ連の勢力拡大政策は中近東に及んでおり、その対応はイギリスにまかされていた。そのイギリスは、戦災復興もあり、ギリシヤの反政府運動対策に手をやき、ギブアップしてアメリカにその対応を委任した。これを受けてトルーマン声明が布告され、アメリカが反共戦線を宣言した。その声明に沿うようにして、マーシャル援助計画が提起され、反共の防波堤としてのヨーロッパの復興計画が登場してきた。その計画は東欧をも含むものであったが、ソ連はコメコン計画（経済相互援助会議）を結成してこれに対抗した。これを契機にベルリンの壁に象徴される対決の姿勢が表面化し、NATO体制とワルシャワ条約機構という冷戦の陣容が整ったのである。そのバックアップ体制としてのマーシャル計画が終了した一九五五年に、イギリスに生産性本部が設置され、西欧に拡大していったのである。
アジアでは、一九四九年に中国共産党による中国支配が確立し、連合軍の政策として設定された朝鮮半島の三八度線を突破する朝鮮戦争が勃発した。日本のドッジライン、経済九原則、産業合理化促進法、シャープ税制勧告、国土総合開発法等は、ソ連及び中国のドミノ拡大を阻止する防波堤として、日本の政策課題として提起されてきたものであった。私達は一国経済史としてみてきていたが、油井大三郎編『占領改革の国際比較』によれば、日本の占領政策はマーシャル計画の日本版であったのだ。日本の生産性本部は一九五五年結成であるが、一九五二年の講和条約、安全保障条約等の締結は、世界的な五五年体制の一環であったのである。

戦後の生産力体系の根幹をなすのは、燃料革命、すなわち原燃料としての石炭から石油への転換であった。しかし石油は地球上の偏在資源である。それを世界的に使用可能な燃料にする鍵は、輸送手段、換言すれば専用船にあった。この問題解決のために日本は、電気溶接とガス切断技術で、鋲構造生産方法をブロック組立工程方式に転換する造船技術を開発し、タンカーの大型化に寄与することになった。こうしてマンモスタンカーといわれる大型化を達成し、輸送コストを低下させた。タンカーの大型化は、接岸岩壁の水深基準を一四m以上に上げ、臨海工場団地造成の発想を誘引し、工業団地造成事業の伸展によって、工業分布の再編成運動が起こっていった。

ミシャレの多国籍企業論によれば、第一の戦略は、中継子会社による貿易活動、第二の戦略は生産子会社による生産の国際化、第三の戦略は技術的戦略で、特許使用、ノウハウ等の技術提携、第四の戦略はグローバル型多国籍企業へと展開する。マーシャルプラン後のアメリカの海外投資はヨーロッパに重点があり、第二戦略の生産子会社創立が主流であったという。これに対し日本は、中村静治の説では第三戦略の技術提携が主流であった。一九五六年の『経済白書』は、「日本はもはや戦後ではない」と言明したことで有名であるが、『日本産業史』はそのことを次のように述べている。

「昭和三〇年ごろには日本経済は戦前水準を回復した。『戦後復興を完了したこれからのわが国も設備の近代化と技術開発のための投資をさかんにすることによって、はじめて経済成長が支えられるであろう。』『そうしてこのような投資活動の原動力となるのは技術革新である。技術革新は広い経済的影響を持ち経済の近代化を促進するだろう』、『もはや戦後ではない。回復を通じての成長は終った。今後の成長は近代化によって支えられる』というふうにある[1]。」

その成長路線が「所得倍増計画」をうみ、太平洋沿岸ベルト地帯構想をベースにする「全国総合開発計画」が発表される。これに反発する議員立法として「新産業都市建設促進法」が可決され、全国稀にみた陳情合戦が展開されたのである。東京オリンピック開催、新幹線の開通、高速道路の建設等々、国民を沸かす事業が展開され、マイカー、マイホームブームが始動しはじめたのが、一九六〇年代末の日本の状況であった。

一九六〇年以降、南北問題意識が登場してきたのも、マーシャル援助計画のＯＥＥＣが、その任を終えたとして経済協力開発機構ＯＥＣＤに発展的に解消し、低開発国援助を柱にかかげたことにあった。各国はそれぞれ援助機関、公庫を設立し、協力の陣容を整えた。ケネディ大統領は六一年の国連総会で、六〇年代を「国連開発の一〇年」と規定し、途上国の年成長率五％達成を目標にかかげた。日本は高度経済成長を遂げていたが、六四年一月ＯＥＣＤに加盟し、世界的な援助資金供給国の仲間入りをした。第二次大戦後の賠償補償の時代から、ＯＤＡ活動の時代へと転換していった。

第三世界諸国は、ガットとＩＭＦ体制が指向する世界経済メカニズムに批判的姿勢を示し、独自に国連貿易開発会議ＵＮＣＴＡＤを六四年に開催することを決定し、開催した。その事務局長は南米のプレビッシュで、第一回会議にプレビッシュ報告と命名される趣旨を発表した。その論旨を要約すると次のようになる。

一九三〇年以来、低開発諸国は輸入代替工業化政策を余儀なくされてきた。工業化は必要であるが、この輸入代替工業は、①発達するにともない中間製品、新式の資本財の輸入増加による貿易ギャップ拡大がおこる、②国内市場の狭隘性のためコスト高になる、③工業化のための輸入制限措置は合理的発展を阻害した、④基本的に重要な商品の代替工業化が制限され、その商品の輸入増加を引きおこした等々、輸入代替工業化は諸種の反省点が存在することが指摘された。しかし、人口数の少ない低開発国の工業化は必要である。そうした小国であっても、個々の国内市場の中で行なわれるのではなく、複数国よりなる集団の中で行なわれるとすれば、輸入代替を行ないうる市場は大きくなり、コスト高を防げるであろう。地域的集団内における新しい代替産業政策を実現するために南アメリカ自由貿易連合がうまれたのである。

一九六〇年代は、途上国が民族独立運動による独立達成後、経済成長を求めていく時代に入ったことを示している。名称もUnder Development country からDeveloping Country と変わったことも、時代の流れを反映している。岡倉古志郎は、一九五八年以降六三年までを非同盟運動の第三段階と規定し、「植民地体制の崩壊が進んで民族自決の要求が一段落し、民族ブルジョアジーの主たる関心が経済発展に向けられ、そこへ帝国主義側の新植民地政策（とくに経済援助と経済支配）が作用[2]」するようになったと、時代転換の状況をとらえていた。

民族独立後、冷戦体制のもとで、どちらの陣営にも加盟しない非同盟諸国としての結集が図られていった。冷戦体制の社会主義側の展開は、一時優位を誇っていた。スターリンの死後、マレンコフ、ブルガーニンと首相が続き、五八年三月フルシチョフが首相の座につく。フルシチョフは五七年にスターリン批判を行ない、新しいコメコン体制を築こうとしていた。時代の背景として私は、『変貌する世界像』の中で次のように述べていた。

「第二次大戦後、東欧とアジアで人民民主主義諸国が生まれ、国際経済協力関係を構築しだした。四七年に発足したコメコンは、ソ連、東欧六カ国、モンゴルの八カ国構成で、第二世界の中核となっている。この会議は、一九六四年のブレジネフ体制へ移行するまでの間、フルシチョフ体制のもとで、第一世界に対する対抗意識に燃えた展開を示した。五七年の人工衛星スプートニクの打ち上げ成功、五九年の宇宙ステーションによる月の裏側写真撮影成功、六一年のガガーリンの有人宇宙船ヴォストーク打ち上げ成功、六三年の女性飛行士テレシコワのヴォストーク六号搭乗といった華々しい成功を世界に誇った時代であった。[3]」

五九年九月、フルシチョフはアメリカを訪問し、アイゼンハウァー大統領と会談した。彼の心の中では、宇宙開発競争でソ連が一歩先んじているという優位感があったにちがいない。事実、六五年にはヨーロッパの水準を上回り、七〇年にはアメリカを追いこすという経済成長目標があったと言われた時代であった。六二年には西欧六カ国は石炭鉄鋼共同体を脱し、経済統合体を目ざすＥＥＣを結成していく。このＥＥＣとコメコンは、「東西両世界体制の経済競争における典型的テストケース」と評価されていた。しかし、フルシチョフは六四年の共産党中央委員会総会で主観主義的改革者として批判され、首相の座を下りる。代わってブレジネフが首相になり、保守的な政策に後退し、「停滞の時代」がソ連に到来する。

マーグリンは『資本主義の黄金時代』の書を刊行したが、黄金時代を一九五〇〜七三年の時代と規定した。それは先進資本主義一三カ国平均のＧＤＰ成長率が四・九％、人口一人当たりＧＤＰが三・八％、輸出量が八・六％という高率増加を示した時代であったからである。しかし、その「黄金の時代」は輝かしい一面、とくに福祉厚生面の充実を高め、生活の安定感を与える面をもっていたが、陰の側面として、忍び寄る成長の低下としての面を示し始めていた。

2 「黄金時代」の陰

フォーディズムの浸透で大量生産・大量消費の景気（たとえば神武景気）に酔いしれていた時代、静かに各種の矛盾が頭を持ち上げていた。その矛盾を数え上げていってみよう。

生産性上昇の鈍化

景気を誘導していた生産性が一九六四年頃を契機に鈍化しはじめた。山田鋭夫が提示している図６－１をみると、六四年をピークに産出量の低下が起こり、生産性の成長率が五％以下に落ちていっている。A・リピエッツは、この傾向を次のようにとらえていた。

「生産性上昇の全般的鈍化である。それは一九六〇年代末頃におこり、自動車産業のようにもっとも典型的なフォード主義部門さえも襲ったのである。この生産性上昇の鈍化は、一人当り資本価値の上昇を、マルクス用語でいえば資本の有機的構成の高度化を要請した。しかしこの時期以降、生産性の上昇は、一人当り固定資本量の増加を相殺しえなくなった。このために独占的レギュラシオンに特徴的なマーク・アップ方式の価格で資本の瞬間的な収益性の低下を相殺した。だがこの利潤の名目的上昇は、価格・賃金の全般的上昇となってはねかえり、キャッシュ・フローに減価償却費が占める割合を増加させた。ここから生じたのが企業債務の増加であり、金融費用の増加である。……これ以降投資の鈍化は、失業の増加を、したがって福祉国家のコスト増をもたらした。したがって、利潤の圧縮を強調するか、あるいは資本の有機的構成の高度化を強調するかを問わず、現在の内包的蓄積の危機

図6－1　産出量および生産性の年成長率（先進7カ国製造業，5カ年移動平均）

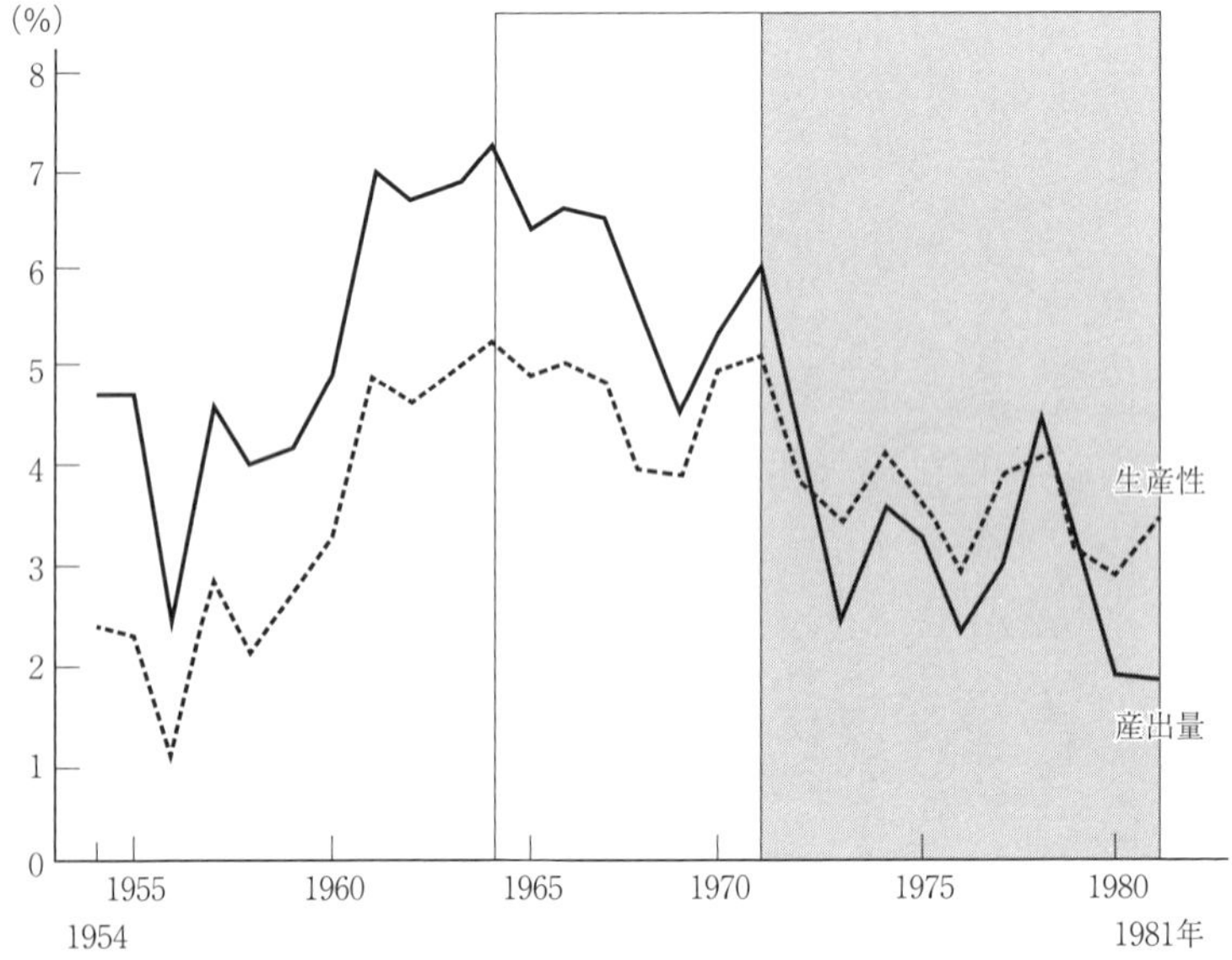

出所：P. ARMSTRONG and A. GLYN eds., *Accumulation, Profits, State Spending: Data for Advanced Capitalist Countries 1952–1982*, Oxford, 1986. の表10c および12cより作成。山田鋭夫『20世紀資本主義』86頁より。

は収益性の危機として現われている。その反対に、一九三〇年の危機は過剰生産危機であった[4]。」

山田はこの現象を「世紀末の長期世界不況」としてとらえ、「これは従来の経済学にとっては十分に解明も対処もできなかった不況[5]」であったと評定していた。

現代型公害の発生　一九五〇年代に水俣市で猫や人間が狂いだす奇病が発生し、熊本大学医学部と水俣保健所の医師たちの研究の結果、チッソ工場の排水中の有機水銀によるものとの見解が出された（一九五六年）。会社側は五九年に一時見舞金を被害者に支給し、社会問題化することを抑えていた。一九六三年に、新潟県の阿賀野川下流域で、魚が大量に捕獲されるようになり、その結果奇病が発生した。その原因は、上流の工場の排水によると考えられ、新潟水俣病と呼ばれていた。「自主講座」の主催者の宇井純らの肝いりで、水俣市の患者との交流が始まり、一時見舞金で沈黙したことを「恥じ」として、水俣病患者は訴訟に立ち上がった。

四日市市では五九年頃から石油化学コンビナートの煙突からの大気汚染で「ぜんそく」が多発し、六二年の公害対策会議の結成を機に訴訟への道が開かれた。富山県の神岡鉱山の排水中のカドミウムが水田を汚染し、収穫された米に含まれていたカドミウムによるイタイイタイ病も連帯に加わってきた。こうして宇井は「被害者たちは自分の足で歩き始めた。一月には新潟から富山へ、イタイイタイ病の被害者たちと水俣の経験の交流があり、三月には水俣の患者が陳情のため上京し、新潟まで足を伸ばした。一九六八年は日本の公害反対運動が各地で連帯を始めた年として、歴史の上に一つの新しい出発点をしるす年となるであろう[6]」と評価していた。

公害は日本だけのことではなかった。レイチェル・カーソンは一九六二年に『沈黙の春』を公刊し、農薬や除草剤が土壌、水、緑、鳥獣に被害を及ぼし、小鳥がさえずる春がなくなると訴えていた。ステパン・オーデン博士は、スウェーデンの湖や林地の土壌の酸性化による被害の諸相に注目し、その原因を究明して一つの結論に達し、一九六八年に論文を発表した。それはヨーロッパの工業中心地の煙に含まれている物質が原因の酸性雨によるものと宣言したのである。

都市問題の発生　フォーディズム化は、工業の成長だけでなく、都市の急成長を促した。日本の都市の成長は、農村からの労働力供給で急速に展開していった。このために都市では住宅不足、通勤地獄、交通事故多発の交通戦争、糞尿処理問題等々の「都市問題」が登場してきた。戦災復興という背景もあり、都市整備は地方自治体の大問題であった。その都市問題が政治問題化しはじめている時に、六〇年安保反対運動が起こり、全国の都市でデモが展開された。これを契機に〝地域民主主義〟理念が誕生し、新しい自治体運動が起こってきた。松下圭一は、その動きをとらえ「シビル・ミニマム」という新しい理念での都市問題を提起した。彼は次のように述べている。

「このシビル・ミニマムという言葉は、一九六〇年代の前半に私が造語した和製英語ともいうべき日本語である。このシビル・ミニマムを最初に現実の政策システムに構成したのが一九六八年の『東京都中期計画』であり、……ついで全国革新市長会議でも一九七〇年に、革新都市づくり綱領として『シビル・ミニマム策定のために』を決定した。

日本のシビル・ミニマムは今日では都市問題の激化を背景に、社会資本の拡充、公害の防止をもふくめてひろく国民生活構造全体の改革への展望をもつ都市政策の市民的公準として設定され、その推進主体をさしあたって自治体においたところに、その独自性をもっている。[7]」

日本の都市問題解決の一つの理念としてシビル・ミニマムが登場してきていたが、フランスでは一九六八年「五月革命」といわれる騒動が起こり、都市社会学の新しい発展が芽生えてきていた。この事件は、パリの再開発事業に当たり、〈シテ・ダリアルト地区〉のスラム的な市民居住区の排除に対する抗議から拡大したといわれている。シカゴ学派の都市社会学とは基本視点を異にするマニエル・カステルの『都市問題』や、デビッド・ハーヴェイの『都市と社会的不平等』といった史的唯物論の都市社会学が誕生してきた。私は、この二者の外にアンリ・ルフェーヴルを評価したい。彼は一九六八年に『都市への権利』を出版していた。訳者の森本和夫は「あとがき」で、ルフェーヴルが京都滞在中に面談したが、「彼の帰国後まもなく、彼が教鞭をとっているパリ大学ナンテール分校から起った学生たちの運動は、やがて〝五月革命〟とまで呼ばれる事態に発展し」と書いている。私は『地誌学の原点』で、ルフェーヴルの都市のとらえ方に学んだ。それは、都市は使用価値としての都市として歴史的に存在してきていたが、資本制社会になり価値としての都市の性格が生まれ、価値的利用の都市の発展のために、都市住民の使用価値としての都市が奪われていっている。これに対し、「我有化」の権利に立って、都市生活の豊かさを取り戻すべきだと主張している。都市問題は一九六八年の問題ではない。現在、日本の都市で中心市街地の空洞化が起こっているが、市民の「我有化」の権利に目覚める時ではないか。

人口爆発と食糧危機　一九六六年二月、ジョンソン大統領は「平和のための食糧法案」を提出した。この年、世界の穀物の備蓄在庫量ははじめて一億トンの水準を割った。これは六五、六六年にインドに大干ばつが起こり、第三世界の食糧輸入の増加と相まって起こったものと考えられている。エールリッヒによれば、「世界の人口は一九四〇年の約二三億から、五〇年の二五億、六〇年の三〇億、七〇年の三六億へと増えてきた。人口年鑑によれば、一九七一年半ばの世界人口は三七億一〇〇〇万と推定されていた。この時の増加率二・〇％、二倍となるのに要する期間は三五年である」[8]。この人口増加が途上国に集中していくことが問題視されていた。六三年のＦＡＯの報告では、「人類の半分は栄養失調か飢餓の状態にある」と述べられていた。エールリッヒの論述を要約して私は次のように述べていた。

「彼は『過去一〇億年のどのような地質学的現象も、人口過剰ほどには地上の生命を脅かしたことはなかった』と、『人口爆発』がもつ現代の人類の危機に対する影響力の評価から論を起こす。この人口の増加は『地球の限界』に直面しつつある。①環境の中に人類が発散している熱量の限界、②化石燃料の限界、③再生不可能な鉱物資源の限界、④真水資源の限界、⑤食糧供給の限界、以上のような限界に直面しているが、その危機は二つの局面でとらえられる。

第一は食糧危機である。『第二次大戦後は、一人当たりの農業生産高が世界的に上昇する傾向がみられた。この傾向は先進国では今日まで続いている。けれども発展途上国ではこの安定した増加は一九六〇年に止まってしまった』。克服する道は耕地面積の拡大と単位面積当たり収量の増大である。耕地面積の拡大に対しては熱帯林の絶滅か乾燥した土地の灌漑施設の設置が必要になる。単位面積の増大に対しては『緑の革命』が進行中である。L・ブラウンの楽天的予測に対し、『緑の革命』の技術は先進国型の生産環境・基盤の上の技術で、それを低開発地域に普及させるには、資金的、技術、人的能力の制限性に突き当たる。

第二の危機は環境・エコシステムの危機である。①大気汚染、②水汚染、③固形廃棄物処理、④殺虫剤と関連化合物汚染、⑤鉛汚染、⑥弗化物公害、⑦放射能汚染、⑧騒音公害、⑨都市環境被害、⑩異常気象、⑪新型ヴィールス、生物兵器の脅威等々、多様な要素が人間の存在を脅かし、エコシステムを撹乱しだした。『人口・食糧・環境の危機という極めて複雑な問題を解決するための科学的な万能薬は今のところ存在しない。[9]』

エールリッヒ夫妻のこの書は一九七〇年の出版である。「黄金の時代」二〇年間の全体を通じてみた *Population, Resources, Environment Issues in Human Ecology.* の所見である。価値の無限追求にとらわれ、高度経済成長を唯一の価値として進んできた人類は、すでに深い落し穴への入口に立っていたのである。

ソ連の停滞　資本主義社会の「黄金時代」の侵食面を述べてきたが、ソ連にも長い「停滞の時代」が到来していた。ベルナール・シャヴァンスは『社会主義のレギュラシオン理論』を一九九〇年に公刊した。その中で「ソ連の発展モデルは成長率が高いとして長い間評価されていたが、今やその潜在力が枯れたように思われる。実際のところ、成長は一九五〇年代の末以降——一九六五年の改革に続く一時期を除くと——、一貫して鈍化し続け[10]」ていたと、その傾向を述べている。そしてその要因は、外延的拡大の枯渇であったと次のように述べていた。

「工業労働力が大幅に増加したこと、蓄積率が上昇したこと、新たな産業部門に経済圏が創出されたこと、これらを考慮にいれると、総じてスターリン時代が外延的発展によって特徴づけられることは明らかである。この外延型発展の伝統的な源泉は、一九六〇年代になるとしだいに枯渇しがちとなる。……この時期は、大企業が初めて建設された時期であり――これらの大企業はたいていの場合は西側の科学技術を手本としていた――、また農村の労働予備軍がかぎりないものに思われたからである。にもかかわらず経済システムの内部にはイノベーションと技術進歩に対する障害がすでにあらわれていた。(11)」

内包的蓄積体制が弱いままの外延的拡大型の成長モデルは、コメコン体制の弛緩からも弱められた。それを象徴する事件は、チェコの「プラハの春」であった。六一年一月発足の第三次五カ年計画をめぐって、改革派と保守派の対立があり、六八年一月にドプチェクが首相に選ばれ、「人間の顔をした社会主義」の標語をかかげたことに対し、ワルシャワ条約五カ国の六二万人の軍隊が侵入した事件である。この「プラハの春」は、二〇年後のベルリンの壁崩壊を予告するような内容をはらんでいたと今になっては評価されよう。ソビエト成長モデルの停滞は深刻面を孕んでいた。

二　金融型多国籍時代の到来

1　国際金融時代の幕開け

「黄金時代」の幕引きは、七一年のニクソンショックから始まった。国際貿易体制は、戦後「金為替本位体制」で支えられてきていた。基軸通貨はアメリカドルだが、何時《いっ》でも金に兌換しうることを前提にしていた。戦後世界経済のドル不足に対応し、アメリカドルは自国の経常収支赤字を補うべく供給を続けていた。その赤字の一因としてベトナム戦争（六四〜七三年）があり、アメリカへゲモニーコストでもあった。そのドルの兌換に必要な金が減少し、兌換制を廃止し、ブレトンウッズ体制を放棄したのである。この固定相場制に代わって変動相場制へ移行していくことになった。私の経験からみると、六八年の宮崎大学山岳部の台湾雪山登山の時は、外国為替管理法のもとで持ち出しは五〇〇ドルの制限を受け、日銀の宮崎支店でドル替の手続きをし、帰国すると報告書を提出し、残金は納金していた。七四年にはヒマラヤ偵察に行ったが、信州大山岳部員の資料をもとに、約二五日間の費用三〇万円と割り出して決行した。その後七八年まで偵察行を行なったが、三〇万円は変化しなかった。円が変動相場で高くなっていったからであった。

七二年に食糧危機が突如発生した。とくにソ連を中心に大干ばつが起こり、穀物備蓄量が一億トンを割り、穀物年間消費換算日数が二六日に低下したのである。経済学の常識では、先進国は植民地から原料・食糧を輸入し、工業製品を輸出するという構造が当然と思われていた。しかし戦後二〇年たってみると、食糧の供給国は北アメリカ、カナダ、オーストラリア、ニュージーランドで、輸入は西ヨーロッパはもちろんだがアジア・アフリカが加わり、それにソ連と東欧が追加されたのである。一挙に穀物価格が高騰し、とくに日本では大豆を中心とした台所騒動が持ち上がってきた。

七三年には第一次石油ショックが勃発した。世界の石油供給は先進国の国際石油カルテルによって行なわれてきていた。これに対し産油国は六〇年九月に産油国カルテルＯＰＥＣを結成し、世界メジャーに対抗しようとした。そのなかでアラブ産油国八カ国は六八年一月にアラブ石油輸出国機構ＯＡＰＥＣを結成した。これはユダヤ人がシオニスト運動を起こし、戦後になってエルサレムを信仰の核として帰国し、イスラエル国家を形成し、その後植民活動で支配圏を拡大していった。この拡大に対抗し、第一次（四八年）、第二次（五六年）、第三次（六七年）、と中東戦争を重ねてきていた。そして七三年一〇月に第四次中東戦争が勃発したのである。この戦争の過程で、イスラエルを支持している国に対しては、今後原油輸出量を年ごとに五％づつ減らしていくという石油戦略をＯＡＰＥＣが打ち出したのである。この第四次中東戦争は、原油輸出と価格決定に対する指導権の戦争でもあった。この結果、国際独占体制は後退し、ＯＡＰＥＣの支配権が確立し、戦争勃発前の一バレル当たり三・〇六六ドルは七四年一月には一一・六五一ドルと四倍にはね上がったのである。

　戦後の「黄金の二〇年」を支えてきたのは、石炭から石油へのエネルギー革命であったが、それは原油供給の低価格によるものであった。その低価格石油をベースにした産業体系は、再編成の危機にさらされる。篠原三代平の作成した工業生産・ＧＤＰの成長率図（図６－２）をみると、世界中の国々が七三年を契機にマイナス成長に転落している。日本も例外ではなかった。しかし、日本は省エネルギー政策で対応し、高度成長政策段階から安定成長政策へと移行したことを篠原は図６－３で示し、次のように述べている。

　「図６－３は、一九五五年以降における実質ＧＮＰの成長率と最終エネルギー消費量の成長率を比較したものである。これをみると石油ショックが発生した七三年以前においては、両者の動きがかなり密接な対応を示していた。……エネルギー消費の対ＧＮＰ弾力性は一・二前後であった。……石油ショック後の七四～八六年間の動きをみると、エネルギー消費量の伸びは平均してゼロ％ラインの上に乗っかっている。ところがＧＮＰの方は大体平均四％ラインの上にあった。したがってエネルギー消

図6－2　工業生産・GDPの成長率循環

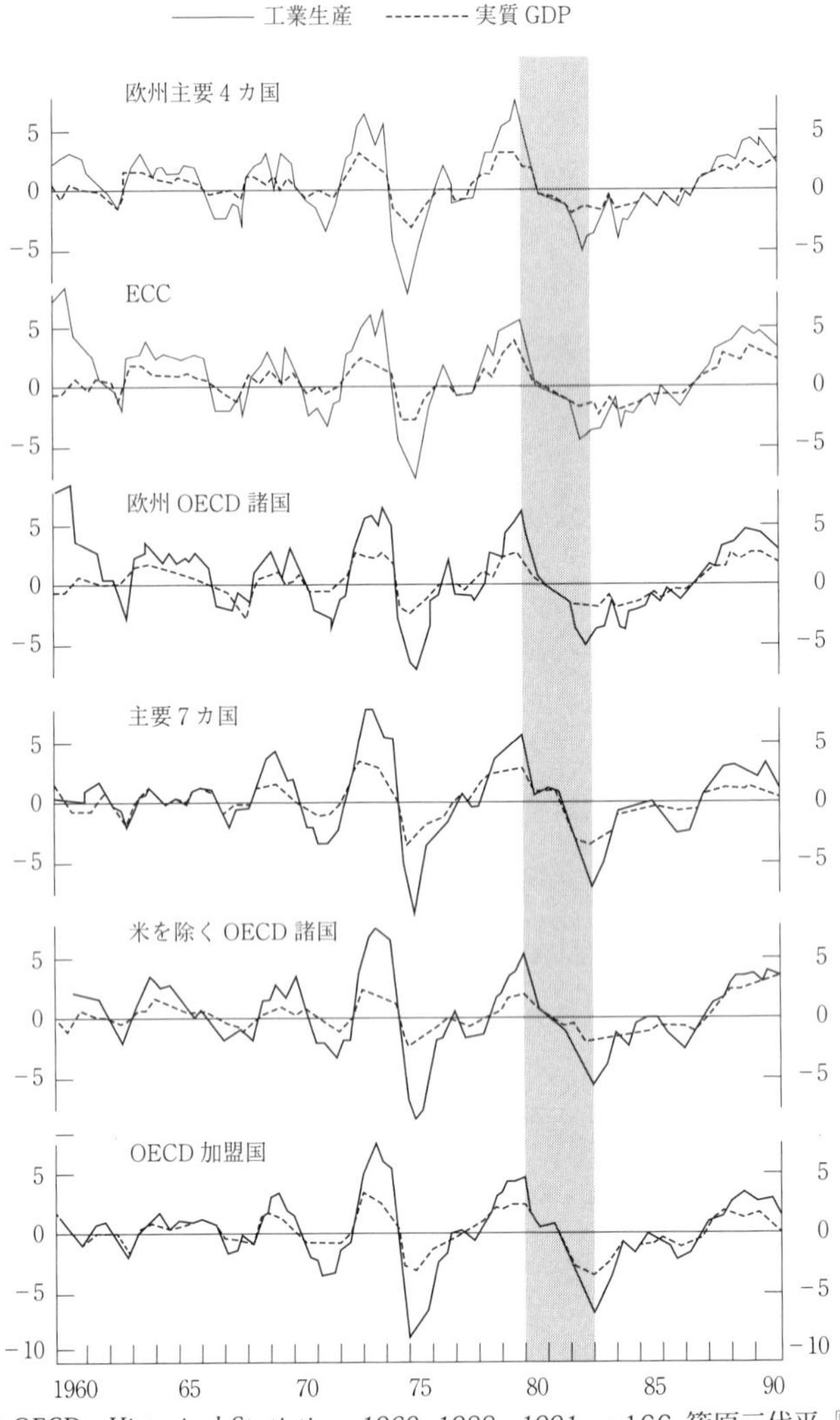

出所：OECD, *Historical Statistics, 1960–1988, 1991*, p.166. 篠原三代平『戦後50年の景気循環』日本経済新聞社，97頁より。

注：1. 欧州主要4カ国→ドイツ，フランス，イギリス，イタリア。
2. 主要7カ国→以上4カ国に，アメリカ，日本，カナダを加えたもの。
3. 季節調整済みデータのトレンドからの偏差率を図示したもの。

図6－3　エネルギー消費とGNP成長率

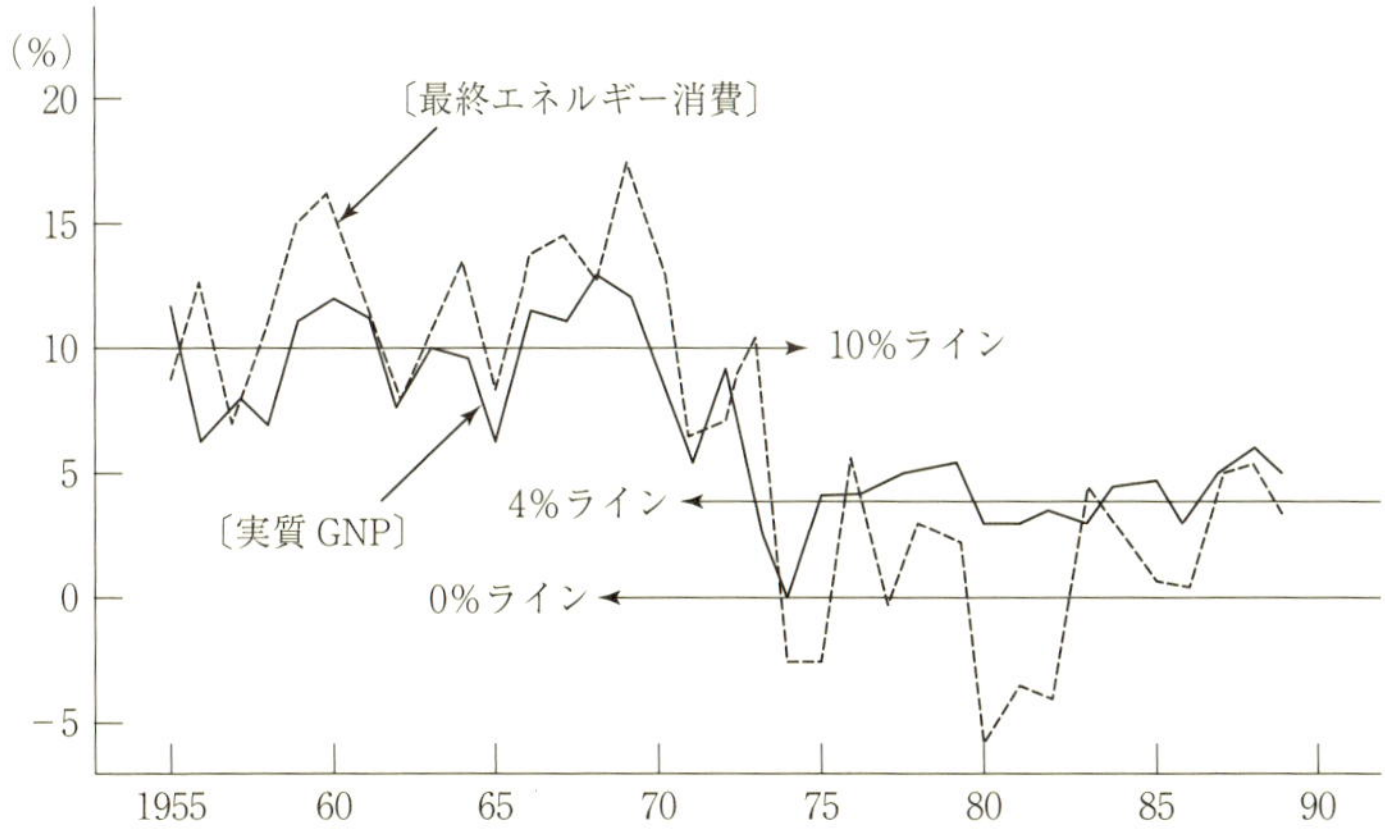

出所：篠原三代平『戦後50年の景気循環』日本経済新聞社，97頁より。

費の伸びがゼロになる程度にGNP一単位当たりエネルギー消費量は低下しなければならない。[12]」

これは省エネ技術を採用しつつ、一〇％水準の高度経済成長から四％水準の安定成長経済への転換を達成した日本経済の姿であった。この転換の中で、労働様式も変転しなければならなかった。石油多消費型技術からの転換を『昭和経済史』は次のように述べていた。

「石油ショック以前の重化学工業を支えてきた技術の特徴は、一言でいえばエネルギー革新型の技術だった。人や牛馬が行なっていた労働を機械に置き換えることを可能にさせる技術である。

これに対し、七〇年代後半から主流になってきた新しい技術は、情報革新型の技術である。この技術は、大量の情報を記憶し、高速で処理し、制御する技術であり、……脳神経等の代替効果を持つ技術である。[13]」

以上のような脳神経系の技術革新に支えられて登場してきたのが国際金融時代であった。パックスブリタニカ時代以後も、ロンドンの金融センター機能は残っており、ロンドンを中心に外貨であるドルを貸借する銀行間市場、外―

外取引が行なわれていた。ヨーロッパで取引されるドルという意味でユーロダラー市場といわれていた。アメリカの多国籍企業の成長とドル流出規制とが相まって、ドルはアメリカに環流することなく、ユーロ市場規模を拡大させていた。そこに第一次石油ショックで産油国に流入したドルが、行き場を求めてユーロ市場に参入してきた。一三の原油輸出国（ＯＡＰＥＣ）が第一次石油ショック後、七九年末までに入手した金額は一九四三億ドルと報告されている。こうして増加したドルが国際短期流動資金として動き始めたのである。

先進七カ国は、石油ショック後の赤字を数年にして黒字に転換することができた。しかし非産油途上国は、赤字を消すことができず、膨大な対外借入れを行なわざるを得なかった。非産油国の債務残高は七三年の一三〇億ドルから八一年の五五九億ドルと四倍化したといわれている。この債務残高の特徴を尾上修悟は次のようにとらえていた。

「特徴的なのは、そうした対外債務が特定地域ないし特定国に集中する傾向を示した点にあった。アジアとラテンアメリカの対外債務残高を合わせると、八二年に全体の七〇％を占めた。七大債務国（メキシコ、ブラジル、ヴェネズエラ、アルゼンチン、韓国、ユーゴスラヴィア、フィリピン）といわれる国々の債務の合計は、全体の半分を上まわるほどあった。[14]」

この国際金融資本の現実をリビエッツは「擬似的価値実現」として次のように述べていた。

「ところで、海外ドルの使用を規制するものは何もない。それは銀行に『流動性』を提供する。アメリカの赤字を『貨幣化』し、アメリカの持続的な経済成長とＯＰＥＣ諸国の黒字を世界的規模で擬似的に価値実現させることによって、海外ドルは国際信用の新しい発行ベースとして役立ちうるのである。

第一次石油ショック後、海外市場で取引する国際銀行は『過剰流動性』を抱えていることに気づいた。つまり国際銀行は、中心国によって発行される中央銀行通貨を大量に有していて、借手を探し始めていた。……借手の中には北の赤字国だけでなく、とりわけＮＩＣｓが含まれていた。ＮＩＣｓに信用が供与されたが、それは国際銀行がこれら諸国の工業化の可能性を評価した結果である。言いかえれば、国際銀行が、周辺部フォード主義の論理に規定された、工業化に投下されている『過程する価値』を事前に価値実現したためである[15]。」

リピエッツは、黒字国側の立場に立ち、国際的過剰流動資金が事前的価値実現に賭けて投資し、擬似的価値実現の場としてのユーロカレンシー市場を利用する時代が到来したと規定したのである。ここで私は、マルクスが差額地代第二形態論で示した過程的性格を利用した「虚偽的価値実現」論を想いだす。学生時代それは労働過程から生まれるのか、流通過程から発生するのか、それを論争した時代が、国際金融時代の登場で復活したような気がする。

2　同時不況への多様な対応

首脳サミットのはじまり

石油ショック後の世界同時不況の襲来は、先進諸国の危機意識を高め、フランスのジスカールデスタン大統領が提唱した第一回首脳会議が、七五年一一月ランブイエ城で開かれた。その会の主旨は、先進工業国間の経済協力の必要性が高まっていること、第二に冷戦体制への危機であった。日経文庫の『昭和経済史』は、「第二は、自由主義陣営の結束を強化させる必要がある。……アメリカもベトナム戦争への介入（一九六四〜七三年）などにより体力を消耗し、ニクソン声明に見られるようにＩＭＦ通貨体制の維持ができなくなるなど、その衰退ぶりがはっきりしてきた。ソ連共産諸国との経済競争に打ち勝つためにも、アメリカを支えて先進主要国が結束を図るため、新しい国際秩序の構築が求められていた[16]」と、その時代の危機意識をとらえていた。

この会議は、高い失業率、ハイパー・インフレーション、エネルギー問題を克服し、経済成長を回復させていくことを目的としていた。その対策として第三回のロンドン・サミットで、世界経済を牽引していく「景気機関車論」が浮上してきた。七八年の第四回ボン・サミットで、日本と西ドイツがその機関車役を引き受けるよう要請された。往年の覇者イギリス、当時の覇者アメリカではなく、第二次大戦の敗戦国に機関車役が要請されたのは、歴史の皮肉であろうか。その背後には、各国の戦後史があり、不均等な発展相があった。

とにかく、この「サミット」は、世界の危機的局面に対応して歴史的課題に応えていく歴史を作ってきた。G5で始まったサミットはG8に拡大してきていた。そして〇八年九月から始まった国際的な金融危機に対応しては、G20サミットがその役割を担おうとしている。世界経済の質的な成長・変容に対応し、少数国サミットでは及ばない状況に至っている。

アメリカ衰退の要因　石油ショック以後、アメリカは内需拡大政策をとり、景気刺激策を採用してきていた。その結果、七六〜七八年には成長率五%、失業率六%を達成し、輸入の拡大を通じて世界経済の回復に貢献してきていた。しかしその結果、貿易収支が悪化し、経常収支赤字が拡大し、七八年以降ドル安とインフレ高進の悪循環に陥っていった。以上のようなアメリカ経済の複雑な展開を、奥村茂次は次のような五要因から分析していた。

第一はアメリカ的大量生産方式の矛盾が、労働者の疎外感と不満を高め無断欠勤やサボタージュで労働生産性の上昇を阻害した。第二は、輸入依存度の上昇で価格競争が起こり、寡占資本の価格体制が浸食され、利潤率確保が困難になった。第三は、原・燃料価格の上昇が企業利潤を低下させた。第四は市民権運動、ジェンダー運動、公害闘争などで社会コストが大きくなった。そして第五の要因が最も重要であると次のように述べている。

「しかしもっとも重要な要因として、以上のような利潤率低下要因に対してアメリカ寡占企業のとった行動が問われなければならない。国内での利潤率低下をよぎなくされたアメリカ寡占企業は、外国への直接投資によって生産過程を海外に移し、現地生産＝販売を通じて海外市場の確保をはかるとともに、とくに労働集約的過程をラテンアメリカやアジアの発展途上国に移して、低賃金労働力を利用した製品・半製品のアメリカへの逆輸入をおこなった。さらに低賃金国でのOEM生産や下請加工によって自己ブランド製品の海外調達を進めた。こうした寡占企業の行動は、マクロ・レベルではアメリカ産業の『空洞化』現象を引き起こす結果となった[17]。」

この第五要因は、ミシャレの多国籍企業の第四類型に相当する傾向で、海外投資展開と国内空洞化の矛盾する世界潮流の発生を予告するものであった。

ECの暗黒時代　ECは一九六八年までに関税同盟および共通農業市場の成立を達成し、高度成長の道を歩いてきていた。そして六九年一二月、ハーグでのEC首脳会議は、①完成（共同市場の完成）、②強化（欧州経済通貨同盟の創設）、③拡大（英国など三カ国のEC加盟）を決定していた。そのEC統合の前に七三年以降の同時不況が立ちあらわれたのである。このために、「EC加盟国は、EC域内外との激しい競争から国内市場を守ろうとして、新たな口実を設けて保護貿易主義の障壁を高めていったのである。一九七〇年代前半から八〇年代前半までの約一〇年間は『ECの暗黒時代』と呼ばれたように、ECの保護主義的傾向が極度に強まり、ECはブロック経済化の方向に向かうことになった[18]」。田中友義は、以上のように七〇年代を悲観主義的局面として描いていた。

この悲観的局面を規定していたのは、GDPの成長率の低下傾向であった。EEC計でみると、六〇～六八年の四・六%、六八～七三年の四・九%と四%を上回る成長率であったが、七三～七九年は二・四%、七九～八六年は一・六%へと低下している。七三年以降の長期停滞の要因として第一にあげられるのが「社会賃金」の上昇である。ヨーロッパは社会民主主義の伝統思想に支えられて、高福祉社会を構築してきた。この伝統は、現代世界で再評価されている社会システムである。

しかし、この福祉社会システムが、資本分配率を低下させ、長期停滞の要因になっているのではないかという説がみられるようになった。その説に対し野村昭夫は、「このような傾向はイギリス、イタリアは一九七五年に、フランス、ドイツでは八一年にようやく停止し、資本分配率は上昇へ、労働分配率は低下に転じはじめた。EC諸国で約二〇年にわたって継続した収益性の長期低落傾向は、歯どめがかかり[19]」、新しい発展局面に転じるとの予測を示した。「ECの暗黒時代」の終焉は、新しい世界勢力の興隆を暗示している。

NICsの登場　一九七九年、OECDが『NICsの挑戦』というレポートを提出した時、私たちは新興工業諸国という範疇に初めて気づかされた。私たちが参考にしていた国際経済論、世界経済論で、NICsの存在を分析していたものは見られなかった。OECDは、石油ショック後の同時不況の中で、先進工業国がNICsの脅威を感じ、それをインパクトとして受けとめ、対応を考えるためにレポートを提出したのである。NICsの基準は、①世界の工業生産と製品輸出でシェアを拡大してきた国、②OECD諸国との製品貿易率が高い国として、次の国名をあげた。南ヨーロッパ四カ国（ギリシャ、ポルトガル、スペイン、ユーゴスラヴィア）、ラテンアメリカ二カ国（ブラジル、メキシコ）、東南アジア四カ国・地域

（香港、韓国、シンガポール、台湾）の一〇カ国である。その後の展開の中で、日本人の意識の中ではアジア・NICsだけがNICsだという常識化が定着してきている。レポートはNICs登場要因として次のような条件をあげていた。

第一　比較優位とプロダクトサイクル　多国籍企業による急速な技術移転のために、プロダクトサイクルの展開が加速化し、比較優位地域が選考されはじめた。

第二　生産工程の国際化　生産工程の国際化により、企業内分業などの比較優位システムを可能にした。

第三　国際的な資本の流れの変化　景気後退に伴う過剰流動資本が、豊富な投資可能地を求めて流れていった。

日本の小島清の雁行発展論やリビエッツの「周辺部フォーディズム」は、この新しい世界経済の流れに対応して唱導された。小島は新技術の製品は、成熟するにつれて、細部にわたる工程別分業が成立し、単純労働力によっても労働可能になり、その工程が途上国に移転していくと、雁の先頭にしたがった生産系列体系が出来ると説いたのである。

『ジャパン・アズナンバーワン』　一九七九年刊のヴォーゲルの『Japan as No.1』に、多くの日本人はくすぐられる思いをしたはずである。彼は、高揚していく「日本の奇跡」を述べ、日本を「アメリカの鑑」として奮起するようアメリカ人に警告したのである。しかし、「日本の奇跡」についての経済学的分析はなかった。これに対し、レギュラシオン派は、ポスト・フォード主義的な道を歩きだしたと日本を評価した。リビエッツは、下記の図6－4を示し、「手探りで探し求めているもの——それは今後の蓄積体制を基礎づける新しい労働編成の原理である。したがって一九五〇年代のアメリカモデルに追いつくこと、な

図６－４　製造業の１人当たり生産性水準

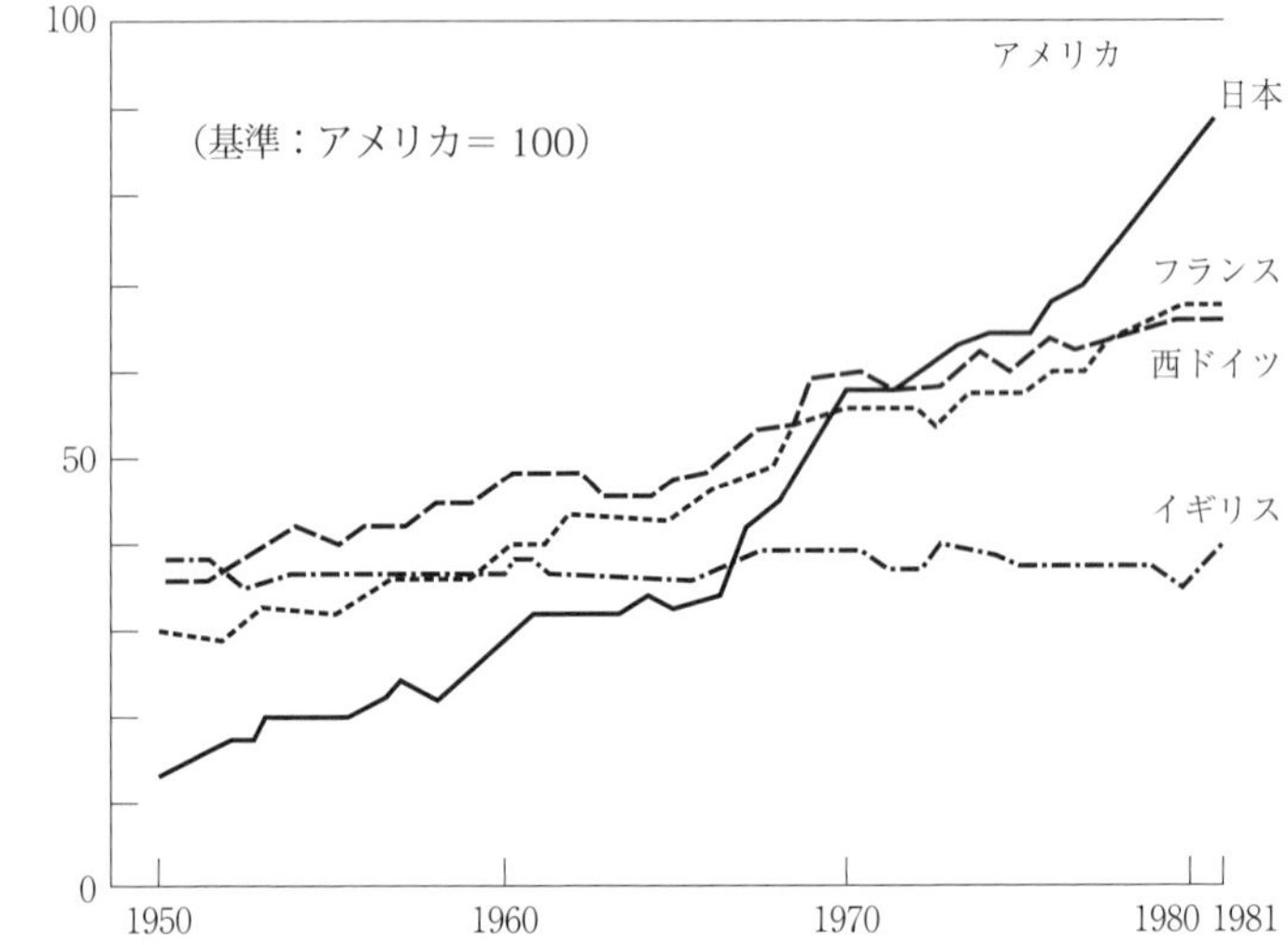

出所：CEP Ⅱ〔38〕

いしそれを模倣することは、もはや問題ではない。図６－４にみられるように、アメリカの後を追いかけて走っていた西ドイツとフランスを即座に追いこした日本の目覚ましい生産性の躍進は、この時期以降めざましい。製造業の一人あたり生産性の水準は金属産業部門ではアメリカを上回っている。日本資本主義はアメリカ資本主義に追いついただけではない。日本資本主義は、生産者の肉体的および知的な創意工夫を生産性に変える、ポスト・フォード主義的なもうひとつの方法を発明することにおいて、アメリカ資本主義を追いこしたのである[20]」と、日本の生産性を高く評価した。

　パンジャマン・コリアは、リビエッツの日本式ポスト・フォーデイズムをトヨタ式生産方式と再定義し、それが大野耐一の独想からうみだされたとして「オオノイズム」を提唱してきた。コリアは、次のように述べる。

　「アメリカ型企業は規格品の大量生産を内部管理するのに有効な形態であるのに対し、オオノイズム型企業は、イノベーションや変化そのものを内部管理するのに有効な形態として現われた。結局テイラーやフォードの場合、企業の型は大量生産をシステムとして確立しようとした資本主義段階に対応し、大野の場合は、生産において差別化と品質が優先されるような段階に対応しているのである。[21]」

有名なカンバン方式のジャスト・イン・タイム、多能工をベースとした自働化ライン、後工程が前工程に取りに行く逆転の思想、この三本の柱で組み立てられた多種、少量、低廉生産方式がトヨティズムである。コリアは一九八六年に京都大学の招聘で日本を訪れる。彼の『逆転の思考』の書きだしの部分から、日本の仕事のあり方への感心が向けられていた。そして大野耐一の体験談にブチ当たり、オオノイズムを発見したのである。『第二の分水嶺』への時代に対応した発見であった。

社会主義圏の停滞

社会主義圏でも、世界市場の不況の波が押し寄せるようになった。ソ連では七五年の五・〇%のＧＤＰ成長率は七九年には二・〇%に低下した。ポーランドは低下が著しく、七五年の七・一%は七九年には二・〇%のマイナス成長になった。優等国のチェコスロヴァキアは七五年の三・九%から二・六%への低下である。ハンガリーも三・〇%から一・〇%への低下である。

ポーランドではこの間に独立自由労組「連帯」が発足し、ワレサ議長が就任して、世界の注目を浴びた。ポーランドでは七六年に食料品値上げ反対のストが起こり、七七年の国連人権、公民権条約の批准後は人権運動が展開し、七八年にはクラクフ東方のカトヴイッツに自由労組委員会が発足し、八〇年にはグダニスク造船所のストライキが展開し、「連帯」の結成に連なるのである。現在はポーランド領になっている寒村に生まれたルドルフ・バーロ（一九三五年生）はフンボルト大学の哲学を専攻し、社会主義統一党に入党した。その党内のあり方に批判的で、一九七七年に『社会主義の新たな展望――現実に存在する社会主義の批判――(22)』という内部告発的な書を刊行した。彼は即刻裁判にかけられ、七九年に釈放運動の結果出獄し、西ドイツに追放された。

中国は、毛沢東指導による「大躍進」の時代から「文化革命」へと移行していた(一九五八―七七年)。私は山東省の曲阜市の孔子廟を訪れたことがあったが、文革で廟内の石像が打ちこわされているのに驚いたことがあった。その毛沢東が一九七六年に死亡し、七八年一二月の第一一期三中全会は毛路線と別れを告げ、新しい中国へ向かっての第一歩を歩み始めていた。その先頭に鄧小平が立っていた。文革の嵐の中に巻きこまれていた時代、アジアＮＩＥｓは新しい発展の足跡を築いていた。鄧小平は「三来一補政策」で外国資本を導入し、「経済特区」から新しい中国の確立を模索し始めた。社会主義国もどんづまりの壁に突き当たっていたのである。

三　地球危機の深化

一九七二年は、地球の環境問題、地球上の経済成長と地球の維持能力への問題提起が行なわれたことで、特記すべき年であった。ステパン・オーデン博士が一九六八年に酸性雨による被害の重大性を警告していたが、一九七二年にスウェーデン政府はストックホルムで酸性雨を中心とした国際会議を提起した。この会議は、第一回国連人間環境会議と呼ばれている。この会議にはスウェーデンとノルウェーの二国の首相が参加したにすぎなかったが、九二年のリオデジャネイロの地球サミットへと発展する契機を作った会議であった。酸性雨は、ヨーロッパの工業地帯、都市地帯から発生する硫黄酸化物や窒素酸化物が、地元で健康被害や森林枯渇を起こすだけでなく、西風に流されてスカンジナビア半島に被害を及ぼしていることの問題提起であった。一九五〇年代の公害は、国内問題として検討され、対策と解決が図られていた。しかし酸性雨問題は国境をこえた国際問題として、物議をかもしだしたのである。

七二年の会議後、北米、すなわちカナダとアメリカにも同様の被害があることが認識され、八四年にはカナダのオタワで酸性雨対策会議がもたれ、一〇カ国の外相が集まり、亜硫酸ガスの三〇％以上排出削減が決議された。その後、酸性雨問題は関心を深め、日本でも中国からの影響が問題にされている。福岡県の太宰府の背後にある宝満山から北に三郡山脈が走っているが、その稜線のツガ等の針葉樹林の被害が報告されている。私の経験では、プラハのカレル橋の一二聖像が真黒になっているのに驚き、何故洗わないかと質問した。答えは「石像が酸化してボロボロと崩れるから、そのままにしている」ということであった。プラハの住宅街を歩くと、一階に特別の扉がある。聞くと、石炭を配布する投入口だという。工場だけでなく、市民生活の燃料、暖房としても石炭が重要な役割を果たしていると理解した。

七二年のストックホルム会議へ、「九州の自然を守る連絡協議会」は水俣の患者と、拠点開発構想で浮上してきた志布志湾開発計画に反対する市民会議の藤後惣兵（医師）を送り出す壮行会を開いた。九州もストックホルムと連帯していたのである。

七二年のもう一つの警告は、ローマクラブの『成長の限界』というレポートであった。ローマクラブは一九七〇年にスイス法人として設立された組織で、二五カ国、七〇名で構成されている。日本からは六人の常任委員会のメンバーに大来佐武郎が名を連ねている。この報告書は一九六九年のウ・タント国連事務総長が指摘した問題に答えようとするところから始まる。ウ・タントの発言は次のようである。

「国際連合加盟諸国が、古くからの係争をさし控え、軍拡競争の抑制、人間環境の改善、人口爆発の回避、および開発努力に必要な力の供与をめざして世界的な協力を開始するために残された年月は、おそらくあと一〇年しかない。もしもこのような世界的な協力が今後一〇年間のうちに進展しないならば、私が指摘した問題は驚くべき程度にまで深刻化し、われわれの制御能力をこえるにいたるであろう。(23)」

ローマクラブは、将来を予測するために、人口、食糧、工業生産、資源、汚染などの世界関連モデルを作成し、図6-5の関連項目のなかに一九〇〇年から七〇年までの数値を入れて計算する研究を、マサチュセッツ工科大学に依頼した。その「世界モデルの標準計算」図が図6-6である。これらの図からローマクラブは次のような結論に達した。

「(1) 世界人口、工業化、汚染、食糧生産、および資源の使用の現在の成長率が不変のまま続くならば、来るべき一〇〇年以内に地球上の成長は限界点に到達するであろう。もっとも起こる見込みの強い結果は人口と工業力のかなり突然の、制御不可能な減少であろう。

(2) こうした成長の趨勢を変更し、将来長期にわたって持続可能な生態学的ならびに経済的な安定性を打立てることは可能である。この全般的な均衡状態は、地球上のすべての人の基本的な物質的必要が満たされ、すべての人が個人としての人間的な能力を実現する平等な機会をもつように設計しうるであろう。

(3) もしも世界中の人々が第一の結末でなくて第二の結末にいたるために努力することを決意するならば、その達成するために行動を開始するのが早ければ早いほど、それに成功する機会は大きいであろう。(24)」

ローマクラブの宣言後三七年経った今、世界はローマクラブが期待した努力にこたえてきたであろうか。少なくとも「地球温暖化」をとりあげても人間の努力は悲観的である。

図6－5　世界モデル

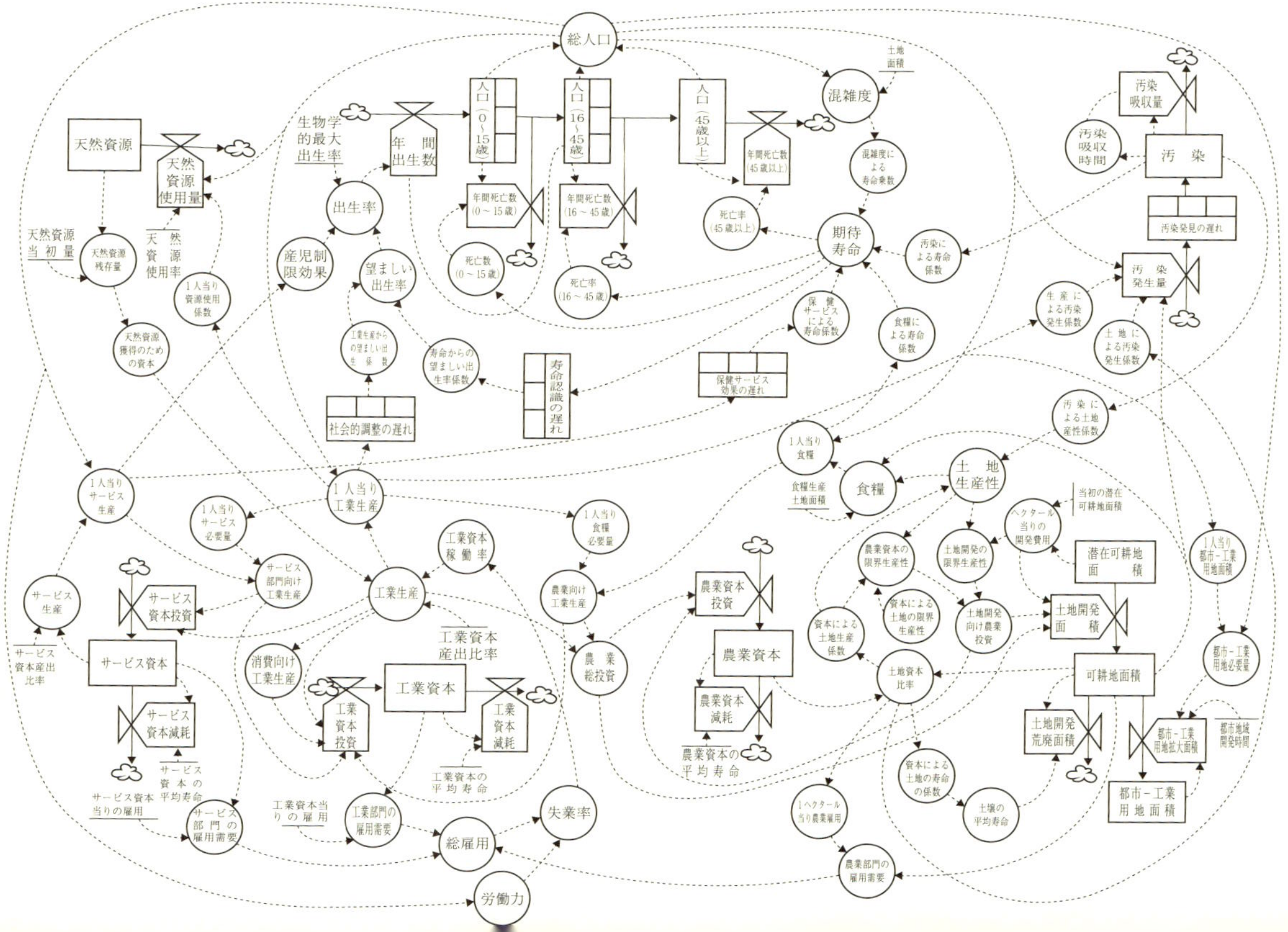
総人口
天然資源
天然資源使用量
天然資源当初量
天然資源残存量
天然資源使用率
1人当り資源使用係数
天然資源獲得のための資本
生物学的最大出生率
年間出生数
出生率
産児制限効果
望ましい出生率
工業生産からの望ましい出生係数
寿命からの望ましい出生率係数
社会的調整の遅れ
寿命認識の遅れ
人口（0～15歳）
人口（16～45歳）
人口（45歳以上）
年間死亡数（0～15歳）
年間死亡数（16～45歳）
年間死亡数（45歳以上）
死亡数（0～15歳）
死亡率（16～45歳）
死亡率（45歳以上）
混雑度
土地面積
混雑度による寿命乗数
期待寿命
汚染による寿命係数
保健サービスによる寿命係数
食糧による寿命係数
保健サービス効果の遅れ
汚染吸収量
汚染吸収時間
汚染
汚染発見の遅れ
汚染発生量
生産による汚染発生係数
土地による汚染発生係数
汚染による土地産性係数
1人当り食糧
食糧
食糧生産土地面積
土地生産性
当初の潜在可耕地面積
ヘクタール当りの開発費用
潜在可耕地面積
土地開発の限界生産性
農業資本の限界生産性
資本による土地の限界生産性
土地開発向け農業投資
土地開発面積
資本による土地生産係数
土地資本比率
可耕地面積
土地開発荒廃面積
資本による土地の寿命の係数
土壌の平均寿命
1人当り都市－工業用地面積
都市－工業用地必要量
都市－工業用地拡大面積
都市地域開発時間
都市－工業用地面積
1ヘクタール当り農業雇用
農業部門の雇用需要
1人当りサービス生産
1人当り工業生産
1人当り食糧必要量
1人当りサービス必要量
サービス部門向け工業生産
工業資本稼働率
工業生産
農業向け工業生産
農業資本投資
農業資本
農業資本減耗
農業資本の平均寿命
農業総投資
サービス生産
サービス資本投資
サービス資本
サービス資本産出比率
サービス資本減耗
サービス資本の平均寿命
サービス資本当りの雇用
サービス部門の雇用需要
消費向け工業生産
工業資本産出比率
工業資本
工業資本投資
工業資本減耗
工業資本の平均寿命
工業資本当りの雇用
工業部門の雇用需要
総雇用
失業率
労働力

図6－6　世界モデルの標準計算

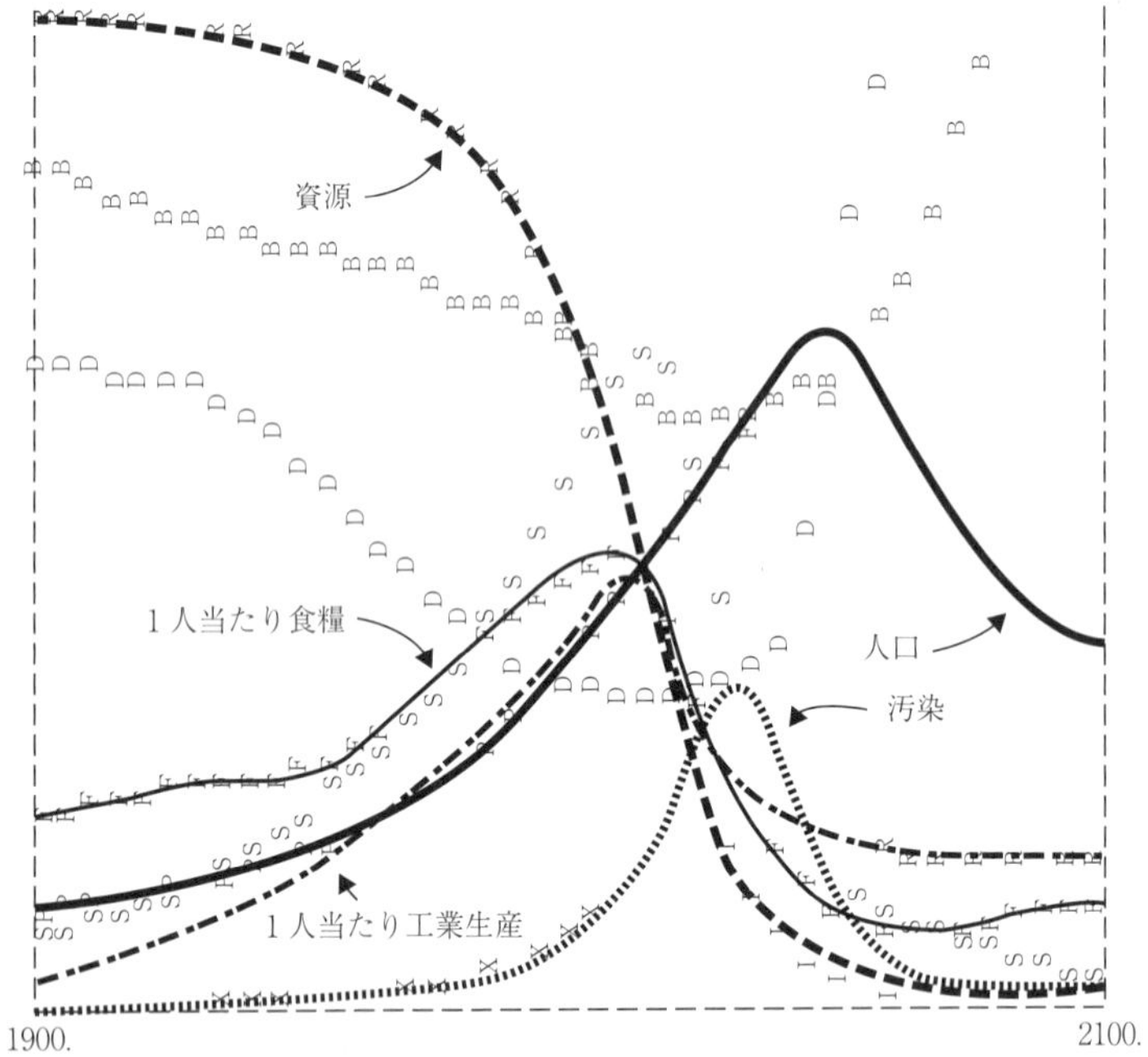

四　グローバリゼーション時代

1　労働様式のコンピューター化

私は『変貌する世界像』の中で、プリオ・セーブルの『第二の産業分水嶺』の位置づけを余り大きく考えていなかった。彼は、「黄金時代」の危機からの脱出の道として「柔軟な専門化（フレキシブル・スペシアリゼーション）」の提案者として簡単に紹介しただけだった。今回再読して、大量生産・大量消費の画一化傾向に対し、少量多様生産、差別消費の傾向が登場し、それに対応する労働、経営管理のあり方の変化があることを、具体例をあげて追究している。そのベースにコンピューターの導入があり、日本の工作機械がとりあげられている。その条をみてみよう。

「一九七〇年代における半導体やコンピューター技術の進歩によって、新世代の工作機械が可能となった。数値制御（NC）、あるいはコンピューター数値制御機械である。NCは簡単なプログラミングで機械工業の大半を占めているさまざまな単純作業を遂行できた。……

日本は安価で小型のNC機械への急激な転換をはかった。数値制御の旋盤の生産は一九七〇年から七九年までに一〇倍にふえ、数値制御の取付け台の生産も同様の増加を示した。一九八〇年には、数値制御機械の六四％が中小企業によって買い取られた。また、日本は成長を続けるアメリカの小型NC市場も支配していた。[25]」

「コンピューター技術というのは魔法の鑑のようなもので、いまあるがままの経済ではなく、企業が望んでいるような経済を見せてくれる。そして、それによって、企業は、それがなければ気づかなかったような可能性を追求していこうという気になる。だから技術と産業戦略との間に結びつきを求めたがる工程管理の専門家としては、コンピューターを天祐であると見るのも不思議ではない。

『製品の寿命は短くなり、製品は多様化し、一単位の生産量は少なくなった。いまや、マイクロ・プロセッサーを基盤にした新しい技術は、〈思考〉し、反応し、融通性をもち、少量多品種の生産を処理し、組織の変更をはるかに迅速に行なえる。このような技術は新しい経済競争にとってぴったりの技術であり、まさに絶妙のタイミングで出現した。[26]』」

このコンピューター技術の優れた点は、次のような点にあった。

「通常の技術では、この融合化は機械を物理的に変えることによって行なわれる。製品が変わるたびに、それにあわせた機械を作らねばならない。クラフト生産では、工具を変え、作業中の製作品の位置を決める据付け台を調整しなければならない。コンピューター技術の場合、装置（ハード・ウエア）を作業にあわせるにはプログラム（ソフト・ウエア）を使う。したがって、物理的な変更なしに、機械を新しい用途に使える。

このような事情のもとでは、生産量が多い場合よりも、生産量が少ない方が、あるいは注文生産の方が有利となる。……このような初期の技術面での研究の予測は的中した。その顕著な一例は、日本やイタリアでの小さな融通のきく工場におけるコンピューター制御機械の普及であり、これらの国の工作機械会社がこのような小企業の需要にこたえて再編成を行なったということである。[27]」

しかし不思議なことに、彼はアメリカのハイテク産業を検討し、その芽はあるがそれを支える地域コミュニティーが欠如しているので、発展が阻害されると分析している。彼の理想とする「柔軟な専門化」は、ヨーマン・デモクラシー社会でないと実現しないだろうということになっている。一九七一年には、「シリコン・ヴァレー」という言葉が業界誌に出、注目を集め出していた時代で、『第二の分水嶺』はそれを包摂していなかった。一九八四年刊の同書は、シリコン・ヴァレーを〈無視〉していたが、一九八八年刊のアラン・スコットの『メトロポリス』は、産業地域の再編運動の中で、シリコン・ヴァレーを高く評価した分析をしていた。スコットは、「都市の原基形態」として、伝統的な資源や比較優位がない地域でも次のような集積形態をもつと指摘した。

「自然的な富を欠いているか、あるいは最初はその他の同様な多数の地域とほとんど差をつけがたい地域でも、たとえ偶然的なきっかけであれ、最初の衝撃によって、その諸地域が産業体系の形成されるぎりぎりの最低条件が整うところまですすんでゆくならば、時には急速な産業成長へと離陸してゆくかもしれない。こうしたことが、合衆国のサンベルトにおける多数の立地点で最近起こったようで、事例としてはシリコン・ヴァレーの場合があり、そこではハイテク産業が大規模に定着し、繁栄してきた。それだけでなく、どんな地域であれ、そこに現れた産業体系が拡大しはじめると、その体系は産業のイノベーションにとって、かくれた豊かさをもつロカリティとなり、そしてこのことが、その体系の内的な成長ダイナミクスの火に油を注ぐ。……

局地的生産体系がいったん現れると、その生産体系がもつ地理学的論理の一部として現れる多くの追加的な集積の経済によって、この体系は一つのユニットとしてまとまるようになる。時には、いくつかの異なる産業体系が、単一の都市地域のなかで相並んで発展してゆく（たとえばロスアンゼルス）が、それらはすべて機能的にたがいに分離されているとしても、空間的には相互に依存している。

……かくして産業体系のシステム全体は、衛星をなす周縁企業といっしょになって、多数の局地的および非局地的乗数効果をもつ経済活動の連結ネットワークを形成する。[28]」

スコットは、「都市の原基形態」をベースに、世界大のメトロポリス展開の分析を行なっている。そして最後に、「合衆国のふるい諸都市での最近の変化、そしてたくさんの新しいサンベルトの中心（オレンジ群のように）における今日の成長パターンが、来るべきことがらの兆候であるならば、経済地理学・都市地理学についてわれわれがもっている中心的な考え方の多くは、根本から考え直されなくてはならないことになる[29]」と述べている。

私はその考え方の一つの方法として、コンピューター技術を、単なる技術ではなく、新しく登場してきた労働手段として考え、この新しく登場してきた労働手段に対応して、世界のシステムの再編成が起こってきているのだと考えている。

生産物を製造するのは、労働力が労働対象に労働手段を用いて働きかけ、労働対象を価値実現目的に沿う使用価値として変容させる過程によるものである。労働手段は、動力と作業機の結合、機械の姿をとって現われる。この労働手段の中にトランジスタを基礎とするエレクトロニクスが入りこんできたのである。私は機械器具に弱い性格であるが、いやでもその流れの中に巻きこまれてきた。

一九五〇年、私が広島県の労研時代、論文の資料表作成は算盤《そろばん》であった。宮大に移ってしばらくして、計算器が登場し、手回しで加減乗除で表を作成していた。それからカシオ電卓の電子計算機を使用し、かなり複雑な表の作成が可能になった。八〇年代に入るとコンピューターが大学に入り、入試の計算はパンチャード係が居て、偏差値まで入った結果表を提示するようになった。宮大を定年退職し、九州共立大に移ると、若い先生はパソコンを使用し始めていた。〈一太郎〉が主という話だったが、それに乗り切れず、『世界システムの経済地理』は産業医科大学の病室での手書きで終った。再度宮崎に戻り、アジア砒素ネットワークの代表になったが、連絡はすべてメールだから、パソコンを勉強するようにと、どこかの会社の奉仕中古品が与えられ、強制的にメールとワード書きができるようになった。私の仕事を振り返ってみても、この三〇年位の間に私はエレクトロニクスで包囲されてしまった。

ソフトのプログラムを挿入したメモリーチップとマイクロプロセッサーを結合して、機器の中に内蔵し、キーボードとマウスで操作すれば結果が表示される（目的物が製造される）。その目的がプログラミングされて内蔵化されたロボットが製造されると、人間と同様の操作・作動を行なうことが可能になる。マルクスが『要綱』段階で示した、欲望を作りだすことによって、その欲望を充足させる商品を作るために、資本は科学や研究の成果を総動員すると述べていた世界が、現実に現世で実現されているのである。味方の犠牲は少なく、敵方の損害は最大になるようなワンポイント武器の創造も、ソフトとプロセッサーの内蔵化で可能になった。投機が商品であり、投機が使用である不思議な〈金融商品〉も、超ＬＳＩ技術によって生産されている。一九八〇年以降の現代世界は、予想もしなかった労働様式、生産力の登場によって、全く予想できない世界に突入していくようである。

菊池誠著『日本の半導体四〇年』という本がある。一九九二年の初版であるから、一九五〇年頃からの物語である。アメリカで一九三〇年代後半から始まるトランジスタ研究から半導体に達し、トランジスタ・ラジオとしての商品化から、ICのプロセス技術を通過して今日のエレクトロニクス社会が形成されるまでの研究者の思索と実験の物語である。沢山の頭脳の思考の組み合わせ、積み上げ、蓄積からエレクトロニクス・ユース社会が作り上げられている。これはまさに「思考される空間」である。宇宙に衛星を打ち上げ、俗に言えば、雲の流れを電波で地上に送り、明日の天気の予報で行動の予定を立てる日常生活を送っている。そうした空間をルフェーヴルは「空間の表象」と概念化し、「空間の生産」の弁証法的なベースとした。空間意識を捨象したマルクス経済学でいえば、生産力体系の概念に相応する弁証法的側面である。社会科学でいえば最高の生産力水準の世界である。

2　新自由主義とグローバリゼーション

新自由主義政策の登場

「揺籠から墓場まで」という人生の安定保障の社会福祉国家建設を国策としていたイギリスで、七九年にマーガレット・サッチャーという女性首相が現われ、福祉国家を支えるケインズ経済学に対抗する新自由主義のフリードマン流の保守主義政策を採用した。福祉国家の「大きな政府」を「小さな政府」に改革するために、第一に減税で内需拡大を計る一方、マネタリズムで通貨供給量をコントロールしてインフレ抑圧につとめ、第二に公務員の削減、公共支出の削減、国有企業の民営化、公営賃貸住宅の払い下げのマイホーム化、第三に労働組合活動を規制し、従業員株主を主とする「大衆資本主義」を確立するという新政策を断行した。この結果、社会の不安定化が起こり、人気が低下したが、フォークランド戦争で人気を取り戻し、二期、一一年間の政策を推進した。

アメリカでは八一年には民主党のリベラリズムに押し切られていた保主主義の共和党は、俳優出身のロナルド・レーガンに保守革命の素質を見出し、大統領職を取り戻した。一九七〇年代、アメリカの経済社会は停滞の様相を深め、日本を典型とする新興工業国の浸潤に犯されていた。レーガンの公約は「強いアメリカ」の復活であった。国内的にはニューディール以来のケインズ派政策論に批判的立場のマネタリズムとサプライサイドの経済学を基礎に、貨幣供給量調整のインフレ対策、大幅減税と規制緩和による投資拡大を背景にした供給サイドの好況期待政策をとった。国際的には、対ソを意識した軍事力の増大、戦略防衛構造ＳＤＩと呼ばれた宇宙兵器システムの構築を予算化した。中南米に対しては、反革命勢力を支援する軍事力の発揮を示した。

レーガン時代で特記すべきは、メキシコの債務危機とプラザ合意である。

連邦準備理事会（ＦＲＢ）議長のボルカーが、七九年のＩＭＦ年次総会で、利子操作のみの連銀政策から、マネーサプライの伸び率のターゲット設定を主とする政策にあらため、金利は市場に一任すると言明した。これを受けてレーガンは、ドル高政策と金利引き上げをセットした政策を打ちだした。前章で述べたように、石油ショック後のユーロ金融市場は、中南米への過剰流動性の流れを作っていた。このドル高と金利引き上げは、一挙に債務危機を引きおこし、メキシコがモラトリアムに陥った。この危機の影響を最も大きく受けるのは、アメリカの大銀行であった。この危機を乗り切るべく、ＩＭＦは債務の肩替りとして〝コンディショナリー〟を債務国に押しつけて、難を逃れた。スーザン・ジョージは、その条件を次のように述べていた。

「調整プログラムのうち最も頻繁に課せられるのは通貨切り下げ（輸入削減と輸出促進のため）、ドラスチックな歳出削減、とりわけ公共支出や食糧その他の消費財補助金の撤廃、国営企業の民営化ないし彼らが決めた料金の値上げ（電気、水道、交通手段等）、および価格管理の撤廃、賃金頭打ちによる需要管理、それにインフレを減少させる効果をもつ信用供与の制限と増税、金利引き上げなどがある。[30]」

以上の条件は「ショック療法」といわれるもので。国民の大多数の犠牲を要求するものである。最初はＩＭＦコンセンサスと言われていたが、後にはアメリカ政府も加わり、ワシントンコンセンサスと言われるアメリカンスタンダードに展開していく。

八二年の中曽根首相の誕生とＧ５への顔出しは、新たな局面を創出していった。「プラザ合意」の成立である。七九年の第二次石油ショックも、コスト削減、省エネ技術の推進で難を乗り切った日本は、円安の有利性のもとで輸出を増進させ、貿易黒字国となり、レーガンの「双子の赤字」に対し、アメリカの債務国化に対する日本の債権国化という現象をうみ出していた。ヨーロッパ諸国はダンピング的集中豪雨輸出と日本の貿易構造を批判していた。これらを背景として、一九八五年一月のプラザ・ホテルのＧ５会議で、ドル高是正の動議が出され、数回の会議の後、九月二二日に「プラザ合意」としてドル高是正を決定した。

この結果、図６－７のように日本円は急速に高くなり、円高不況といわれる局面に向かっていった。一九八三年に中曽根・レーガンの首脳会議で「円ドル委員会」が開催され、これを契機として日米構造協議会が運営されていった。その性格は、中曽根首相が組織した「国際協調のための経済構造調整研究会」の「前川レポート」に集約される。それは経営黒字の縮小化を目標に、①内需拡大、②産業構造の転

図６－７　プラザ合意以降の円・ドル相場の推移

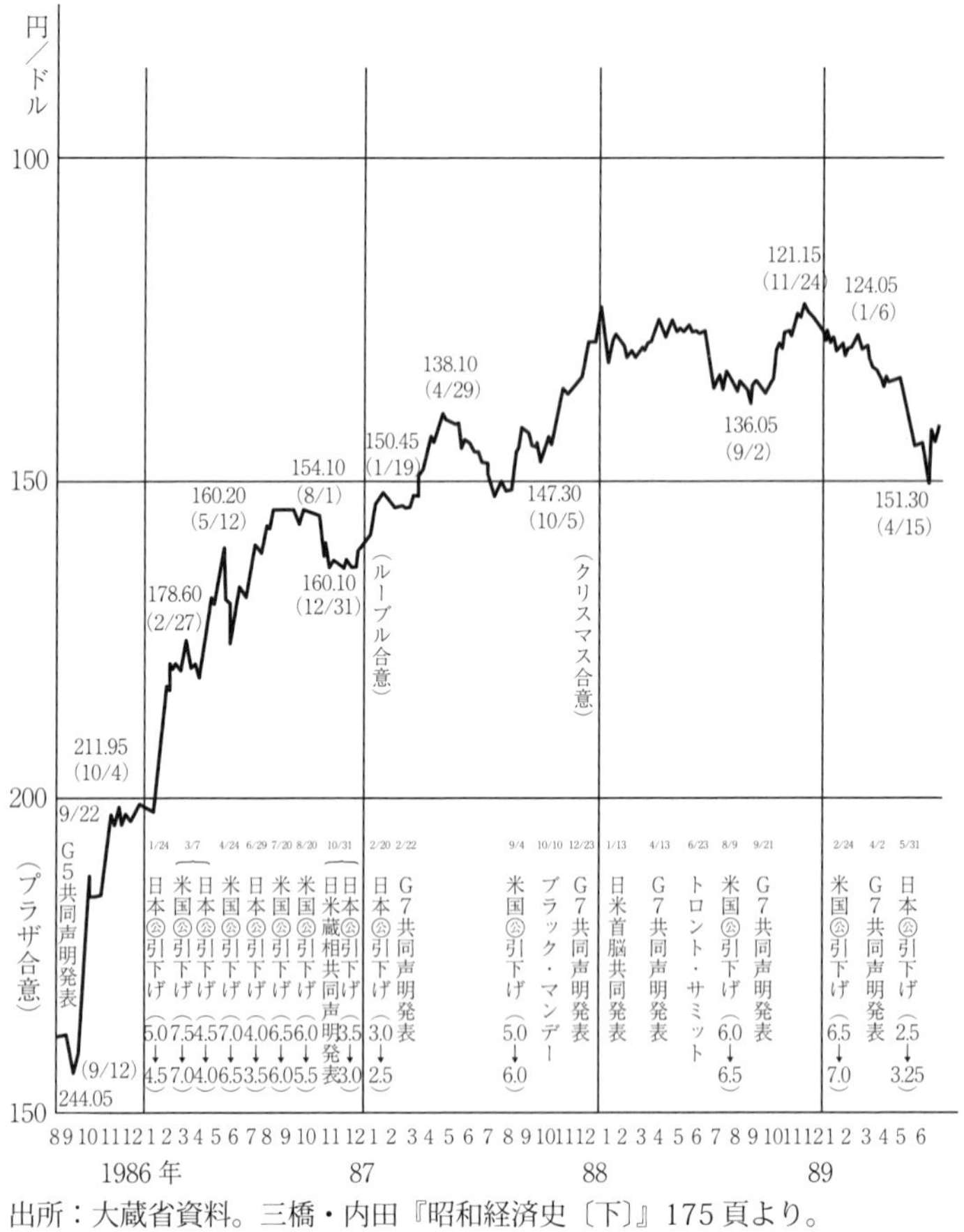

出所：大蔵省資料。三橋・内田『昭和経済史〔下〕』175頁より。

換、③製品輸入の促進、④金融自由化、国際化、⑤財政金融政策、⑥国際貢献の六本の柱で内需主導型経済構造への転換を図るというものである。構造協議会のたびにアメリカから要求が出され、それを受け入れるという、アメリカ依存・従属の協議会として、私たちに苦い想いをさせる会が進行していった。中曽根の靖国神社参拝といったナショナリズムの流れが、レーガンの反共政策と呼応し、日本の保守主義への流れが促進された。この間に起こった特異な現象は次の二点であった。

第一は、八六年から九〇年にかけての五年間に、株式、土地、ゴルフ会員権、絵画などの価格が急騰したバブル現象であった。田舎の大学教師の私のところに、博多駅近くのマンションを買わないかという電話に悩まされた時代である。第二は海外投資で、日本企業の対外直接投資が八四年以降一〇〇億ドルを上回る規模になり、八九年には六七五億ドルという驚異的な投資に達している。第一のバブルは、国民の貯蓄を投機に誘い出す仕掛けの結果であり、第二の海外投資は、経常収支黒字のドルを、国際的な低賃金国の労働集約産業への流れに導いたものである。

グローバリゼーション　アンソニー・ギデンズは、グローバリゼーションについて「この言葉が地球的な広まりをみせたこと自体、その意味するところの現象が現に展開しつつあることを物語ってあまりある。……とはいえ、一九八〇年代末、学術論文でも、日常会話でも、この言葉はほとんど使われたためしがなかった。どこにもなかったものが、ほとんどいたるところに散見されるようになった[31]」と不思議をこめて語りだしている。一九九〇年代になって使用されるようになった、世界規模で反響し合う経済社会現象を内包した語彙である。ドラッカーは、八六年の『フォーリン・アフェアーズ』の論文で、「この十年の間に、世界経済の構造そのものに、三つの基本的な変化が起こった」として次の三点をあげていた。

「1　一次産品経済が工業経済から分離した。

表６－１　世界景気循環の転換点

循環	景気転換点（年・期）			継続期間（月）			景気循環の特徴
	谷	山	谷	拡張期	後退期	合計	
1	—	1948年Ⅳ	1949年Ⅳ	—	4	—	米国主導型不況
2	1949年Ⅳ	1951年Ⅱ	1952年Ⅲ	6	5	11	朝鮮戦争反動不況
3	1952年Ⅲ	1957年Ⅲ	1958年Ⅱ	20	3	23	自律反転型不況
4	1958年Ⅱ	1973年Ⅳ	1975年Ⅲ	62	7	69	第１次石油不況
5	1975年Ⅲ	1980年Ⅰ	1983年Ⅰ	18	12	30	第２次石油不況
6	1983年Ⅰ	1985年Ⅱ	1987年Ⅰ	9	7	16	為替調整不況
7	1987年Ⅰ	1990年Ⅱ	1993年Ⅳ	13	14	27	世界連鎖不況

資料：図４－２より作成。田原昭四『日本と世界の景気循環』東洋経済新報社，1998年，111頁より。

２　工業経済において、生産が雇用から分離した。

３　財・サービスの貿易よりも、資本移動が世界経済を動かす原動力となった。……

資本移動、為替レート、金融というシンボル経済が、財・サービスの流れという実物経済からほとんど独立して、世界経済のペースメーカーとなった。(32)」

田原昭四は、世界景気循環の転換点表を提示し、一九七五年の第五循環から拡張期間の短縮化を指摘し、次のように分析している（表６－１）。

「その直接的原因は、第四循環と第五循環が石油価格の高騰、第六循環が対ドル為替相場の急騰、第七循環がバブル崩壊など様々である。しかし総じていえば、変動相場制への移行、金融・資本の自由化・国際化、地域的経済統合化などにより各国経済のグローバル化が進み、景気の国際的波及力が強まったことが底流にあるといえる。(33)」

私はミシャレの多国籍企業化論を前に紹介したが、彼は第五類型として金融型多国籍企業の登場を予測していたとのべ、それは八〇年代以降現われてくるものとして、論を置いていた。その段階に入ってきたのである。それは、労働様式のIT化に対応するものでもあった。日経の『昭和経済史』は、ブラック・マンデーが与えた教訓として三点を指摘していた。

「一つは、世界の市場が緊密につながっているという基本的な事実である。ニューヨークの株式暴落はまたたく間に世界の市場をパニックに近い状況に追いつめた。

第二は、世界の株式市場がバブルの色彩を濃くしていたという事実である。日本の株価は、プラザ合意以降のわずか二年余りで二倍強になったが、アメリカも同様であった。

第三は、技術的な問題だが、コンピューターによるプログラム売買手法の発達が市場不安定要因になったのではないかという点である。……当時すでにアメリカでは株価指数の先物取引が盛んに行なわれており、先物相場と現物相場の裁定取引によって利益をあげる、いわゆるプログラム売買のシステムを機関投資家が利用していた。[34]」

私はこれを次のように受けとめていた。

「プログラム売買もデリヴァティブ商品の一種で、一九八〇年以降国際金融市場に登場し、〝レバレッジを効かせ〟、金融機関からの借入金を〝てこ〟として投機的に株価や土地を騰費させていく方法である。その投機性金融の進化史的展開は図6－8で示される。それは〝ババ抜きゲーム〟と同様、最後にババを抜いた人に負債の全部がかぶさってくる金融システムである。[35]」

私たち「シロウト」には無縁の、奇怪な利益追求システムである。

ロバート・ギルピンは『グローバル資本主義』を二〇〇〇年に公刊した。その第一章は現代世界を「資本主義の第二の興隆期」と位置づけ、その契機を提示している。まず第一にグローバリズムの起源は、一九九〇年代の多国籍企業の海外投資に始まると段階規定したうえで、生産力契機を次のように述べている。

図6－8　アセットマネジメントの進化

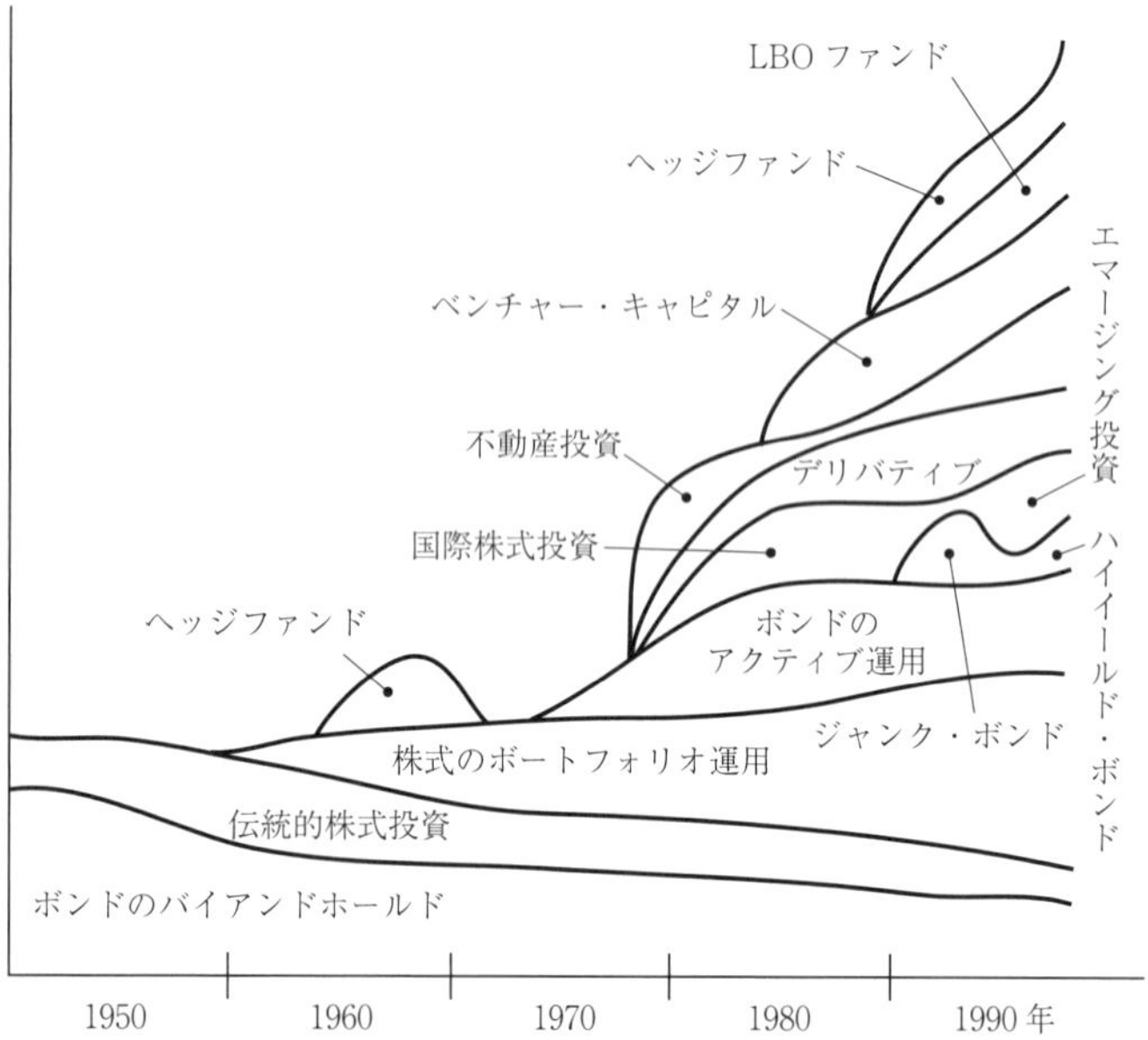

出所：浜田和幸『ヘッジファンド』文春新書，129 頁より。

「冷戦の終焉、経済のグローバリゼーションと時を同じくして、新たな産業革命が引き起こされた。コンピューター、情報経済、インターネット経済、知識経済、これらは目下、経済、政治・社会情勢のほぼあらゆる側面を変容させている。……

かつて、世界経済の起動力を生み出してきたのは、蒸気の力、次いで電気の力、そして石油の力だった。そして今、これらと同様に、世界経済の起動力を生み出しているのは情報技術とコンピューターの力である、と大半の論者は確信している。一八世紀以来、既存の産業上の革新による刺激が失われてくると、またどこか他の分野で技術上の革命が起き、この新たな革命が世界経済を新しいレベルへ動かしてきた。……石油の時代がもたらした起動力は、二〇世紀最後の一〇年に衰え、とくに米国および西欧諸国で、経済成長率および生産性伸び率は低下した。これらの経済が石油の時代から情報の時代へと移行すると、ある者は……新たな経済モデルが生まれたと論ずるようになった[36]。」

ギルピンは一義的にそうした展開が起こるのかどうか、諸説を参考にして検討し、「本書は、第二次世界大戦後の国際的経済秩序はもはや存在していないが、未だに、新しい経済秩序についてであれ、そのルールと指導原理についてであれ、何一つ合意は結ばれるにいたっていないことを論ずる[37]」と、不確定情態にある現状を分析している。

ドラッカーが、世界経済構造の変化の第三段階の財・サービスの実物経済からの離脱と規定した段階を、ギルピンも論の出発点に置いている。しかしギルピンは、「コンピューターと情報経済が長期的にもたらすであろう帰結は、今後数十年たっても明らかにはならないであろう[38]」と慎重な姿勢で執筆していた。〇一年九・一一事件以前の世界経済から、情報経済化社会の今後を考察しなければならない。その考察にかかわって、田原昭四が提起していた世界景気循環の第五、第六循環局面の展開をどう把握するのか。〇八年の世界金融恐慌へのかかわりを意識しつつ考えてみたい。

3　過剰流動資金の暴走

石油ショック後のユーロダラー市場への過剰流動資金が流入しはじめてから現象しだしたバブル経済を、先にアグリエッタの擬似的剰余価値実現、マルクスの虚偽の社会的価値実現と前節で規定した。その現象が一過性のものでなく、レーガン政権のもとに誕生したワシントンコンセンサスにもとづく、世界的な金融規制暖和の強要をベースに、世界的に暴走しだした。金子勝は、その展開局面を三局面に絞り、次のように要約している。

「IMF＝GATT体制を軸にした国際通貨体制が崩れ、二度の石油ショックが起きて以降、グローバリゼーションはつぎの三つの局面を経て進んできた。第一局面の一九八〇年代は多くの先進諸国において金融自由化政策を背景に土地バブルとその破綻が発生した。第二局面の九〇年代になると、証券化・グローバル化が一層進んで、度重なる国際金融不安がもたらされるようになった。二〇〇〇年以降の第三局面では、アメリカのITバブルが弾け始めて、アメリカ経済が減速した。中長期的視点から見ると、行き場を失った投機マネーが激しく動き回る、本格的な不安定な時代に入りつつある。[39]」

私のこの本の論述で当面問題にすべき局面は、第二局面であると考える。第二局面の推進中心力はアメリカにあった。国内的には土地バブルが破綻して、預金・基金から投機への流れが芽生えていた。国際的には投資を歓迎する経済興隆指向が充ちていた。この二つの契機が絡んで、世界的バブルが進行した。金子はこの間の経緯を次のように述べている。

「たとえば、一九九七年度の東アジア通貨危機のきっかけとなったタイでは、一九九〇年代に入ってIMF主導の下に三度にわたる金融自由化措置がとられ、一九九三年にはドルで自由に取引できるオフショア市場が開設された。大量の短期資金が流入して、株式や土地の価格を吊り上げ、貿易収支の悪化を契機にしてバーツが売りこまれ、バブルが崩壊するという経緯をたどった。それが伝染して銀行の短期融資が引き揚げられ、東アジア諸国全体に通貨・経済危機が波及した。

一九九〇年代には、こうした国際金融危機が間断的に発生した。九二年の欧州、九四年末のメキシコ、九五年のアルゼンチン、九七年の東アジア諸国、そして九八年のロシアのデフォルト（債務不履行）危機を発火点にして中南米諸国・ニューヨーク株式市場に波及した危機である。

一九九〇年代に発生した、これらの国際金融危機には一つのパターンがあった。まずアメリカが新興工業国に金融自由化を迫り、ヘッジファンドが先導役となって金融市場を食い荒らす。つぎに、それがアメリカの株式市場に跳ね返ってきて暴落を引き起こす。……食い荒らした結果、これらの国々では不良債権が累積して金融システムが『破壊』され、アメリカの『一人勝ち』現象が起きた。[40]」

私は、宮崎大学を定年退職し、七〇歳まで九州共立大学で、福岡県全体のアジア指向の動きに対する研究に力点を注いでいた。第一は、日米構造協議会の結果誕生してきたＦＡＺの現状分析、第二は産炭地振興事業の終結に伴う遠賀川流域経済の現状分析、第三は、山東省の梁漱溟の「郷村教育」の流れを受けた山東郷鎮企業の類型分析を課題にし、学長決裁の研究費による共同研究に傾注していた。この九〇年代は、ジークムンド・バウマンが『リキッド・モダニティ――液状化する社会――』として、固体的な「黄金の時代」がリキッド化していく年代としてとらえたが、日本の一〇年間も〈くねくね〉とした流れの中にあった。松原隆一郎の短文に要約された一〇年間は次のようであった。

「一九九二年二月の月例経済報告でバブルの崩壊が政府によって宣言されてからの一〇年間、日本経済は新たな景気回復の経路に入ったという鮮明な兆しを見せることができないでいる。

バブル崩壊後、土地と株式を中心に資産価格が下落していった。これを受けた政府は、まずは財政赤字にもとづく公共投資というケインジアン流の景気対策を採用する。毎年のように補正予算が組まれ、森政権までの間に累計で一三〇兆円にも上るものとなった。

この間に、景気は九三年に底を打ってから九七年三月に山を迎えるまでは緩やかに回復を続けた。けれどもそれは財政赤字を自動的に消滅させるほどのものでなく、九六年には財政当局が財政赤字の深刻さを訴えるキャンペーンを張り始める。そうした世論誘導の結果、増税政策が決定された。橋本内閣は財政構造改革に路線を急転換し、九七年四月には消費税率の二％引き上げ、特別減税打ち切りと医療保険制度の改革に社会保障負担の増額という『九兆円の負担増』が実施されることになった。

消費税引き上げについて、……消費は大幅に減退、株価も急落した。五月にはアジア通貨危機が勃発したこともあり、日本でも一一月には短期金融市場で資金デフォルト（債務不履行）が生じて三洋証券と拓銀が破綻、山一証券の自主廃業と相次いで、金融不安を引き起こした。中小企業が資金難から次々に倒産していった。リストラや倒産で中高年の自殺者が急増したのも九七年である。その結果、日本経済は厳しい景気後退に直面し、九八年度はマイナス一・九％と……戦後最悪の収縮を記録した。[41]」

この過程で、ヴォーゲルが「ナンバーワン」としてあげていた日本経済システムの諸点がマイナスの方に向かって消失していった。倒産とリストラによって終身雇用形態が失われ、図６－９のように失業率、犯罪率、自殺率が高くなっていった。更に正規社員としての採用が終身雇用制の崩壊とともに減少し、新しく「フリーター」と呼ばれる若者が急増している。松原は次のように述べている。

「近年、フリーターと呼ばれるアルバイトで生計を立てる不安定就労者の若者が急激に増えている。そうした人々が総数で二〇〇万人弱となり、その数は若者層の完全失業率の伸びにほぼ沿うようにして増えているのである。完全失業者である若者たちは、正規雇用に向けて転業訓練に励むのではなく、アルバイト労働として吸収されている。[42]」

金子は二〇〇〇年以降、グローバリゼーションの第三局面に展開していくと説く。それも当初からＩＴバブルの崩壊である。金子は次のように現在の「百年に一度の大不況」の出発点ではないかとして第三局

図6-9　失業率・犯罪率・自殺率の推移

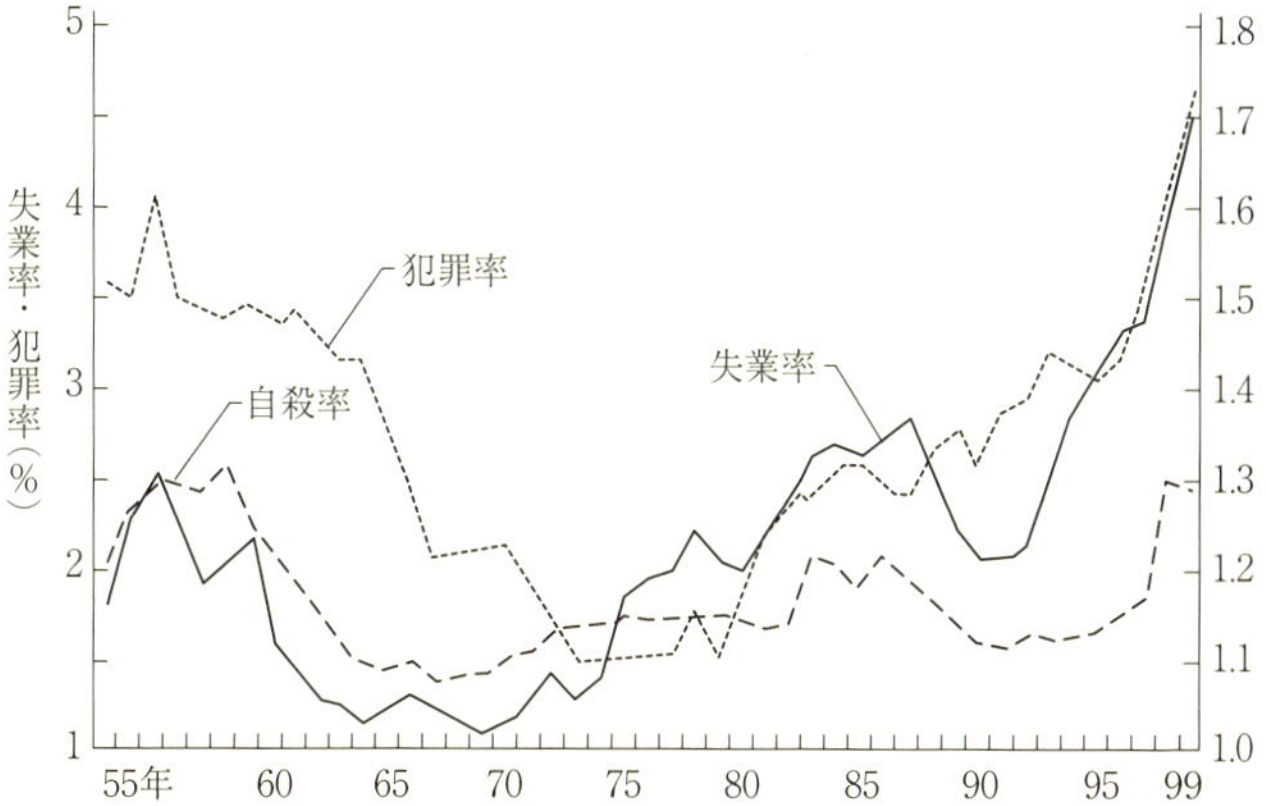

資料：『労働力調査』『人口動態統計』『犯罪白書』
出所：大竹文雄「雇用不安をめぐって」『季刊家計経済研究』第48号。

面をとらえていく。

「ナスダック株価指数は、一九九九年に急激に上昇し、二〇〇〇年三月一〇日には一時的に五〇四九ポイントまで上がっていった。『IT革命』論による『ニューエコノミー神話』が、この株高を支えてきた。現在は赤字でもいずれ大幅な利益を出すという過剰期待のもと、過剰投資が続いた。

しかし、グローバリゼーションの第三局面の特徴は、『ニューエコノミー神話』を支えてきたITバブルが崩れ、国際金融のコアに位置するアメリカで実体経済の悪化が進行しているという点にある。二〇〇二年七月時点で、ナスダック株価指数はついに一三〇〇ポイントを割り込み、二〇〇〇年三月ピーク時のほぼ四分の一の水準にまで落ち込んだ。同時に、一時は一万一〇〇〇ドルを上回っていたダウ平均株価も八〇〇〇ドルを割った。いまや『一人勝ち』して世界経済の中心となったアメリカ経済自体が相当に怪しくなっているからだ。

しかもグローバリゼーションの結果、世界中がアメリカへの輸出に依存するようになってしまったために、アメリカにおけるナスダック・バブルの崩壊が同時不況を引き起こしている。もし、このままアメリカ経済が停滞してゆけば、さまよえる投機マネーは最後に戻る場所を失うことになる。国際短期資本移動はますます不安定化してゆくだろう。[43]」ドラッカーが、世界の最後のペースメーカーと位置づけていた金融フローが、九〇年代に転々とバブルの場を食い荒して回った結果、金子が「安全な投資先として最後に残ったのはアメリカ自身である」と、明言していたアメリカが怪しくなってきたのである。ミシャレが予測していた第五段階の金融型多国籍企業の最終場面に世界は遭遇しつつある。

地域統合の伸展　ユーロ金融市場を出発の契機とするグローバリゼーションの展開、そしてアメリカの「一人勝ち」を結果するバブルの暴走に対し、実質経済的には地域統合への流れが確実に伸展していった。私は、その流れの研究に巻きこまれていった。それは九州地域産業活性化センターが「アジアのニーズと九州の役割」と題するアジア研究を、一九九〇年に実施したことと関係する。その研究趣旨は次のようであった。

「アジアのニーズと九州の役割という主題について調査研究するには、二つの部面に分けて、接近することが必要である。

1　アジアの地域構造の展望からの接近。

2　個別のアジア諸国の地域の展望からの接近。

両接近の結果を統合することによって、総体的な九州の位置づけと役割を提起することができよう。[44]」

この研究のため、九大の深町郁弥教授を委員長とする一三名の調査委員会を設置し、九州経済調査協会

（九経調）が現地調査を行なう体制がつくられた。私は1のアジアの地域構造の展望を分担し、2の諸国・地域の展望は九経調の岡田允、縄田真澄が担当することで、三人トリオの行脚を始めた。シンガポール、マレーシア、インドネシア、タイ、フィリピン、台湾、香港、中国（広州省）といった国・地域を対象に、三年間の研究を行なった。その調査報告はA４で総数五六六頁の三部作にまとめられ、かなりの反響を九州の関係者に与えた。

私がこの調査で得た教訓を若干述べてみたい。第一は、先進国主導の開発政策が「外発的開発」の形をとり、アフリカでは「発展なき成長」と批判され、南米では「低開発の開発」という従属論が登場していたのに対し、アジアでは「内発的発展」が展開していることが分かった。レギュラシオン学派が「周辺部フォーディズム」と規定した構造が形成されつつあり、クルーグマンがソビエト型の外延的条件（余剰労働力）の枯渇による停滞と同様の限界が、やがてアジアにも及ぶとの言説に対し、内発的な生産性向上の資質がアジアには内包されていると感じた。第二は、鄧小平の経済特区の発想は、マレーシアでは七一年に自由貿易区法ＦＴＺが制定され、港湾部だけでなく内陸部にもＦＴＺが活動していた。マレーシアは、輸入代替期を輸出指向期へと政策を組み替え、アジアの「四つの竜」の後を追い、ＡＳＥＡＮ七カ国のメンバー入りの努力をしていた。その際、先住民族重視政策（マレーシアはプミプトラ、インドネシアはプリプミ）を脱し、華人資本を外資法の枠で位置づけていたが、民族資本とみなし、内包的蓄積体制を強化していた。その華人資本は、華僑段階の商業資本から工業資本に性格を変え、ＡＳＥＡＮの工業発展に寄与するようになっていた。第三にタイでは東南アジアの拠点への指向を強く感じた。バンコク近郊の工業団地内にＴＯＴＯの工場が立地していたが、この工場は東南アジアのビル建設に対応した陶器生産の拠点として操業されていた。「バーツ経済圏」構想があると聞いていたので、銀行を訪問し、それが本気の計画であることに驚かされた。

広東省調査は、香港が帰属前であったので、田園風景に近い中に位置する深圳駅で下車し、入国手続きを経て始まった。ビル建設ラッシュの時代で、特区のゲート内に入り、写真を撮っていたら阻止されたことが思い出される。蛇口港に立地していた日本の電気器具メーカーは、貿易摩擦の迂回輸出生産でなく、内需を展望した国産型生産に傾斜していた。「南巡講話」の説の通り、東莞市は「郷鎮の星」とたたえられながら、工場誘致に懸命であった。この時、農村戸籍の流入人口増だけでなく、東莞戸籍の香港人の同胞資本の導入に積極的であることにも驚かされた。中日戦争時代、三線政策の工業地として成立していた昭関市は東北部山間貧困地域に指定されていたが、沿海地域と山間地域の中間地域に清遠市建設が計画され、「横向き型経済連合」による「両歩論」（東部開発の効果を西部に及ぼす考え方）として、格差解消問題が政策化されていた。

この調査研究の時代、局地経済圏の考え方が登場しており、渡辺利夫の編著になる『局地経済圏の時代』が、一九九二年に公刊されている。その「はしがき」で渡辺は、次のように述べていた。

「アジア社会主義国と周辺国との国境をまたがる諸地域間に潜在していた経済的補完関係が、冷戦構造の熔解とともにいちどきに顕在化してきたのである。

韓国西海岸と山東・東北三省を結ぶ『環黄海経済圏』、タイがインドシナ諸国をのみこむ『バーツ経済圏』、広東省を中核とした『華南経済圏』、台湾・福建省を結ぶ『両岸経済圏』などが、アジア経済地図をぬりかえる新しい主役として登場してきた。吉林省と北朝鮮との国境を流れる図們江の河口部に集う諸都市を含んだ『図們江経済圏』、さらにはその外縁を大きくとり囲む『環日本海経済圏』の構想すら、見え隠れしてきた。」(45)

渡辺は、「局地的」な経済連関構造を問題にしていた。しかし、地域統合は大きく転換しはじめた。ASEANは冷戦構造に対する政治的安定化のための協力であったが、七六年二月の第一回首脳会議で、中南米のプレビッシュ報告に対応する集団的輸入代替工業化計画を導入しようとしたが、各国の利害の一致をみなかった。八七年の第三回首脳会議の「マニラ宣言」で集団的外資依存輸出指向工業化戦略へと転換し、域内経済協力が強くなった。この動きをみて、先述の「アジアのニーズと九州の役割」の調査研究が企画されたのである。

ECはITバブルの崩壊のショックで、ハイテク産業からの後退を示していたが、八九年の「経済・通貨同盟(EMU)に関する報告書」が発表され、新しい出発点に立った。冷戦の凍結後、東欧圏までEUの圏域が拡大され、イギリスがEUに加盟し、共通農業政策に組みこまれていき、EUの新展開は世界空間の再編成の時代に入っていく。

イギリスのEUへの統合は、オーストラリアとニュージーランドに影響を与え、両国のASEAN参加が提案され、第五回シャトル会議(一九九三年)にはクリントンも立場を表明し、アジア太平洋経済共同体(APEC)が実現した。マハティールは、アメリカまで拡大することを嫌って、東アジア経済共同体構想(EAEC)を打ちだし、ASEAN+三共同体への道が開かれていった。

アメリカは九四年にはメキシコ、カナダを結ぶNAFTAを結んだ。これに対抗して南米は南部共同市場(MERCOSUR)を結成し、北米よりもEUとの連繫を強めたい意向を示し始めた。二〇〇〇年出版のギルピンの偉大な『グローバル資本主義』の最終結論は次のように結ばれていた。

「地球上で長期間にわたり貿易が自由化し、繁栄が謳歌されたのはこれまでにたった二回しかない。この二つの時代、すなわち、第一次世界大戦前のパックス・ブリタニカと第二次世界大戦後のパックス・アメリカーナは、どちらも強力な政治的基盤にもとづいていた。大英帝国により促進された自由貿易システムは、結局一九一四年の戦争勃発とともに崩壊した。二一世紀の開幕において米国のリーダーシップは後退し、米国とその冷戦期の同盟国との経済協力はほころびを見せ、米国でも他の地域でも経済的グローバリゼーションへの幻滅が増大している。開かれた世界経済の基礎をなす政治的支持は弱体化しているのである。経済的地域主義、不安定な金融、保護貿易主義はすべて、グローバル経済の安定性と統合を深刻に脅かしている。もし、米国がそのリーダーシップの役割を取り戻さなければ、グローバル資本主義の第二の黄金期は、第一の黄金期と同様に消え去ってしまう可能性が高いのである。[46]」

ギルピンはアメリカ人の立場に立った視点から、アメリカのリーダーシップの回帰を期待している。しかし、二〇〇一年九・一一事件以後の世界は、ギルピンの期待からは遠く離れた展開を示し始めている。むしろ、地域主義が世界の統合理念に昇華していくのかもしれない、という期待を抱かせ始めたのが、一九九〇年代のグローバリズムであったかもしれない。私はこの節を「新自由主義とグローバリゼーション」と題して執筆した。これは、私たちにとって「知覚される空間」現象の流れであった。一九七九年以降、世界経済は「実践的空間」としてのグローバリズム空間を創出し、その矛盾の奥底を見つめたのである。日本の分析でみた日本型経済システムの崩壊による、若者の非正規就労、フリーター、失業という現象は、世界グローバリゼーションによる人間疎外の形態で、世界経済の底辺構造として汎世界化している。

4　持続可能社会と人類社会の未来

一九七二年のストックホルムの国連人間環境会議は酸性雨への危機をベースにしていたが、一〇周年記念会議が開かれた時、「地球は一つだが、世界は一つではない」という危機意識のもとに「環境と開発に関する世界委員会」を構成し、ノルウェーの労働党党首で首相のブルントラントを委員長に検討を委ねた。八三年に発足した委員会は八七年に報告書を国連に提出した。世にブルントラント報告といわれる報告書で、題名はOur Common Futureで日本語訳は『地球の未来を守るために』とされ、一般に公示された。この報告書の中核をなすのは持続可能社会という新しい概念であった。世界は富める人と貧しい人、富める豊かな国と貧しく飢えた国に分かれている。その世界を公平な「一つの世界」にしよう。そのためには持続的開発のあり方が問われねばならないとして、その目標と対応策が検討され、提案されたのである。その基本理念の持続的開発を次のように規定している。

「持続的な開発とは、将来の世代の欲求を充たしつつ、現在の世代の欲求も満足させるような開発をいう。持続的開発は鍵となる二つの概念を含んでいる。

一つは、何にも増して優先されるべき世界の貧しい人々にとって不可欠な〈必要物〉の概念であり、もう一つは、技術・社会的組織のあり方によって規定される、現在及び将来の世代の欲求を満たせるだけの環境の能力の限界についての概念である。[47]」

その検討と提案内容を列記すると次のように述べられている。①人口と人的資源、②食糧安全保障—潜在生産能力の維持—、③種と生態系—開発のための資源—、④エネルギー—環境と開発のための選択—、⑤工業—少をもって多を生産する—、⑥都市問題、⑦共有財産の管理—海洋、宇宙空間、南極—、⑧平和、安全保障、開発、環境、⑨共同行動に向けて—組織、法制度変革に関する提案—、その結語として「今こそ行動」を訴えていた。

ブルントラント委員会と同時期に、オゾン層問題が世界の関心を集めた。一九八二年の日本の南極観測隊員がオゾンホールを発見して以降、その現象の発現原因と健康との関係が問われ、フロンガス利用が原因で人間の皮膚癌との関係が解明され、フロン生産の中止が企業的に決定されていった。また一九五七年からハワイのマウナロア観測所は、二酸化炭素の測定を開始していたが、地球の気温上昇の傾向が認められ、カーター大統領の『西暦二〇〇〇年の地球』にも紹介され、八五年のフィラハ会議から温室効果ガスによる地球温暖化が国際会議の議題になっていった。そして八八年一一月、気候変動政府間交渉IPCCが設置されて第一回会合が開かれた。この間の事情を竹内敬二は次のように述べている。

「IPCCの第一回会合が開かれたのは八八年一一月である。その二カ月後の八九年一月、国連総会はマルタが提案した『人類の現世代と将来世代のための地球気候を保護する』決議を採択した。決議はIPCCとWMO（世界気象機関）、UNEP（国連環境計画）に対して、気候変動問題に対処するための法的枠組をつくることの可能性について検討・勧告するように正式に求めるものだった。これによって『気候変動枠組条約』の論議が始まり、IPCCもそのプロセスの中に組みこまれたことで、発足直後から国際社会での立場をかなり堅固なものにすることができた。(48)」

オゾン層問題、地球温暖化問題等が世界的問題として検討されることを背景に、国連は「国連人間環境会議」を九二年にリオデジャネイロで開催した。この会議には一八〇カ国が参加し、うち一〇〇カ国は元首又は首相が参加するという、人類史上例のない大規模な会議となった。このために「地球サミット」と呼称されている。またブルントラント報告に応えてNGOや地方公共団体も参加するという、草の根をもつ会議にもなった。

この会議は、21アゼンダ（二一世紀への共同行動）を決定し、各国の実行を要請した。また温暖化防止のための気候変動枠組条約、生物多様性条約の署名が始まるとともに森林原則声明が合意された。この時の「気候変動枠組条約」の内容をどうするかの政府間交渉が始まり、九七年一二月第三回締約国会議が京都市で開かれ、京都議定書が誕生したのである。その主な内容は次のようであった。

対象ガス……二酸化炭素、メタン、亜酸化窒素、ハイドロフルオロカーボン、六フッ化硫黄

基準年………一九九〇年

削減目標……八％削減（米国）、六％削減（日本、カナダ、ハンガリー、ポーランド）、五％削減（クロアチア）、〇％削減（ニュージーランド、ロシア、ウクライナ）、一％増（ノルウェー）、八％増（オーストラリア）、一〇％増（アイスランド）。

削減目標にみられる各国の削減率の格差に奇異の感が持たれるだろうが、米国の六％承認で京都議定書が成立したという裏の関係があった。更に、排出権取引が認められ、締約国間の排出枠の売買が認められていた。またクリーン開発メカニズム条約があり、先進国が途上国の省エネ技術提供で得た排出量は、先進国の目標の中に組み入れることが可能という抜け道も認められていた。この不十分な議定書であったが、ロシア議会での承認で発効することができた。しかし、ブッシュが大統領になり、締結を破棄したことで振り出しに戻り、今新しい「枠組条約」を協議しているところである。この間に、北極やグリーンランドの氷河が解氷したり、高山の氷河の後退が起こったり、海面上昇で陸地が消失する島国が現れたり、台風、洪水、山火事等の異常気象災害が頻発したり、世界各地からのニュースで、「地球市民」は恐怖の日常生活を送らされている。

ブルントラント報告は、第一一章「平和、安全保障、開発、環境」の章で、「武力紛争の一因としての環境圧迫」の項を設け、アフリカ各地の紛争や難民問題を検討し、「武器文化」が深くかかわっていると指摘している。その武器文化の発展が、世界各地に普及したとして次のように述べていた。

「これまで、各国は『武器文化』に執着してきた。各国は、何にもまして軍自身及び『産軍共同体』における強力な既得権によって裏打ちされた軍拡競争の中に閉じこめられている。工業国は、軍事支出、国際社会における武器の製造・移送に大きな役割を果たしている。しかし、この『武器文化』の影響力は工業国に限られたものではない。この影響は、武器の獲得により安全を求めたいと願う多くの政府と、拡大する国際的な武器貿易の双方によって増幅され、開発途上国においても見られるようになった。」[49]

具体的には、「武器の輸出は、年に二五〇億ドル以上と見積もられている。武器貿易は、二〇年以上にわたって三千億ドルもの利益を、その四分の三は開発途上国への売却によって得たと推定される。これらの国々は、外国からの援助費の約半分を武器の輸入に使用している」[50]と、指摘している。この武器が旧植民地国の独立後の地域紛争の烈化を支えてきたのである。

この紛争の中で特記すべきはアフガニスタンであろう。独立後、社会主義政権のもとに自立しようとしたが、イスラム教徒の反抗に遭い、政権の弱体化を支えようとしてソビエト軍が一九七九年に侵攻した。これを受けて反政府側は、これとの戦いを「ジハード」(聖戦)と呼び、「ムジャーヒディーン」(イスラムの戦士)としての参加をイスラム各国の若者に訴えかけていった。ソ連にとっては、これはアメリカのベトナム戦争に似た結果となり、一九八八年に撤退を余儀なくされ、八九年にはベルリンの壁事件に発展していくことになった。その後アフガニスタンは内戦に明け暮れていたが、九六年ゲリラの代表のタリバーンが政権を獲得して一応納まったかにみえた。

タリバーンは、イスラムの神学生を中心としたイスラム原理主義者で、パキスタンから国境を越えてきたパシュトン人の若者のことである。そのタリバーンが政権を獲得した時、「武装集団に参加した兵士は、九五年一月の段階で一万五〇〇〇人ないし二万人にものぼった。これに比べて、神学校出身の純粋なタリバーンは五〇〇〇人前後しかおらず、タリバーンの実態がいかにパキスタン軍情報部によってカムフラージュされていたかが分る[51]」と渡辺光一は述べている。この兵士の中にオサマビン・ラーデンが入っていたのである。これはアメリカのCIAの資金援助で、イスラム各国からきたムジャーヒディーンの兵士団であったのである。このタリバーン政権の是非を巡ってアメリカのアフガニスタン侵攻が始まり、日本をも巻きこんでいくのである。

ブルントラント報告は、第一章で「脅かされる未来」を基本に位置づけ、その「徴候と原因」を、貧困、成長、生存、経済危機の視点から考察している。とくに生存の項で、「自然は豊かであるが、……その一線を越えるとシステムの基本を保つのが危うくなるような一連の閾値が存在する[52]」が、その閾値を越えようとしているのが現状である。温室効果、オゾン層、各種の大気汚染、有害廃棄物、砂漠化、森林の減少と種の絶滅といった要因が、人類の生存を脅かしている。これに対し、「時間はほとんど残されていない。我々は最後の一線を越えようとするぎりぎりのところにいる[53]」と警鐘し、持続可能対策を提案したのである。

地球サミットは、「森林原則声明」を特例的に声明し、森林減少に歯止めをかけようとしたのである。森林を機能類型別に性格づけ、保護・保存機能林、循環的利用林、人間との共生的機能林に大別し、森林認証制度を設置して「適正な森林管理を認証していこう」と誓い合ったのである。これを受けて日本の林野庁は林政のあり方を改革し、営林局・署から管理局、署へと名称を変更し、「国民の森林」の機能別管理を責務とすることになった。宮崎県綾町の照葉樹林復元プロジェクトは、リオ・地球サミットの理念を実現しようと活動してきたＮＧＯと九州森林管理局の政策とが、合意して展開されているのである。

レンブラント報告がスローガン化したように、「脅かされる未来」に対し、「世界は一つ」として対応していかねばならない。その出発点は、「地球市民」としての「日常生活批判」であろう。日常的な生活の中の微妙な変化に対し、私たちは対処していかねばならない。拡大人工造林政策以前には「花粉症」という病気は少なかった。人工林という「空間の表象」に対し、「生きられる空間」からの批判が提起され、「空間的実践」で止揚される未来を期待したい。

(1) 有沢広巳監修『日本産業史 2』日経文庫、一九九四年、一三六頁。
(2) 岡倉古志郎、岩波講座『現代4 植民地の独立』岩波書店、一九六三年、二六五頁。
(3) 上野登『変貌する世界像』大明堂、二〇〇〇年、一四頁。
(4) A・リピエッツ、若森章孝他訳『奇跡と幻影』新評論、一九八七年、六〇頁。
(5) 山田鋭夫『20世紀資本主義』有斐閣、一九九四年、八三頁。
(6) 宇井純『公害の政治経済学』三省堂、一九六八年、一九一頁。
(7) 松下圭一『都市政策を考える』岩波新書、一九七一年、一一一頁。
(8) ポール・アン・エールリッヒ、合田周平訳『ヒューマン・エコロジーの世界』講談社、一九七四年、三八頁。
(9) 上野登、前掲書、四三頁。
(10) ベルナール・シャヴァンス、斎藤日出治訳『社会主義のレギュラシオン理論』大村書店、一九九二年、一五五頁。
(11) 同上、一四七頁。
(12) 篠原三代平『戦後五〇年の景気循環』日本経済新聞社、一九九四年、九七頁。
(13) 三橋規宏・内田茂男『昭和経済史（下）』日経文庫、一九九四年、八六頁。
(14) 柳田侃編『世界経済』ミネルヴァ書房、一九八九年、二五二頁。
(15) リピエッツ、前掲書、一九四頁。
(16) 三橋、前掲書、九四頁。

(17) 柳田侃、前掲書、三一頁。
(18) 田中友義他著『ゼミナール欧州統合』有斐閣、一九九四年、二〇頁。
(19) 柳田侃、前掲書、四八頁。
(20) リピエッツ、前掲書、一八九頁。
(21) パンジャマン・コリア、花田昌宣・斉藤悦則訳『逆転の思考』藤原書店、一九九二年、一六九頁。
(22) ルドルフ・バーロ、永井清彦訳『社会主義の新たな展望』岩波現代選書、一九八〇年。
(23) ローマ・クラブ、大来佐武郎監訳『成長の限界』ダイヤモンド社、一九七二年、三頁。
(24) 同上、一一頁。
(25) プリオ・セーブル、山之内靖他訳『第二の産業分水嶺』筑摩書房、一九九三年、二九四頁。
(26) 同上、三三五頁。
(27) 同上、三三二頁。
(28) スコット、水岡不二雄監訳『メトロポリス』古今書院、一九九六年、七三頁。
(29) 同上、二七一頁。
(30) スーザン・ジョージ、向寿一訳『債務危機の真実』朝日選書、一九八九年、七八頁。
(31) アンソニー・ギデンズ、佐和隆光訳『暴走する世界』ダイヤモンド社、二〇〇一年、二一頁。
(32) 宮崎義一『複合不況』中公新書、一九九二年、一四頁。
(33) 田原昭四『日本と世界の景気循環』東洋経済新報社、一九九八年、一六七頁。
(34) 三橋、前掲書、二〇四頁。
(35) 上野登、前掲書、一〇二頁。
(36) ロバート・ギルピン、古城佳子訳『グローバル資本主義』東洋経済新報社、二七頁。
(37) 同上、四六頁。
(38) 同上、二七頁。
(39) 金子勝『長期停滞』ちくま新書、二〇〇二年、六八頁。
(40) 同上、七〇頁。

(41)松原隆一郎『長期不況論』NHKブックス、二〇〇三年、一八頁。
(42)同上、一〇二頁。
(43)金子勝、前掲書、七二頁。
(44)『アジアのニーズと九州の役割・調査報告書―はじめに―』(財)九州地域産業活性化センター、一九九〇年。
(45)渡辺利夫編著『局地経済圏の時代』サイマル出版会、一九九二年、三頁。
(46)ロバート・ギルピン、前掲書、三四六頁。
(47)環境と開発に関する世界委員会、大来佐武郎監修『地球の未来を守るために』福武書店、一九八七年、六六頁。
(48)竹内敬二『地球温暖化の政治学』朝日新聞社、一九九八年、三三頁。
(49)前掲(47)、三四四頁。
(50)同上、三四六頁。
(51)渡辺光一『アフガニスタン　戦乱の現代史』岩波新書、二〇〇三年、一七一頁。
(52)前掲(47)、五四頁。
(53)同上、五六頁。

終章　デジタル革命後社会

一　デジタル革命（思考される空間）

一九八七年三月、レーガン大統領は戦略防衛構想（ＳＤＩ）の必要性を国民に提案した。これは、大気圏外に設置された衛星に備えられた対弾道ミサイル兵器が、核分裂をエネルギーとするレーザー光線によって、ソビエトから発射された核弾頭ミサイルを打ち落とすという計画であった。このためには、膨大な予算を要する関連兵器の研究・開発が必要であった。この研究・開発を支えたのが電子デジタルコンピューター（ＥＮＩＡＣ）の技術であった。

この電子技術は、第二次大戦中、飛行機に対する高射砲の命中率を高める必要性から研究され、一九四五年に完成し、四六年の水爆実験の発射ロケットで実用性が認められた。しかし、その確率計算は真空管によるもので、巨大な施設空間を要した。一方、ドイツの暗号解読のためにもデジタルコンピューターが利用され、演算速度を早めるコロッサス（Colossus）が一九四三年に英国の諜報機関によって発明されていた。しかし一般にはアメリカが発明したＥＮＩＡＣが第一発明として受け止められている。この技術を基礎にした産軍複合体制のもとにアメリカの軍事力の拡大が図られるが、Ｄ・Ｎ・エドワーズによると一種のクローズド・ワールドの空間生産であった。彼は次のように述べる。

「第二次世界大戦中の大統領同様、レーガンは冷戦を社会全体を網羅する争いと見なしていた。彼のペンタゴンは『防衛産業基盤（defense industrial base）DIB』という概念に対する依存を強めていった。DIBとはアメリカが長期的大規模戦争を戦うために温存さるべき、自給自足可能な国家経済の一分野を指す。そこには、航空産業や兵器産業といった直接的な軍事産業のみならず、電子機器、コンピューター、戦略的鉱物資源、石油といった、中間財を供給する産業も含まれていた。この概念は一九四五年におけるヴァニーヴァ・ブッシュの宣言の『戦争とはますます総力戦の様相を呈しつつあり、軍は民間部門のあらゆる需要による積極的参加によって補われなければならない』というものである。(1)」

以上の「クローズド・ワールド」軍事システムは次のような世界支配の計画に発展しているようである。「ペンタゴンはいまや、アメリカが自国から電光石火に敵を攻撃できるようにする超音速無人飛行機や、宇宙からの投下爆弾を含んだ『新世代の兵器を計画中である。今後二五年以上かけて、アメリカは、前線基地や地域同盟諸国との協力への依存から解き放たれるだろうが、それは、イラク侵攻に国際的協力が得られにくかったことによって拍車がかかった自給自足に向かう駆動力の一部なのである。その兵器群はファルコン（Force Application and Launch from the Continental U.S）というコードネームの付いたプログラムのもとで、現在開発中のものである』。地球全体を射程に収めたミサイルが大小二段階で計画されている。小規模計画のほうは二〇〇六年までに準備が整う予定で、大規模な計画のほうは二〇二五年に準備できるだろう。(2)」

以上のような実現するかどうか、夢のような計画を可能にしているのは先のENIACの発達である。一説では次のように超小型化していった。

「一九四六年に、世界で最初のプログラム可能なコンピューターＥＮＩＡＣが完成した。その大きさは、高さ三メートル幅五〇メートルで、製作には数百万ドルを要し、一秒当たり五〇〇〇回の演算をこなした。二五年後のインテルはＥＮＩＡＣの一二倍の能力を、一二平方ミリメートルのチップに埋め込み、それに二〇〇ドルの値札をつけた。今日、ペンティアム装備のパソコンは一秒当たり四億回以上の命令を処理する（400MIPS）。このままでいけば、二〇一二年までにはパソコンの処理能力は一〇万ＭＩＰＳに向上する。[3]」

米国商務省リポートは、産業革命後の労働様式の契機の展開を次のように述べていた。

「産業革命は、蒸気エンジン（一七一二年に発明）と電気（一八三一年に初めて発電）によって起こされた。蒸気力の導入によって、手仕事の省力化が進み、また資源の賦存場所による工場立地の制約がなくなった。

電力配送にはネットワークが必要である。五〇年後の一八八二年に最初の発電所が建設され、電力の本格的使用が始まった。……当初電力の使用範囲は限られていた。工場では、電気を照明用に使ったが、動力は一九〇七年まで並列したシャフトとベルトドライブから得ていた。工場が動力システムを電動モーターに変えて初めて、生産方式に抜本的変化が生じた。工場の構造は近代化され、材料配送や製造など重要な工程が効率化された。

デジタル革命の進行はもっと早い。ほとんど即時の通信を可能にする光接続や、膨大な量の情報処理や記憶を実現するマイクロ・チップによって、現在の経済転換が推し進められている。[4]」

そのマイクロ・チップ化が一九四六年から二五年後の一九七一年に実現されたのである。これに伴って労働力の需要にも大きな変化が現れてきた。

「コンピューターと通信産業の急速な拡大は、プログラマー、システム・アナリスト、コンピュータ－科学者や技術者に対する需要を大きく伸ばしてきた。……雇用は従来型職業から情報技術（ＩＴ）やその他高度の抽象的論理能力を持つ人々にシフトしていくことになる。……ＩＴ産業関連職業に対する需要は増え続けている。一九九六年には七〇〇万人以上がこうした職業につき、平均年収は四万六〇〇〇ドル弱だった。アメリカ労働統計局は、今後一〇年にこの分野はさらに二〇〇万人を必要とするとみている、企業は現在でもこうした分野の人集めに困難を感じている。[5]」

デジタル革命は、コンピューターという頭脳労働手段を使って情報資料を被提供者の需要に応えて整理し、社会的欲望の充実に寄与していく産業革命である。従来型の「物質財」の生産ではなく、情報を提供していく新しい型の情報産業社会を形成していく世界史段階に入ったのである。その情報は、プログラムとして商品化され、従来型産業の生産工程に組み込まれ、生産性の向上に寄与していく。その生産性の工場に対応した労使関係の変化が起こり、「中間層」の分解という結果がでてくるが、それは次項において検討する。

一九九〇年代になると、デリバティブという金融用語が出てきた。金融派生商品という新しい商品だが、その理解は普通の人にはできそうもない。浜田和幸は次のように述べている。

「『三五歳以上には理解不能』といわれ、危険な実態の解明がされないまま膨れ上がってきたデリバティブは、新たに登場したヘッジファンドからの資金流入もあり、国家や人間の管理を越えた異常なマネーゲームの世界を形成するまでになっているのだ。デリバティブで扱う商品やそのリスクが多様化すればするほど、その商品やリスクにどのような値段をつけるのか、そのプロセスはますますブラックボックス化する傾向にある。『自分の会社で扱うデリバティブの内容についていけない』とこぼす経営者がふえるわけである。[6]」

この本は一九九九年の出版だから、一九六五年以前に生まれた人には「理解不能」の新商品ということになる。さしづめ筆者には全く目新しい商品であった。その起源を探ると、新保恵志は次のように述べている。

「一九七一年八月の金・ドル兌換停止以降、通貨調整の混乱は収まらず、通貨危機が叫ばれていた。通貨危機の混乱の中でアメリカに通貨先物が生まれてきたのは、為替変動のリスクをヘッジしたいニーズを持つ企業などの主体があり、そのニーズを経営戦略の一環として位置付ける金融機関の姿勢がある。さらに付け加えるなら、通貨先物市場の創設を後押ししたのが、ノーベル経済学受賞者のシカゴ大学教授、ミルトン・フリードマンであったというのもアメリカらしい。[7]」

為替価格の変動が激しい中で、損をしないように先物取引をしようという企業の需要、それを保証しようと先物商品を供給する金融機関の新しい金融産業が登場してきたのである。これは、生産過程への投資ではなく、リスクに賭ける投機である。リビエッツが擬似的価値実現と呼び、マルクスが「虚偽の社会的価値」と規定した価値の、現代的産業化の姿なのである。このために科学的知見を動員し、新しい欲望を創りだし、その欲望充足に対応する商品を作りだしていく。リスクを避けたい（ヘッジ）という要望に対し、変動の流れを次のようにとらえて、科学が動員されていく。

「『将来の証券価値を完全には予想できない』という命題を否定する人はいないでしょう。では、数理モデルを使って証券価格をどのようにモデル化したらよいでしょうか?。不確実なものならば確率統計の出番ですが、証券価格は時間とともに変動するので、確率過程を使って価格変動をモデル化するのがもっとも適していると思われます。

証券価格の変動を確率過程で記述した最初の人はバシェリエだと言われています。彼らは、価格変動を確実にわかる部分と確実にわからない部分に分けて捉えました。確実にわかる部分をトレンドと呼び、平均的な傾向を表します。一方、いくら詳しく分析しても完全には予測できない部分もあり、この部分を確率項と呼びます。この確率項をどのようにモデル化するかがポイントですが、一般にはノイズと呼ばれる予測不可能な変数を組み合わせて作ります。(8)」

以上が金融工学の基礎のようで、確率項の研究にリスクの要因究明が集中していったようです。浜田はロケット・サイエンティスト商品と呼称して次のように「ヘッジファンド」を説明していた。

「デリバティブ取引の歴史は浅い。最初のデリバティブ商品がアメリカで生まれたのは一九八〇年代の初めで、為替や株式相場のリスクを回避するのが主な目的であった。

これらの商品を開発するにあたっては、将来の相場を予測するための高度な確率、統計手法も必要となるために、その方法は宇宙ロケットの軌道計算にたとえられたほど。実際NASAから転職してきた科学者も動員されたため、デリバティブ商品の開発者たちは『ウォール街のロケット・サイエンティスト』と異名を取るほどの人気を博した。(9)」

デリバティブの商品の内容については、専門的な研究が必要であるが、本書では避けて通っていく。しかし、以上の入門的な基礎知識でも分かるように、新しい金融派生商品は、情報技術が生み出した商品である。それは、人間の日常生活で使用される商品ではないが、無限に拡大する人間の魔的精神、欲望を充足する商品である。

二　帝国論争から多極的時代へ（知覚される空間）

1　「二一世紀もアメリカか?」の後退

レーガン大統領の「大国アメリカ」の復活意図のもと、「プラザ合意」による先進国協調の時代があった。ブッシュ父大統領時代、社会主義国の崩壊により「冷戦空間」は解体し、「二一世紀もアメリカか?」という時代が訪れていた。この時代、イラクのクウェート侵攻が突如として起こり、国連の旗の下、一斉反撃が組織され、ブッシュ父はアメリカの新鋭武器のお披露目を演ずることができた。いわゆる湾岸戦争である。

クリントン大統領の時代、ゴア副大統領の「情報スーパーハイウェイ構想」推進のもと、情報産業は大型汎用のホストコンピューティングから、分散型の小型パソコンによる、ネットワークコンピューティングの転換に突入し、「リエンジニアリング革命」という労働様式の変化を引き起こしていった。そして「アメリカは第三次産業革命と呼ばれる技術革新の時代を先導する役割を果たしている。……こうして二〇世紀が終わろうとする現在、『二一世紀もアメリカの世紀』という声さえ聞かれるようになった[10]」と評価されさえしていた。その二一世紀の二〇〇一年一月二〇日、ブッシュ子大統領が就任式をあげた。

就任して間もなく九月一一日、ニューヨークのマンハッタンのビルへの航空機テロが発生し、世界中の人がテレビの画面に引きつけられた。用意周到に計画されたテロ爆破事件で、その犯人の多くがサウジアラビア出身であったことから、オサマビン・ラーディンが率いるアルカイーダというテロ組織だと判断された。この集団は、ソビエトのアフガン侵攻に対する政府軍支援として、アメリカのＣＩＡの資金で訓練・組織された「ジハード」に参加したムジャヒーディーンの流れに属する集団である。ブッシュはこの爆破を「宣戦布告」として受けとめ、「テロとの戦争」を国連安全保障理事会に提起して承認を得、賛同する六〇カ国以上の同意をえて、アルカイーダをかくまっているという名目でタリバーン政府転覆戦を展開したのである。

この戦争は〇一年一〇月七日の空爆から始まり、一二月七日にはタリバーンがカンダハールを明け渡して、事実上終了する。そして〇二年六月一一日に緊急ロヤ・ジルガが開かれ、カルザイ議長が選出され、彼が大統領となり、新制国家が誕生した。しかし、これで万事収まったのではなく、現在もテロとの戦いは続いている。

ブッシュの「テロとの戦争」は拡大していく。〇二年一月二九日の一般教書演説でイラク、イラン、北朝鮮を「悪の枢軸」と名指し、新しい戦争へと走っていく。大量破壊兵器の製造、化学兵器の製造の疑いをかけ、その情報の捜索を国連の名の下に実施した。イラクは、第一回はその捜索を受け入れたが、実証が得られないまま、第二回目の要求を拒絶した。アメリカは単独行動でイラクに侵攻したのである。

ブッシュは〇三年三月二〇日、米軍の空爆・ミサイル攻撃を命じ、イラク戦争を始めた。イラクは、事前に戦後の抵抗戦を考え、布陣を閉じていたと言われ、大した抵抗戦もなくフセインはバグダットから身を隠し、五月一日戦闘終結宣言で戦争は終了した。ブッシュは〇四年五月二四日の米陸軍大学での演説で「イラク民主化計画」を述べ、〇四年六月の国連安保理事会の決議を経て、占領体制を敷くことになった。戦争はこれで終わり、アメリカは解放軍として迎えられ、尊敬されるものと期待していたが、その期待は裏切られ、「第二のベトナム」と言われる泥沼に悩まされることになった。

ブッシュの単独行動主義は、ネオコン（新保守主義）に支えられ、新任早々から京都議定書からの離脱、包括的核実験禁止条約の批准拒否、生物兵器禁止条約の受け入れ拒否、弾道弾迎撃ミサイル制限条約からの離脱、国際刑事裁判所設立条約の署名撤回等々と単独行動的外交政策を展開していった。そしてイラクに対しては事実無根の兵器製造を理由に、湾岸戦争時の国連条項を楯に取り、常任理事会の決を得ることなく、「同盟軍」を募り侵攻に乗りだした。しかし、実際に兵力を派遣した国は四カ国で、戦費への協力も僅少で、アメリカの高コスト戦争になっていった。勝利宣言後、イラク政府の行政組織、軍隊、警察の整備は図られたが、テロ事件は拡大の一途で、勝利宣言後六年が経過しても宗派間の対立、タリバーンとアルカイーダの戦力の低下はみられず、アメリカ国内のイラク戦争支持率の低下、ブッシュ政府への不信の増大、国外では反米思想の蔓延、テロの拡大による社会的不安の増大で、公約のイラクからの撤退の時期も決定しえないまま、任期が切れていった。圧倒的な経済力と軍事力の優位を背景に打って出た単独行動主義であったが、全世界的にソッポを向かれて終わったといえよう。

2 「帝国」の理念の再登場

ネーデルフェーン・ピーステルは、九・一一以降新帝国主義という言葉が使われるようになったと、次のように述べている。

「九・一一が起こってからというもの、アメリカ政治の言葉づかいと立ち振る舞いは一変した。精力的な論考や著作では、いまや帝国主義が推奨されている。たとえば、『新帝国主義の論理は、ブッシュ政権が抵抗しがたいほど説得的である。……新たな帝国主義の時代が到来したのだ。』……最近まで帝国主義とは左翼用語であったが、現在では帝国は主流派のテーマとなり、日常用語に復帰している(11)。」

一九七〇年代以降、帝国主義という用語が社会・人文科学で使われなくなっていた時、二〇〇〇年にアントニオ・ネグリとマイケル・ハートの共著になる『帝国』という大著が出版され、マルチチュードという抵抗大衆の概念の提起とともに、世界の識者の注目を浴びた。この本は「序文」で、「本書の執筆は、ペルシャ湾岸での戦争がまさに終わった後に開始され、コソヴォでの戦争がまさに始まる前に完了した」と書かれているように、一九九〇年代の動乱の中から生み出されたものである。訳本で五百頁以上に及ぶ内容を検討する余裕はないが、「訳者あとがき」は次のように要点を述べている。

「この大著は、今日『グローバリゼーション』と呼ばれている現象を包括的に再考し、それに対するオールタナティヴな実践の可能性を構想しようとする、途方もなく刺激的な試みである。世紀末の転換期に姿を現してきた新しい世界秩序、つまり主権の移行と、生そのものをまるごと対象とするような新しい生政治的な秩序、つまり生産の移行をはっきりと名指し、それを把握するために、ネグリとハートは『〈帝国〉』という概念を創りだしたのである。……

〈帝国〉はかつての帝国主義とは異なり、ある中心的な国民国家の主権とその拡張の論理にもとづくものではない。〈帝国〉的主権は脱中心化されたネットワーク状の支配装置なのであり、物理的領土を必須の条件としていた国民国家の主権とはちがい、そのような意味での領土をもたない〈非―場〉であるというのである。[12]」

ネグリとハートの『帝国』は、グローバリゼーションに対抗する政治学的側面の研究をも加えた新しい世界史観の提示であった。あの衝撃的な九・一一事件以前の世界状況に対応した新しい世界観であった。コソヴォ事件は一九九九年には終わり、〇一年九・一一以来、世界は新しい「テロとの戦争」の時代に移っていく。この時代に「新帝国主義」という新しい世界観が、テロの被害国のアメリカから登場してきた。

佐伯啓思は『新〈帝国〉アメリカを解剖する』で、「新帝国主義のロジック」を次のように述べている。

「改めていえば、『ならず者』国家を叩くという冷戦以降のアメリカの単独主義を支えるロジックは次のようになるだろう。

敵の姿が見えない以上、アメリカは、まず、敵と味方を峻別しなければならない。ブッシュが述べたように『文明につくか、テロにつくか』なのである。テロにつく国家に関しては、その政権を崩壊させなければならない。……

その結果、世界はどうなるのだろうか。リアリストは、国際社会はアメリカの覇権の元に安定した秩序を持つことになると言う。ここに出現するのは、一種の『アメリカ帝国』だというのである。かつてのローマ帝国のもとで、ヨーロッパから北アフリカ、オリエントにいたる広大な地域が『パックス・ロマーナ』と呼ばれる平和を享受したように、テロとの戦争に勝利すれば、アメリカ帝国のもとに『パックス・アメリカーナ』と呼ばれる平和が樹立されるだろう。

これが『新帝国主義』の論理である。いまや『アメリカ帝国』は、ただの夢想や、誇張されたレトリックではなく、『新しい戦争』の現実的帰結とさえいってよかろう。(13)」

佐伯は、この新帝国主義を称揚していたのではない。アメリカ社会がもつ、ネオ・リアリズム、ネオ・リベラリズム、グローバリズムという三つの理念がからまった転回は、矛盾をもたらすことを指摘し、「ニヒリズムとしての『アメリカニズム』」の蹉跌の可能性を述べて本を閉じている。

佐伯の書の「あとがき」は、〇三年三月二七日と記されている。ブッシュがイラク爆撃を命じた二〇日の一週間後である。したがって佐伯は、イラク戦争のその後については述べていない。これに対しピーテルスの『グローバル化か帝国か』は、〇四年出版の書であり、日本訳の「日本語版への序文」は〇七年三月の日付で、アメリカの中間選挙で民主党が勝利したことをふまえて書かれていた。彼は「新自由主義的帝国」の概念も入れて考察している。しかし帝国論者ではないようである。彼の「新自由主義的帝国」の定式は次のように描かれている。

「新自由主義と帝国のあいだには大きな懸隔があるにもかかわらず、重要なのは、新自由主義的グローバル化と帝国が対照をなすだけでなく、相互浸透していることである。あるいは、いかに両者が折り重なっているかということである。新自由主義的プロジェクトから帝国的プロジェクトへ急速に転移した結果、アメリカの経済的および政治―軍事的な単独行動主義と、新自由主義的帝国の新たな編成との組み合わせが生まれている。新自由主義的帝国は、帝国と新自由主義双方を結びつける。帝国の中核は国家安全保障と軍産複合体である。新自由主義は、企業、金融取引、そしてマーケティングである。ＩＭＦと世界銀行は、通常通り運営している。だから帝国の政策は、新自由主義的グローバル化の枠組の代わりではなく、それに加えて行なわれているのである。[14]」

彼は、その政策の内容、展開の様相を細かく分析した後で、最終的に次のような結論を出し、資本主義の多様性への視点の下敷きにしていくのである。

「アメリカの新自由主義の根幹にあるのが、軍産複合体である。これまでの諸章でみてきたように、その根は深く、フロストベルトからサンベルトへの経済のシフト、南部保守主義と右翼的キリスト教勢力の台頭、そして軍国主義化といった重大な問題を派生させた。このアメリカが、新自由主義的帝国の建設、つまり軍事的、政治的、経済的に持続不可能なプロジェクトに着手しているのである。……いまやアメリカが顕在化させた世界中に広がる懸念と敵愾心は、複数の層をなしている。新自由主義的グローバル文化が世界の大多数の人々の暮らしにもたらす結果にたいする憤り、……アメリカの多国間協力や改革からの意図的な離脱、そしてアメリカの地域政策、とりわけ中東政策に対する怒りである。もっとも新しい憤りはイラク戦争に関するものである。だが、イラク戦争は、もっと深刻な問題の一つの現われにすぎず、ペンタゴンが計画している長い戦争の一部でしかない。戦争は、世界が抱える諸問題に対する答えではないが、世界の軍事支出の四〇%を支出する世界人口の五%を占めるにすぎない国民には、おそらく与えるべき答えがないであろう[15]。」

ピーテルスは、アメリカの「新自由主義的帝国」は、アングロ―アメリカ型資本主義がうみだした特殊な帝国主義で、その特殊性は早晩否定されるにちがいないと考えている。地球上には、ラインランド型資本主義や東・東南アジアの国家支援型資本主義が存在し、その力は増しつつある。フランスのレギュラシオン学派は、〈帝国〉論には一言もふれることなく、資本主義の将来を模索してきていた。この視点は次項の問題として残しておく。

3　不平等・貧困・格差の顕在化

ピーテルスは、「新自由主義帝国」の章に次ぐ章で「グローバルな不平等」を考察している。その中で、世界システム論が登場した時は、世界的な不平等のテーマが注目されていたが、そのテーマが長期波動論＝景気変動論と関連づけられ、社会学的視点が軽視されるようになった、と経済学を批判する。そして最近の不平等の顕在化を次のように考えた。

「戦後資本主義の黄金時代、国際的な諸政策の指導原理は相互利益であった。一九六〇年代から七〇年代にかけて、相互利益は、社会民主主義諸国、社会主義諸国、そして途上国にとっても、国際協力の中心思想であった。途上国が開発を実現し、対等な地位を勝ちとることは、先進諸国の利害にかなうものである。……だが、この展望はいくつかの理由で徐々に色あせていった。……つまり、超国家企業は、後発の開発途上国に投資を行なわなくても成長を実現できるようになった。……冷戦の終結と軍事技術の発展によって、貧困諸国がもたらす安全保障上のリスクも低下している。その結果、リスク評価とリスク管理が、国際的な政策の指針として俎上に載せられるようになっているのである。[16]」

投資企業側の投資視点の変化とともに、開発機関の性格の変化が不平等と貧困を増大させた。ジェレミー・シーブルックは世界各地の貧困の実態にふれるドキュメント集の中で、開発機関の変化を次のように述べている。

「IMFと世界銀行は第二次大戦の終わり頃、戦争によって荒廃したヨーロッパの再建を援助するために設立された。……

一九八〇年代の新自由主義イデオロギー（ワシントン・コンセンサス）の下で、IMFはあらゆる国をグローバルな経済へと統合する執行者となった。債務への回答はさらなる貸付と新たな『融資条件』であった。その条件とは、経済の自由化、国内市場の競争への開放、規制緩和、通貨切下げ、政府支出の削減（兵器購入費は除外）であった。支出を削減されたのは保健医療、教育、栄養、福祉サービスの分野が圧倒的であり、それはすでに貧しい人々をますます貧しくした。[17]」

貧困や格差問題は、途上国だけの問題ではない。先進諸国でも一九八〇年頃から、顕在化している問題である。ポール・クルーグマンは、CEOの年俸と中層労働者の年収との差を問題にし、その要因を「保守派ムーブメント」に求めていった。先ず一九六九年のGMのCEOの給与は今日のドル価値換算で約四三〇万ドル、これに対しGMの普通の労働者は四万ドルであった。ウォルマートはアメリカ最大の企業であるが、二〇〇五年の会長の給与は二三〇〇万ドルに対し、管理職でない従業員の年収は一万八〇〇〇ドルであった。CEOクラスでは五倍に増加したが普通の従業員は半減し、その格差は大きくなっている。これは格差規制の協定「デトロイト協定」が破棄されたからであり、そうした戦後の規定破棄を求めた背景に「保守派ムーブメント」があったのである。

クルーグマンは「ネオコンサーバティブ」の発端は、一九五一年刊の『イエール大学の神と人間』の著者ウイリアム・F・バックリーであったと指摘する。一九六四年の大統領選挙に当たり、ネオコンの運動が始まり、一九八〇年のレーガンでその目的を達成し、ケインズ系の福祉国家理論を新自由主義理念へと転換し、大格差社会を形成していくことになった。

このアメリカを『ルポ　貧民大国アメリカ』としてとらえた堤未果は、「九・一一テロの瞬間をとなりのビルから目撃していた私の目の前で、中立とは程遠い報道に恐怖をあおられて攻撃的になり、愛国心という言葉に安心を得て、強いリーダーを支持しながら戦争に暴走していったアメリカの人々[18]」に、直接会い、その現実の中からアメリカ社会の姿をとらえなおしていった。とくに「学校から生徒の個人情報を手に入れた軍にリクルートされた高校生たちを取材するうちに」、「民営化された戦争という国家レベルの貧困ビジネス」を知ることになったという。それを第五章「世界中のワーキングプアが支える『民営化された戦争』」で詳しくルポしている。私はそれよりも「一度の病気で貧困層に転落する人々」の第三章に惹かれた。彼女は、ホセを例に次のように述べている。

「ごく普通の電気会社に技師として勤めていたホセも二〇〇五年に破産宣告された一人だ。『原因は医療費です。二〇〇五年の初めに急性虫垂炎で入院して手術を受けました。たった一日入院しただけなのに郵送されてきた請求書は一万二〇〇〇ドル（一三二万円）。会社の保険ではとてもカバーし切れなくてクレジットカードで支払っていくうちに、妻の出産と重なってあっという間に借金が膨れ上がったんです。[19]』」

破産する前のホセの場合、妻と子供二人をカバーする保険の掛け金は年間九〇八六ドルだったという。ホセは次のようにアキラメの表情で語った。

「家族のためだから仕方ないと思っていました。この国では保険自体があるだけましですからね。でもさすがその結果、仕事もわずかな貯金も失いました。一体なんだったんだろうと思います。結局残ったのは膨大な請求書の山だけだったなんて。[20]」

この「貧困層に転落する人々」を読んでいて、湯浅誠の『反貧困』の中の「すべり台社会・日本」との共通性に気がつく。日本は、雇用、保険・年金、生活保護の三層のセーフティネットで人生が保障される建前になっている。しかし、一九八〇年代以降、このセーフティネットの網が有効に作用しなくなった。湯浅は、それを次のように述べる。

「うっかり足を滑らせたら、どこにも引っかかることなく、最後まで滑り落ちてしまう。このような社会を、私は『すべり台社会』と呼んでいる。日本社会は、今どんどん『すべり台社会』化しているのではないか。

このことは、働いても生活保護基準以下の収入しか得られない『働く貧困層』を考えてみると、はっきりする。非正規で働けば、より高い失業リスクにさらされる。しかし、彼／彼女らは失業しても失業給付を受けることができない。また、社会保障のネットにも引っかかりにくい。さらにこの人たちは、たとえ生活困窮に立ち至ったとしても、事実上生活保護を受けることができない。非正規労働者にとって三つのネットはワンセットであり、そこから丸ごと排除されている。[21]」

このワーキングプア世帯の社会変動は、一九九八年から二〇〇四年頃までの間に急増している。後藤道夫は「ワーキングプア増大の前史と背景」で、そう述べて論述していった。そして「一九九〇年代後半から本格的な『構造改革』が開始された。構造改革は、日本型生活保障の基盤[22]」を解体し、ワーキングプアを増大させた。

4 『バブル・リレー』の最終点

山口義行編の『バブル・リレー』は〝言い得て妙〟という印象をもった。第一次石油ショック後のユーロ・マネーの過剰流動性発生を契機に、過剰流動性は世界の賭け地を狙ってリレーしていった。第一次は中南米でメキシコのデフォルトで終幕し、第二次はプラザ合意後のジャパン・マネーと中曽根の世界都市東京の提唱が合唱して不動産バブルを作った。そして不良債権の禍根を残して終焉した。第三次は、『東アジアの奇跡』と世界銀行によって評価された東南アジアへの投機が、タイからの外貨流出で始まり、韓国から遠くロシアまで飛び火した。そして第四次は、IT革命に注目した『根拠なき熱狂』という株式バブルであった。そして最後は、二〇〇八年九月から爆発したサブプライムローン・バブルである。このアメリカ起源のバブルの弾けは、「百年に一度」の危機といわれるが、本当に最後のバブルであることが期待?されている。

金融関係者か投資関係者以外の人にとって、サブプライムローンという言葉は全く耳新しい言葉であった。野口悠紀雄の経験によれば、二〇〇四年にサンフランシスコに留学していた時、大型住宅の価格の高騰に驚き、住宅価格の上昇が投機マネーを呼び起こしていき、高所得者ローンから中所得者ローン、低所得者ローンへと住宅投機が拡大していったという。そのローンに対し、返済の信用の高い人へのローンがプライムローンで、返済力に信用をおけない人へのローンがサブプライムローンというのである。このサブプライムローンの住宅購入者は、その住宅価格が上昇すれば、それを担保にローンを組み、前のローンを返済し、その差額でより高い生活を享受していく。住宅価格が上昇する限り、高い消費が続けられる。不動産会社はそのローンを束ねて証券化し、それを販売して、レバレッジをかけて資金を拡大し、サブプライムローンとして貸し付けていく。

投資会社は投資会社で、リスクの多いサブプライムローンやリスクの少ない他のローンを組み合わせた「金融派生商品」を作り、投機によるハイリターンを狙っている買手に売りつける。価格が上昇している限り、リターンは保障されるから、購入者は増加する。リターンを受けた人は、自分の欲望が充足されたので、再び商品を購入する。投資会社は、金融派生商品を増産するために、リスク率を低下させる組み合わせを研究し、レバレッジで資金を拡大して事業を拡大していく。私は、金融危機の本を読んで理解した限りで、こうして綴っているが、これはマルクスが『経済学批判要綱』の一説を想い浮かべながら書いているのである。マルクスは、資本は新しい商品を作り、それに対応する欲望を創りだし、無限に価値を追求していく。その際、一切の科学を動員し、新しい商品・新しい欲望を創っていく、と説いていた。金融派生商品の生産者はこの価値の無限追求者なのである。

この価値の無限追求者は使用価値の制限性との間に矛盾を起こし、恐慌が引き起こされる。マルクスの恐慌論の基本視点は『要綱』で示されていた。その危機がサブプライムローンでも発生したのである。その流れを野口が提示している「危機の進展」年表から拾ってみる。(23)

○四年以降　サブプライムローンの貸出増加
○六年七月　住宅価格がピークに達す

○六年後半　ローンの延滞率が高まる
○七年　ニュー・センチュリー・フィナンシャル破産申請（4・2）
ベア・スターンズ傘下のファンドが破綻（7・31）
仏バリバが傘下三ファンド凍結（8・9）
世界同時株安が発生（8・16）
○八年　バンク・オブ・アメリカがカントリーワイド・フィナンシャルの買収発表（1・11）
米政府がファニーメイとフレディマックの支援策発表（7・13）
リーマン・ブラザーズが破綻（9・15）
バンク・オブ・アメリカがメリルリンチ買収発表（9・15）
ゴールドマン・サックスとモルガンスタンレーが銀行持ち株会社へ移行（9・21）

以上の年表のように○四年のサブプライムローンの貸付増加、○六年七月の住宅価格のピーク、○八年九月のリーマン・ブラザーズの破綻で金融危機の到来にいたるのである。今回のバブルの特徴は、今までは世界の狭い範囲の一カ所を中心に展開されていたのが、○七年八月のフランスのバルバへの波及にみられるように、ヨーロッパから世界へと不況が波及していったことである。アメリカでの金融派生商品、とくにCDO（資産担保証券）、CDS（クレジット・デフォルト・スワップ）といった高度商品の格付けが問題になる。アメリカの格付け会社のランク付けで高く評価された商品が、ヨーロッパの金融市場を巻き込んだのである。このために「世界金融危機」となり、二一世紀世界恐慌という危機感が誕生したのである。

日本政府は、今回のサブプライム金融危機に対して、購入が少なかったのでその影響を軽く見ていた。しかし、自動車産業等輸出産業に強い影響が現れ、「世界恐慌」への危機感が高まっていった。サブプライムを起こした過剰流動性資金は、アメリカの経常収支赤字の穴埋めとして、黒字国のドルが吸収され、その流入ドルで消費大国が生まれ、とくに日本と東南アジアの輸出産業の成長を促進していた。消費の拡大は製品輸入で赤字をうみ、その赤字を国債消化で埋め合わせる、その一環として住宅のバブル的消費も可能であったのだ。バブルが消えると消費も減退し、日本やアジアの輸出産業の危機が訪れ、世界大恐慌への突入が心配されるようになったのである。

『バブル・リレー』は、「アメリカ型金融資本主義の終焉」を見越して次のように述べている。

「アメリカは大規模な投資銀行やおびただしい数のヘッジファンドを抱えた典型的な『金融資本主義国』である。そのアメリカが今回のバブル崩壊と金融危機によってその『主役たち』を失ったことは、同国を根幹から揺るがすことになる。それは、世界経済の今後を展望するうえで見過ごすことのできない事態である。

そこで、重要な意味を持ってくるのが、『金融サミットG20』で合意された『規制強化』にむけての枠組みである。G20の宣言文には、下記のように記されている。

『我々は、規制枠組み、健全性監督、リスク管理を強化し、全ての金融市場、商品、参加者が状況に応じて適切に規制され、あるいは監督の対象となることを確保することを誓約する。』

この『誓約』がきちんと実行されれば、旧投資銀行が仮に商業銀行から独立したとしても、かつてのようには好き勝手な活動はできないはずである。……今回のバブル崩壊・金融危機をもって、『アメリカ型金融資本主義』は基本的にはその幕を閉じたと見做すことができる。この事実は、バブル・リレーの今後を展望する上で、最も重要なファクターとなる。」(24)

このG20は〇八年一一月一四・一五日に開かれたものである。その前月の一〇月一〇日にはG7の「行動計画」が宣言されている。この間の状況をとらえて水野和夫は、「サブプライムローン問題に始まる世界金融危機は、ドルの終わりの始まりであり、G７の終わりの始まりでもあるといえるのです[25]」と言い切っている。二一世紀は九・一一を契機とするアメリカの単独行動主義で始まったが、G20の国際協調へと向かっていく。「知覚される空間」としての地球空間は大変貌を遂げていったといえよう。

三　拡大する国際協調関係（生きられる空間）

1　地球温暖化取り組みの国際化

私たちは、一九九二年のリオデジャネイロの「地球サミット」で「気候変動枠組条約」が採択され、九七年の「京都議定書」で枠組が設定され、その批准の動きに注目し、ロシアの批准でようやく〇五年二月発効ということで安心していた。しかし、クリントンが批准したものをブッシュが取り消したという一幕が途中であった。

この間、地球の温暖化は確実に進行していた。それを丹念に追求していたのが「気候変動に関する政府間パネル（ＩＰＣＣ）」である。この機関は一九八八年に国際気象機関が設置を提起し、国連環境計画が合意して発足したものである。九〇年に第一次報告書が提出され、第四次報告書は〇六年に提出された。第四次の資料を基礎に住明正は次のように述べている。

「大気中の二酸化炭素濃度は増加し続け、産業革命以前の平均の二八〇ｐｐｍに比べて二〇〇五年には三七九ｐｐｍになっています。

長い時間スケールでの温室効果気体の増加は、これらの年変化や年々変動を消去して求めていることとに注意する必要があります。この点に留意をしつつ、最近の二酸化炭素濃度の上昇割合をみてみると、一九六〇年から二〇〇五年の平均が、一年当たり一・四ｐｐｍであるのに対し、最近の一九九五年から二〇〇五年の平均では、一年当たり一・九ｐｐｍとなっており、上昇速度が増大しているように見えるのが特徴です。指数関数的に増加しているような印象がします[26]。」

住は、地表温度、海面上昇、降水量、極端現象（異常気象）をとりあげ「さらに進む温暖化を示唆する事実」を立証している。しかし、「地球温暖化問題が、政治問題化するにつれて、批判的、あるいは、懐疑的な意見が提出され続けてきました。……このような論争は第二次報告書（一九九五年）が発表された時以降に盛んになったように思います[27]」と、懐疑派との論争が展開されているようだ。ブッシュが「議定書」批准を取消した理由にも、科学的に完全に証明されていないことがあげられていた。私達が土呂久の裁判闘争を続けている時も、会社側の立場に立ち鉱害を否定する大学教授が居たが、研究者の中も二派に分かれる傾向がみられる。

京都議定書の再検討、そして新しい国際枠組み条約を作る会議が行なわれているいま、ＩＰＣＣが示したシナリオの一つである「先進国は二〇年までに九〇年対比で二五～四〇％の削減」という枠組みを途上国側が主張しだしたという情報が新聞紙上に現れてきた。二〇〇九年四月六日の朝日新聞の「時時刻刻」の見出しは次のようにオバマ大統領の名を入れて書かれている。

「京都議定書に続く地球温暖化対策の国際枠組みを決める国連気候変動枠組み条約締約国会議（ＣＯＰ15）に向け、ドイツ・ボンで開かれた作業部会が八日閉幕する。オバマ大統領率いる米国が交渉に『復帰』。デビュー戦でいきなり、温室効果ガスの排出削減をめぐる交渉を主導する勢いを印象づけた。欧州連合（ＥＵ）と途上国の発言が目立ったこれまでの交渉は様変わりした。」

様変わりの一つは、アメリカの積極的参加である。オバマは選挙公約の一つに「グリーン・ニューディール」をあげ、新しい産業構造の構築、雇用増加を計画化した。その構想は、①短期救済措置（エネルギー投機の規制と取引の透明性向上）、②輸入石油依存からの脱却、③グリーンエネルギー産業の構築（i）再生可能エネルギー等の環境産業を支援、(ii)省エネ等、(iii)研究開発支援）に加え、第四番目に気候変動問題への積極的対等をあげている。その積極的対応の内容は次のようである。

「・炭素ガス排出量を二〇五〇年までに一九九〇年比八〇％削減

・排出権をオークションにかけ、その収益はクリーンエネルギー、生息地の保護、税還付や世帯への救済に使用

・米国を気候変動問題のリーダーに、国連気候変動枠組みと再び協力[28]」

以上のようなグリーン・ニューディールの政策に基づいてボン会議に出席したのである。このアメリカの積極的な姿勢転換に対し、日本のボン六月会議での提案は、冷ややかに迎えられた。麻生首相は、自信の表情タップリに〇五年比一五％削減をテレビの前で表明した。その間の状況を朝日新聞の六月一一日の「時時刻刻」の見出し文は次のように述べて伝えている。

「首相決断でプラス一ポイント。麻生首相が一〇日、満を持した記者会見で発表した温室効果ガス削減の中期目標。〝勝負色〟の赤い垂れ幕を背に関係閣僚を従えるなど、指導力の演出に余念はないが、ドイツで開催中の温暖化対策の国際会議で評価の声は聞かれなかった。首相の思惑通り、日本が今後の国際交渉を主導するのは容易ではない。

日本政府代表団が発表しても、会場からは拍手も起きず、冷ややかな空気が流れた。首相が強調した『世界をリードする目標』は早くも出鼻をくじかれた。

『京都議定書の（九〇年比六％削減）目標にわずか一ポイント上乗せで、納得できない』（中国）。『省エネが進んでいると繰り返してきたわりには、満足できるものではない』（インド）。途上国の代表らは記者団に不満をあらわにした。

会場の外では、国際NGOが早速『温暖化防止の国際交渉を妨害してきたブッシュ前大統領の再来だ』と、麻生氏とブッシュ氏の顔を半分づつ繋ぎ合わせたチラシを配った。交渉に後ろ向きな国に贈られる『特別化石賞』の授与式もすぐに続いた。」

今後を展望して、「国際交渉は現在、国連の委託を受けた科学者らの指摘に基づき、『気温上昇を二度に抑える』ため、先進国全体で『九〇年比二五〜四〇％減』が必要だとの認識が高まっているが、次の一二日のボン会議までにどのように歩み寄られるかが注目されている。欧州連合は、六月会議時点ですでに九〇年比二〇％以上、〇五年比一三％以上削減を提案している。日本は〇五年比一五％、九〇年比八％削減の計画である[29]」。

幸いというか、衆議院選挙の結果、政権交代が起き、民主党の鳩山内閣が誕生した。鳩山首相は二五％削減の公約をかかげ、ボン会議で提案した。その後、民主党への不信が高まり、菅首相に代わった。その首相の一〇年六月の所信声明で、明確に二五％削減が述べられ、ようやく日本も世界共通の土俵に踏みとどまるようになった。

2　G8からG20へのシフト移動

ファリード・ザカリアは『アメリカ後の世界』の第一章で、「アメリカの時代が終わりを告げる」と明言したうえで、第二章「地球規模の権力シフトが始まった」状況を検証していく。二〇〇九年はそのシフトを象徴する会議の連続であった。「ライラクG8」と命名されるサミットは、大地震の被害跡を残すイタリアのライラク市で七月一〇日に開催された。その内実を朝日新聞の「時時刻刻」の見出しは次のように述べている。

「気候変動、世界経済・貿易、核軍縮・不拡散など。多くの課題は、もはや主要八カ国（G8）だけでは対処できず、新興国などを巻き込まなければ乗り越えられない。イタリア・ライラクでのG8サミットで、枠組み拡大への流れは確定的になった。とはいえ、数が増えれば議論もまとまりにくい。各国首脳の考えは定まらない。」

こうしたG8の限界性は、同新聞のG8議長総括（骨子）で次のように示されている。

一、G20首脳会合の決定履行を再確認
一、保護主義との戦いを再確認。世界貿易機関（WTO）のドーハ・ラウンドの一〇年までの妥結を目指す
一、新興国との共同履行によるG8強化を確認
一、新たな地球温暖化対策でG8とMEF（主要経済国フォーラム・一六カ国）の交渉継続で合意
一、核不拡散条約体制と「核兵器のない世界」の条件整備の重要さを強調
一、大統領選後のイランの状況に懸念
一、中東和平に向け、二国家構想の指示を再確認

同日の社説は「米欧日が合意すれば世界がついてくる時代ではない。イタリア・ライラクでの主要国首脳国会議（G8サミット）は、そんな多極化時代のG8の限界をまざまざと示した」と評していた。そして「日本は安閑としていられない。重層化した強調システムに積極的に加わり、構想力を磨いて存在感を

示していかなければならない。そういう時代に私たちはいる」という言で結んでいる。日本人としての「生きられる空間」として、世界空間はまさに大きくシフトしていきつつある。

ザカリアは、アメリカは没落するのではなく、新興諸国の発展に伴い、従来の一極支配の構造から、多極社会の一員になるだけだと考える。そして多極社会の問題解決に当たり「パセリ危機」でのアメリカの果たした役割を、「アメリカは自らをグローバル化できるか」の中心課題に据えている。パセリ危機とはジブラルタル海峡に浮かぶパセリ島の領有権をめぐり、モロッコとスペインが争った二〇〇二年七月事件を、仲介者として納めた事件である。インドから一八歳の若さでアメリカに留学し、アメリカの開放性に包まれて今日の職をつかんだザカリアは、一九三三年のルーズベルトの言、「われわれが恐怖すべき唯一のものは、恐怖そのものである」を受けて、テロ後のアメリカは被害妄想からぬけ出して、持ち前の「開放的で友好的で寛容だった」伝統に立ち、グローバル化すべきだと、提言して本を閉じている。

ＢＲＩＣｓという言葉が急速に普及しだした。これは米国の証券会社のゴールドマン・サックスが二〇〇三年一〇月の個人投資家向けのレポートで、新しい投資先として紹介した地域名である。ブラジル、ロシア、インド、中国等の頭文字をとって標記したものである。小文字のｓは大文字にし、南アフリカを入れ、五カ国として考えるべきだとなっている。一九七〇年代のＮＩＣｓに次ぐ新興国家である。門倉貴史は各国統計をもとにＢＲＩＣｓとＧ７の名目ＧＤＰの将来予測シュミレーション図を示し、二〇三五年にはＧ７を上回る成長力を秘めていることを表わした。とくにインドと中国の台頭は、世界の注目を集めている。多極化の世界といわれているが、アメリカ、ＥＵ、東・東南アジアの三極構造が予想されているのが、昨今の状況である。

また今後の世界の多極化への傾向予測に対し「資本主義の多様化」の指摘が注目されている。ピーテルスの次の一言は示唆に富んでいる。

「アングロ・アメリカ型資本主義はきわめて特殊な歴史的条件から生まれた。それは、資本主義の形態という意味では少数派に属し、国際的な改革という点ではグローバルな障害といえるものである。アジア型資本主義とヨーロッパ型資本主義が共有する性格は、自らを最高のものとみなすことも理想化することもせず、また新自由主義的グローバル化のもつ現在の影響力を過小評価することもなく、グローバルな方向性に別の選択肢がある可能性を十分に示してくれる。(30)」

二〇〇八年九月インド・ウッタルプラデシュ州の砒素汚染調査を終えて帰国し、今回の執筆を推進する に当たり、レギュラシオン派のその後の動きが気になった。幸い山田鋭夫の『さまざまな資本主義』の出版に遭い、その新しい傾向に惹かれた。山田は「学説史における段階論的視角と類型論的視角」の図表を提示するところから論を起こしている。これをみて私の若い頃の出発点を想いだした。一元論的発達史観ではなく多元的発達の歴史があるのではないかという疑問からの出発である。この疑問から宇野段階論の門を叩くのではなく、大塚史学からの地理学を構想してきた。私の『経済地理学への道標』を読んでもらうと、その方法論に大塚史学が入っていることが分かってもらえるであろう。山田は、その大塚史学に対し次のように改訂し、レギュラシオン的多様性を説いていく。

「『いきなり普遍的な理論に関連させたりするのでもなく、いきなりアクチュアルな問題や特殊な一地域だけに視野をせばめてくのでもなく、その両方に目を配りながら、歴史現象に固有な多様性のなかから比較を通じて一歩一歩、近代化を可能ならしめるような歴史的・地理学諸条件を、理念型として確定していこうとするのである』(『大塚著作集』第一一巻)。……

大塚の比較経済史にとっては、歴史的・地理的条件であったが、現代資本主義論にあってはそれは

『経済発展を可能ならしめるような歴史的・制度的条件』と読み替えることができる。[31]」

この歴史的・制度的条件にもとづく「比較資本主義分析」の方法論が提起されてくる。その方法論の発端は二〇〇四年刊のボワイエの『資本主義対資本主義』であったが、これは既発表の論文集であった。その論文に触発されてブルーノ・アマーブルの『五つの資本主義』が二〇〇三年に出版されていた。山田はこの両説をふまえて『さまざまな資本主義』を提起したのである。

アマーブルが類型化した五つの資本主義は①市場ベース型資本主義、②アジア型資本主義、③大陸欧州型資本主義、④社会民主主義型資本主義、⑤地中海型資本主義である。[32]それぞれの資本主義が、それなりの歴史的・制度的条件に対応してグローバル化を描き出しているのが現代資本主義社会である。普遍的資本主義のリードのもとに一元的・画一的な資本主義社会になるのではなく、多様な資本主義社会が形成され、その協調的な連合として、世界システムが展開していく。G8の世界からG20の世界への展開は、その具体的な現われである。その中にあってアラブ社会はどうなるのか。マレーシアやインドネシアはアジア型資本主義に包摂されているが、中近東社会の近代化はどのような姿をとるのか。一極的グローバル化ではなく、グローカル的世界システムが展開し、南アメリカ、中東、アフリカも包摂されていくのが理想である。

3　日常生活からの視点

私は第五章で、『世界システムの経済地理学』の中に、ウォーラースティンが、ブローデルの変動局面をベースにした世界システム論を構想していたのに対し、私なりの「時空的展開の模式図」を提起した図を引用していた。しかし、その図の超長期・賢者の時間・法則定立局面・地理学的空間についての明確な論理は提起し得ていなかった。ただ、人間主義による自然征服の思想が越えられて、自然と人間の共生の時代が来るだろうと考えていた。それを支える文明形態、経済局面、自己周辺生活環境については疑問符を付与していた。

その疑問符の短期・事件史的局面について、私は二〇〇九年三月の庭先で異常な蝶の舞いを見て驚いた。今まで見たこともない黒と茶色の羽をもった蝶がかなりの群れで団地の空を舞っている。その異常が新聞にも取り上げられ、〝キオビエダシャク〟という蝶名が報じられた。もともとは奄美大島を生息地としていたのが、鹿児島市に北上し、〇八年には宮崎県の日南市に現われ、〇九年には宮崎市まで北上してきたというのである。地球の温暖化という大きな現象についての本を読み、書きもしていたが、拙宅の庭の樹木の間を舞い続ける姿の中にそれを見出し、私の小さい「生きられる空間」が地球大の空間変動と連繋していることに驚きを感じた次第であった。人類の自然征服の思想は、小さい庭先にまで影響を及ぼしているのである。

そうした実感をもってヴォルフガング・ザックスの『地球文明の未来学』を読んでみると、私たちの未来の姿を考えるヒントが得られるように考えた。彼は、ブルントラント報告の「持続可能性社会」の提言に対しても批判の矢を放つ。ブルントラントの「持続可能な開発」の登場を次のようにとらえて、批判していく。

「思想としての『開発』はもう古びている。約束されていたはずのふたつの大前提、すなわち、開発には空間的にも時間的にも限界がないとい考えられてきたが、実際には有限であることがはっきりした。このことが一九七二年の国連人間環境会議以来、多くの国際論議に二律背反をもたらしている。従来の開発のあり方を受け入れる限り、公正と環境は相容れない。つまり公正の問題を是正しようとすれば環境問題が悪化しかねず、環境問題を解決しようとすれば公正問題が深刻化しかねない。……自然を無駄遣いせず、より多くの人に恩恵がゆきわたるような開発が可能ならば、解決の道は開けるだろう。

『持続可能な開発』という発想が彗星のごとく登場したのも、こうした背景を考えれば理解できる。だが所詮『持続可能な開発』は、環境の持続可能性と国際的な公正を両立するという不可能事を安請け合いしているのではないか。環境対開発の対決である。ローマクラブの『成長の限界』が発表されて以来、政治論議はふたつの陣営に分かれた。北は自然の権利を主張し、南は公正の要求を振りかざす。一九八七年、環境と開発に関する世界委員会（ブルントラント委員会）は、『持続可能な開発とは将来世代がその欲求を満足させる節度ある開発である』という簡単明瞭な定義を提案し、ふたつの主張の間にうまく橋をかけたように思われた。

しかし一見すればわかるように、この定義はむしろ多数意見の最大公約数である。この定義も万能接着剤よろしく敵味方を問わず何でもくっつけてしまうため、それなりの成功を収めている。一九七〇年代、八〇年代の反対意見までこの共通認識に絡めとられ、あらゆることが『持続可能な開発』に即して決められるようになった。だがその代償は大きい。共通認識の陰にはさまざまな利害関係や思惑が隠れているため、専門家や政治家によっていくつもの定義が現われ、政治や倫理をめぐる深刻な対立の下、『持続可能な開発』の定義が利害争いの対象となっている。[33]」

ザックスは、ドイツのヴッパータール研究所長のワイツゼッカーによる、「産業社会はこれまで労働生産性を追求してきたが、今後は資源生産性を上げるべきだ」との提唱を受けて、持続可能性の追求で中心的な要素は、資源生産性の概念であるとして、その概念の検討を次のように展開している。

「環境保護主義者が『資源生産性』という場合、その意味はふたつの両極の間のどこかにある。ひとつは実質的な意味すなわち一定量の原料やエネルギーから得られる満足の質、もうひとつは形式的な意味すなわち産出量と原料・エネルギー使用量との比率である。

持続可能性の論議での主流が後者であることは言うまでもないだろう。後者の意味は一般に経済の世界でも使われており、『効率』の同義語と化している。この枠組では、資源生産性は自然の投入量と他の生産要素（労働者、技術、資本）との関係を示す数字となり、自然の消費量を最小化する方向でこの関係の均衡化を目指すことになる。つまり〝どう〟生産するかは問われても、〝何を〟生産するかはまったく問題にされないのである。[34]」

以上の形式的な意味に対し、ザックスは実質的な意味を次のようにとらえる。

「だが実質的な意味での資源生産性を本気で追求するつもりなら、やはりテクノロジーではなく文明のレベルで議論しなければならない。私達は生産社会におけるアウトプットの意味を、幸福、利用価値、美、意味などの観点から問わなければならないのである。それを目指して努力する価値はどこに見出せるのか、私たちは本当は何を求めているのか。これこそが問うべき質問である。経済が生み出す真の利益とは消費者の満足であると考えるなら、先ほどの質問は技術的には次のように言い換えられるはずだ——資源消費量に対するアウトプットの比率ではなく、アウトプットに対する満足度を問題にせよと。つまり持続可能な経済の目標が最小の資源利用で国民を満足させることだとすれば、消費を利益ではなく生活のコストとみなし、これを低水準に抑えなければならない。[35]」

ザックスの主張を過激な言葉で結論づけると次のようになる。

「最近の報告によると、先進工業国がよき隣人となるためには、エネルギー・原料消費量を今後五〇年間に一〇分の一にしなければならないという（ファクター10）。持続可能性を真剣に考えるなら、一九九〇年を基準にして、資源消費量を八〇〜九〇％削減しなければならないということだ。この途方もなく困難な課題に立ち向かうには、言うまでもなく科学技術の才能や公共の美徳を総動員する必要がある。そして、この課題の行き着くところは文明の転換となるだろう。かつて効率革命は技術の進歩に新しい形を与えた。しかし、これから目指すべき充足革命は金銭的・物質的成長に対する関心の低下に結びつく。無限の夢が終わった今、公正を実現するのは充足にほかならない。つまり、もう資源を使うのはこのくらいにしようと考えることだ。公正を求めるなら、充足を語らねばならない。外交の場でこの点が見落とされたままでいるなら、ブルントラント報告や地球サミットの周年記念など、ほとんど意味はなさない[36]。」

ザックスの主張を柔らかい言葉で表現すれば次のようになる。

「驚異的な成功を収めた消費社会も、ついに一巡してよき生活のための賢者の知恵に戻ってきたのではないだろうか。万物の性質について東洋と西洋の賢者は違う考え方をしてきたが、生活はシンプルであるべしという点では皆一致していた。シンプルな暮らしの反対は豪華な暮らしではなく、分裂した暮らしである。モノの過剰は注意やエネルギーを分散させ、自分の生活を自分でコントロールできなくする。とはいえシンプルさを大切にするとは禁欲であれというより、暮らし方に気を配る、暮らしをアートするということだ。言い換えればこうした賢者の思想の伝統は、喜びと質素とが目に見えない深いところでつながっていることを示している[37]。」

私たちの日常生活はザックスの描く賢者の生活ではなく、ジークムント・バウマンが描きだした『リキッド・ライフ』の生活におとし入れられている。リキッド・モダン社会の消費者は、次のような消費社会に投げこまれている。

「消費社会は、なんとかして人間が満足しない状態を永続させようとする。その一つの方法は、ある製品を、消費者の欲望の広がる世界に盛大に宣伝し、その直後にその価値を貶め否定することである。しかし、目立たないがもっと効果的な方法がもう一つある。それは、必要・欲望・欲求が一つ満たされるたびに、新たな必要・欲望・欲求が次々に生じてしまうようにすることである。初めは単なる必要だったものが、いつの間にか脅迫的な衝動や中毒になるようにしむけることである。事実その通りになっている。というのも、問題の解決、苦痛や不安の解消をショッピングに求めようという衝動は、いつの間にか習慣になって、そうなることがしきりに奨励されているからである。[38]」

こうして大衆は、消費主義症候群の砦の中に閉じこめられる。そうした「消費主義症候群によって、人々の関心は、何かをしっかり掴まえておき、それへの愛着やコミットメントを長期的に維持するテクニックではなく、そうした何かが歓迎期を越えても長居しないようにする対策に向けられるようになった。『消費主義症候群』のポイントは、スピード、過剰・浪費にある。[39]」日本の現代社会でみられる大型スーパーマーケットの展開と旧中心市街地のシャッター通り化、携帯電話器のバージョンアップ化、女性化粧品のハイブリッド化、衣装のモデルチェンジ等々、日常生活の消費主義症候群は目に余るものがある。

私は第六章のテーマを「価値の無限追求と使用価値・環境の制限性」と題して分析した。この命題はマルクスの『批判要綱』からとったものである。その命題の究極の姿がザックスによって提起されてきた。私は、先に「空間的展開の模式図」についてふれたが、超長期的空間次元は、賢者の時間・地理学的空間としてとらえ、その社会は人間と自然が共生する社会と提案していた。その社会に対しては文明の大転換が起こるであろうと考えていた。私たち人類の「生きられる空間」は、賢者の時間・空間に昇華していかねばならないのである。北極の氷が溶けて海になろうとしている時代、南極の大陸氷が氷山としてニュージーランドに打ち寄せてくる時代、エネルギー多消費の消費主義症候群社会は、大転換の課題に迫られている。それは次世代への公正を約束する持続可能社会だけではなく、現世代間の公正をも実現する緊張感のある「生きられる空間」であるべきだろう。

（1）P・N・エドワーズ、深谷庄一監訳『クローズド・ワールド』日本評論社、二〇〇三年、三三二頁。
（2）ネーデルフェーン・ピーテルス、原田太津男・尹春志訳『グローバル化か帝国か』法政大学出版局、二〇〇七年、九七頁。
（3）米国商務省リポート、室田泰弘訳『ディジタル・エコノミー』東洋経済新報社、一九九九年、四頁。
（4）同上、三頁。
（5）同上、九一頁。
（6）浜田和幸『ヘッジファンド』文春新書、一九九九年、一四一頁。
（7）新保恵志『デリバティブ』中公新書、一九九六年、ii頁。
（8）木島正明『金融工学』日経文庫、二〇〇二年、二五頁。
（9）浜田和幸、前掲書、一二九頁。
（10）春田素夫・鈴木直次『アメリカの経済』岩波書店、一九九八年、一二頁。
（11）ピーテルス、前掲書、五五頁。
（12）アントニオ・ネグリ、マイケル・ハート、水嶋一憲他訳『帝国』以文社、二〇〇三年、五一四頁。
（13）佐伯啓思『新「帝国」アメリカを解剖する』ちくま新書、二〇〇三年、九九頁。
（14）ピーテルス、前掲書、七六頁。
（15）同上、二七二頁。
（16）同上、一三九頁。
（17）ジェレミー・シーブルック、渡辺景子訳『世界の貧困』青土社、二〇〇五年、九五頁。

(18) 堤未果『ルポ　貧困大国アメリカ』岩波新書、二〇〇八年、二〇三頁。
(19) 同上、六六頁。
(20) 同上、六八頁。
(21) 湯浅誠『反貧困』岩波新書、二〇〇八年、三〇頁。
(22) 後藤道夫「戦後日本における貧困問題の展開」『世界』二〇〇八年一月号、一二四頁。
(23) 野口悠紀雄『世界経済危機・日本の罪と罰』ダイヤモンド社、二〇〇八年、五八頁。
(24) 山口義行編『バブル・リレー』岩波書店、二〇〇九年、二二六頁。
(25) 水野和夫『金融大崩壊・「アメリカ金融帝国」の終焉』NHK出版、二〇〇八年、一四六頁。
(26) 住明正『さらに進む地球温暖化』ウエッジ選書、二〇〇七年、四〇頁。
(27) 同上、六二頁。
(28) 山家公雄『オバマのグリーン・ニューディール』日本経済新聞社、二〇〇九年、五九頁。
(29) 朝日新聞、二〇〇九年六月一一日記事。
(30) ピーテルス、前掲書、二四四頁。
(31) 山田鋭夫『さまざまな資本主義』藤原書店、二〇〇八年、一六六頁。
(32) ブルーノ・アマーブル、山田鋭夫他訳『五つの資本主義』藤原書店、二〇〇五年、四頁。
(33) ヴォルフガング・ザックス、川村久美子他訳『地球文明の未来学』新評論社、二〇〇三年、一〇四頁。
(34) 同上、二三二頁。
(35) 同上、二三三頁。
(36) 同上、二二四頁。
(37) 同上、二七二頁。
(38) ジグムント・バウマン、長谷川啓介訳『リキッド・ライフ』大月書店、二〇〇八年、一三九頁。
(39) 同上、一四五頁。

あとがき

　初校の校正が終わってみると、この書は私の研究人生の半分の側面を綴ったものだという感慨に落ちついていた。私の研究のもう一面は、地域の実態調査を基礎にした地域経済・政策の追求であった。わたしは研究室内の読書、思索だけでなく、大学の外に出て、フィールドで学んでいく研究姿勢を貫いてきていた。その姿勢が受けとめられて、国土総合開発法にもとづく九州地方開発促進計画の基礎調査で工業立地部門の担当者になり、九州六県と山口県の工場誘致条例を制定している市をあまねく訪問し、加えて内地留学として東洋文化研究所の飯塚浩二先生のもとで執筆中、北海道にまで及ぶ行脚を行なった。その結果、日本で空間的構造の大変化が起こり、産業地図の塗り替えが展開しているという実感を得た。この社会空間の構造的変化が地理学の課題だと考え、第三部としての通史にまで及んでいったのである。

　国土総合開発法は、所得倍増政策が打ち出した太平洋ベルト地帯構想を受けて、第一次全国計画を策定し、拠点開発方式を理念として提起した。これに対し、議員立法の形で新産業都市開発促進法が制定された。日本における地域開発政策の誕生である。経済地理学会には地域構造学派が主流を占める動きがあり、国土総合開発法に対する学識経験者的立場での協力関係が確立されていった。

　私は全国開発計画に批判的立場をとっていた。それは延岡・日向新産都市の現実をみていたからである。国土総合開発法は、国土庁の発足に伴い第三次全国計画をだし、「定住圏構想」を打ち出した。しかし、その理念の内容は明示されず、全国で四カ所のモデル調査が提起され、都城地域がその一つになり、九州経済調査協会が調査に当たった。私はその調査に参加し、「地域経済型生産力体系」に裏打ちされたものが「定住圏」ではないかと提案した。国土庁から呼び出しがあり、九州経済調査協会の藤山理事長と上京したところ、課長から私の提案を取り下げるよう要請された。現在、地産地消とかスローライフといった動向が評価されているが、そうした内容をあの型苦しい概念で提案したのであった。

その後私は、日本教職員組合が設立した国民教育研究所の上原専禄所長の命題、「地域・国・世界を串刺し論的にみる」を真に受け、地域の研究と実践に取りくむ歩みを踏みだしていた。それが、第一部の『再生・照葉樹林回廊』であり、第二部の『土呂久からアジアへ』を生みだしていた。国土総合開発法は二〇〇五年に国土計画法に姿を変える。学会は二〇〇九年の大会で「地域政策の分岐点――二一世紀の地域政策のあり方をめぐって」で、地域再生の地域政策に転回しはじめた。この変容の流れに沿った私の研究人生を第三部の下巻として纏める必要性を感じているところである。

最後になりましたが、八朔社の片倉和夫氏の協力がなければ、私は老学者として忘却されていただろうと考え、深い感謝を捧げます。

[著者略歴]

上野　登（うえの・のぼる）

1926年　福岡県生まれ
1950年　九州大学経済学部卒業
広島県立労働科学研究所，宮崎大学教育文化学部教授，九州共立大学経済学部教授を経て
現　在　宮崎大学名誉教授，経済地理学会名誉会員
宮崎県山岳連盟会長，「土呂久・松尾鉱毒被害者を守る会」会長，アジア枇素ネットワーク代表，林野庁「綾の照葉樹林復元プロジェクト」署名，NGO「てるはの森の会」代表。
著　書『経済地理学への道標』『地誌学の原点』『再生・照葉樹林回廊』『土呂久からアジアへ』など多数。

世界史の地理的構造

2012年2月2日　第1刷発行

著者　上野　登
発行者　片倉和夫

発行所　株式会社　八《はっ》朔《さく》社《しゃ》

東京都新宿区神楽坂2-19　銀鈴会館内
電話　03-3235-1553　Fax 03-3235-5910
E-mail：hassaku-sha@nifty.com

印刷／製本・藤原印刷

ISBN978-4-86014-058

叢書ベリタス

シュンペーター著／金指基・編訳
景気循環分析への歴史的接近
二一〇〇円

M・フント著／橋本直樹・訳
『共産党宣言』はいかに成立したか
二七三〇円

ハンス・モドロウ著／宮川彰・監訳
ドイツ、統一された祖国
旧東独首相モドロウ回想録
二三一〇円

アンドレ・ジョリス著／斎藤絅子・訳
西欧中世都市の世界
ベルギー都市ウイの栄光と衰退
二五二〇円

ペーター・ライヒェル著／小川保博・芝野由和・訳
ドイツ　過去の克服
ナチ独裁に対する一九四五年以降の政治的・法的取り組み
二九四〇円

定価は消費税込みです

[illegible]